HD역사스페셜 4

동아시아 문명의 클라이맥스, 고려와 조선

HD역사스페셜 4

동아시아 문명의 클라이맥스, 고려와 조선

KBS HD역사스페셜 원작 | 표정훈 해저

효형출판

국립중앙도서관 출판시도서목록(CIP)

HD역사스페셜. 4, 동아시아 문명의 클라이맥스, 고려와 조선 /
원작: KBS HD역사스페셜 ; 해저: 표정훈. — 파주 : 효형출판,
2007   p. ;   cm

ISBN 978-89-5872-037-9 04910 : ₩8800
ISBN 978-89-5872-019-5 (세트)

911.02-KDC4
951.901-DDC21   CIP2007000012

머리말

문명의 정화를 피워올린 격동의 시대

13세기 칭기즈칸과 그 후손은 '몽골'이라는 이름 아래 거대한 세계 제국을 건설했다. 고려는 몽골의 거듭된 침략에 강화도로 천도하면서까지 저항했지만, 30여 년에 걸쳐 전 국토가 유린당하고 백성의 고통은 커져갔다. 결국 고려는 1259년 몽골과 강화했다. 이 과정에서 삼별초가 독자적으로 왕을 옹립하고 저항했지만, 대세를 바꾸긴 어려웠다. 이후 80여 년 동안 고려는 원나라의 정치적 간섭을 받아야 했다.

그러나 이런 역사의 아픔 속에서도 고려는 뛰어난 문화를 꽃피워 동아시아 어디에서도 그 짝을 찾아볼 수 없는 화려하고 우아한 불교 문화가 융성했다. 고려 사람은 오히려 세계 제국 몽골을 발판으로 삼아 더욱 '글로벌'한 활동을 펼쳤다. 세계 무대에서 활약하는 고려를 뒷받침한 것은 뛰어난 조선造船 기술과 문화적 포용력이었다.

14세기 후반에 접어들면 권문세족들이 득세하여 정치·사회·경제적으로 혼란이 거듭됐고, 밖으로는 잦은 홍건적과 왜구의 침입에 시달렸다. 원나라가 쇠락하고 명나라가 빠르게 힘을 키우는 가운데 친원파와 친명파가 대립하며 국론이 분열되기도 했다. 공민왕은 친원 세력을 제거하고 자주 노선을 취하면서, 귀족이 빼앗은 토지를 본래 소유자에게 돌려주고 불법으로 노비가 된 사람을 해방시키는 등 일련의 개혁을 추진했지만, 권문세족 중심의 체제적 모순을 타파하지 못해 실패로 돌아갔다.

한편 함경도 출신의 무장 이성계는 여진족·홍건적·왜구 등을 물리치며 쌓은 명성과 신망으로 중앙 정계에 진출, 정도전·조준 등의 신진 사대부 세력과 협력하여 점차 실권을 장악했다. 그리고 최영이 주도한 요동 정벌에 나갔다가 위화도에서 회군하여 최영 등을 제거하고 권력을 잡았다. 마침내 1392년 왕위를 물려받는 선양禪讓 형식으로 즉위하여 조선왕조를 열었다.

조선 시대가 되면서 지배 계층과 정치 체제는 귀족 사회에서 사대부 사회로, 이념적으로는 불교에서 유교, 특히 송나라 이후의 유학인 성리학 혹은 주자학으로 변화했다. 사실상 세습 귀족들이 실권을 차지했던 고려와 달리, 조선은 상력한 왕권을 중심으로 사대부 계층의 실무 관료들이 다스리는 나라였다. 그러나 개국 초기 조선은 이성계를 옹립하고 조선의 국가 체제를 만든 개국 공신 세력과 이성계의 아들 이방원(태종) 간의 권력 다툼으로 혼란했다. 결국 태종이 두 차례 왕자의 난 등을 거쳐 왕위에 오르면서 정도전을 위시한 공신 세력을 제거하고 강력한 왕권을 구축했다.

권력을 둘러싼 다툼과 혼란 속에서 새 왕조의 기반을 다지는 노력도 계속됐다. 기본법전인 《경국대전》의 완성으로 법치 국가로서의 기틀을 마련했다. 또한 전통 풍수 사상과 함께 유교 이념을 적용하여 치밀한 계획 하에 새 도읍 한성漢城을 건설했다. 우리 역사상 가장 탁월한 치적을 남긴 군주로 평가받는 세종 대에는 정치·경제·외교·국방·과학기술·문화 등 국가 전반이 크게 발전했다. 그 자신이 뛰어난 학자였던 세종은 남다른 성실성과 추진력으로 조선왕조를 탄탄한 반석 위에 올려놓았다.

조선은 왕조나 국가 차원을 넘어서 고유한 문명을 일궜다 해도 과언이 아니다. 조선은 어느 날 권력을 가진 집단이 달라지며 세워진 게 아니라, 이념과 비전과 제도를 치밀하게 '디자인' 하면서 기틀을 다진 보기 드문 나라였다. 오늘날 대한민국 문화, 대한민국 사람의 일상적 관습과 정신세계의 상당 부분이 바로 조선 문명에 뿌리를 두고 있다고 해도 지나친 말이 아닐 것이다.

《HD역사스페셜 4》는 바로 위와 같은 격동의 시대를 다루고 있다. 역사학에서 이른바 '려말선초麗末鮮初'라 일컬어지는 시기이기도 하다. 고려의 몰락과 멸망 그리고 조선의 탄생과 발전을 살펴보는 일은 단순히 왕조 교체의 드라마틱한 사건을 구경하는 데서 나아가 국가의 흥성과 몰락이 어떤 원인에 의해, 어떤 맥락을 따라 진행되는지 생각해볼 수 있는 성찰의 기회가 아닐까.

이와 아울러 오늘날 정치 · 경제 · 문화적으로 새롭게 조명되고 있는 동아시아 개념을 둘러싼 논의에서도 고려와 조선은 반드시 되짚어봐야 할 역사다. 창조적으로 발전시킨 동아시아 불교 문화의 정화精華는 바로 고려다. 그런 불교를 비판적으로 바라보며 새롭게 등장한 성리학의 정화 또한 조선에서 발견된다. 오랜 세월 안팎으로 교류해온 동아시아 지역의 문화가 화려한 꽃을 피우고 단단한 열매를 맺은 곳이 바로 고려와 조선이었던 셈이다. 이 시대를 감히 동아시아 문명의 클라이맥스라 일컬어도 좋을 것이다.

2007년 1월
표정훈

차례

일러두기

1. 고고학 용어는 중·고등학교 《국사》 교과서, 국립국어원의 《국어 순화 자료집》, 《표준국어대사전》에 따라 표기했다. 널리 알려진 한자어가 있는 경우, 대괄호 안에 한자를 썼다. (예) 널무덤〔土壙墓〕.
2. 한자, 원어, 설명 등은 소괄호를 쓰지 않고 내용 옆에 작은 글씨로 표기했다.
3. 외국의 인명, 지명의 표기는 외래어 표기법에 의거했다.
4. 중국 인명은 과거인과 현대인을 구분하여 과거인은 종전의 한자음대로, 현대인은 중국어 표기법에 따라 적었다.
5. 중국의 역사 지명으로 현재 쓰이지 않는 것은 우리 한자음대로 하고, 현재 지명과 같은 것은 중국어 표기법을 따랐다.
6. 중국 및 일본의 지명 가운데 우리 한자음으로 읽는 관용이 있는 것은 이를 허용했다.
7. 도판은 KBS 〈HD역사스페셜〉의 방송 영상을 KBS미디어에서 제공받았다. 그 외의 도판은 저작권자를 명시했다.

01 강화 천도, 작전인가 도피인가?

고려 최대의 위기, 몽골과의 30년 전쟁!
몽골 기병 지나가면 시체의 산이니, 초목마저 숨죽인다.
몽골에 맞서 국호를 지켜낸 유일한 나라 고려,
그러나 백성의 삶은 전쟁으로 피폐할 대로 피폐했다.
항전을 위해 강화도로 천도했다는 무인정권, 진실은?

작은 고려 강화, 40년 도읍되다

13세기 초 칭기즈칸이 득세하면서 빠르게 세력을 키운 몽골은 중국 대륙을 시작으로 이슬람과 러시아, 유럽 대륙에 이르기까지, 세계 역사상 가장 짧은 기간에 가장 넓은 영토를 확보한 대제국이 됐다. 막강 몽골군이 고려를 침공한 때는 1231년 8월. 이전에도 고려는 거란이나 여진 등 북방 민족들의 숱한 침입을 받았지만, 모두 물리쳤다. 그러나 몽골은 그와 비교할 수 없을 정도로 강력했다. 대對 몽골 전쟁이 시작되고 1년 여, 긴박했던 고려 조정으로 잠시 돌아가보자.

최우 작년에 몽골이 우리나라를 침략하더니 이제 사사건건 내정까지 간섭하며 굴욕을 강요하고 있소. 이대로 가다가는 사직을 보전하기 어려울 듯하오. 강화로 천도遷都해 항전합시다.

유승단 우리가 섬에 숨어 구차하게 세월만 보내는 동안 백성은 적의 칼에 맞아죽거나 포로가 될 것입니다. 저들을 예의로 섬기면 우리

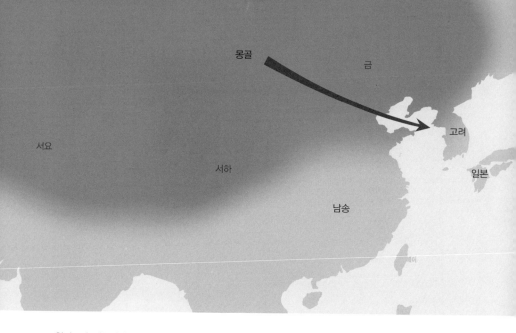

칭기즈칸 테무진이 1206년 몽골 부족을 통일하면서 제국은 시작됐다. 1277년 사망할 때까지 정복전쟁을 쉬지 않았던 칭기즈칸과 그 자손들은 중앙아시아와 시베리아까지 아우르는 세계 제국을 건설했다. 1231년 마침내 몽골 제국이 고려를 침공했다.

를 무슨 명분으로 괴롭히겠습니까? 사직을 보전하면서 백성들의 생명도 구하는 길은 그 길밖에 없습니다.

최우   이런 답답한 사람이 있나! 몽골이 어디 예의와 명분을 아는 족속이오? 큰 나라를 섬기는 정도가 아니라 아예 복속될 게 뻔하오. 방어하는 데는 강화도가 매우 유리하니 천도하는 쪽이 좋소이다.

김세충 천도는 천부당만부당한 일입니다. 성은 견고하고 군사와 식량도 풍족하니, 싸워볼 만합니다. 이곳을 버린다는 것이 곧 사직을 버린다는 것과 무엇이 다르겠습니까? 개경을 끝까지 사수하여 맞서야 합니다.

최우   성이 견고하고 군사와 식량이 풍족하다 한들, 이리 떼와 같은 몽

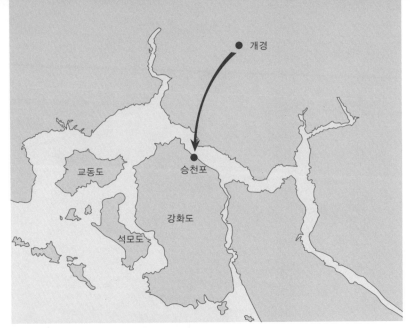

(위) 1232년 7월 고려 조정은 몽골의 침략에서 국가와 사직을 지켜내고자 개경에서 강화도로 천도했다. 개경 사람들은 황해도 개풍군 풍덕면 해장리 바닷가에서 배를 타고 강화도 송해면 당산리의 승천포로 건너왔다.
(아래) 강화도로 천도한 고종이 처음 닿은 포구인 승천포. 1999년 강화군은 여기에 '고려고종사적비'를 세웠다.

골군을 당해낼 순 없소. 다른 뾰족한 방도가 있다면 내 어찌 강화도로 옮길 생각을 하겠소? 이에 대해서는 더 이상 이론의 여지가 없습니다.

1232년 6월 16일, 고려 조정에서 벌어진 강화도 천도 논쟁은 이렇게 끝이 났다. 무인정권의 우두머리 최우는 끝까지 개경을 지킬 것을 주장한 김세충 등을 참하고 왕을 위협하여 강화 천도를 강행했다. 이후 채 한 달도 되지 않아 고려의 수도는 개경에서 강화로 바뀌었다. 사료에 전하는 당시 천도 행렬의 모습은 참담할 지경이다. 열흘이나 계속된 장마로 진흙길에 발목까지 푹푹 빠지니, 사람과 말이 지쳐 쓰러져 죽는 일이 잦았다. 고관의 아내, 양가의 부녀자도 맨발로 자식을 업고 짐을 이고 갔다. 과부나 홀아비, 고아나 혼자 사는 이들 가운데 갈 곳을 잃고 통곡하는 이가 부지기수였다.

몽골에 대한 항전이라는 명분을 내세워 무인정권이 결행한 강화 천도. 대몽 항쟁이 비록 우리 역사에서 대표적인 국난 극복의 사례로 거론되지만, 진정 결사항전을 위한 천도였을까?

오늘날 관광지로 각광받는 강화도는 삼국 시대 이래 역사의 고비마다 피난처나 수도 방위 기지로서 중요한 구실을 해온 군사 요충지다. 특히 800여 년 전, 강화도는 40년 동안 고려의 수도였다. 섬 곳곳에서 당시의 흔적을 쉽게 만날 수 있다. 강화도의 북쪽 송악산 기슭에 위치한 고려 궁지(사적 133호)는 세월의 풍파를 거치며 예전의 모습을 많이 잃어버리긴 했지만, 고려 임금이 머물렀던 궁궐터다.

문헌자료에 나타난 당시 고려 궁궐의 모습은 궁지의 가운데에 본궐의 정전인 선경전과 의봉루 등이 자리 잡고, 왼편으로 편전과 침전, 오른편으로는 동궁이 있었다. 《동국여지승람東國輿地勝覽》의 기록을 참고하면 궁궐 둘레가 1.2킬로미터로, 개경의 절반 정도다. 이 정도 규모라면 수도 기능을 무리 없이 수행했으리라 짐작된다.

강화도를 수도로 택한 까닭은 무엇일까? 한반도의 중심인 경기만 한가운데 자리 잡은 강화도는 모든 물류망이 모이는 지리적 요충지인 데다 수도 개경으로 가는 입구였다. 더우이 바다와 섬으로 둘러싸여 있어 방어에 유리했다.

국립해양조사원의 도움을 받아 한 달 동안 강화도 인근 해역 일곱 개 기점에 조류측정기를 설치해 조류 특성을 조사했다. 그 결과 강화도 인

(왼쪽) 문헌자료를 통해 추정해본 강화읍 관청리 일대의 고려 궁궐.
(오른쪽) 사적 133호 고려궁지. 강화도 시절의 고려 궁궐터로, 1270년 원나라와 강화하고 개경으로
환도하면서 불태웠다. 현재 건물 몇 채만 남아 있다.

근 해역은 몇 가지 독특한 특징을 갖고 있는 것으로 나타났다. 가장 주목
해야 할 지역은 김포반도와 강화 사이 해협인 염하다. 몽골군이 침략한
다면 이곳을 통할 가능성이 높다. 그런데 이곳의 1일 최고 유속은 3~4노
트 정도로 매우 빠르다. 특히 수로가 좁아 밀물에서 썰물로 바뀔 때 짧은
시간에 유속이 급격히 증가하는 특징을 보인다. 물살이 빠르고 변화가
심해, 많은 배가 한꺼번에 지나간다면 서로 충돌할 가능성도 크다. 또한
조수간만의 차이가 최고 9미터로 다른 지역보다 훨씬 크다. 극심한 조수
간만의 차와 빠른 해류. 이런 강화도 바다의 특성을 잘 파악하고 있지 못
하면 섬에 접근하기가 쉽지 않다.

하지만 외적이 우회하여 강화도 서쪽과 남쪽 해안으로 상륙할 수도
있지 않을까? 그러나 강화도 서쪽과 남쪽 해안은 온통 갯벌이다. 일단
상륙한다 해도 허벅지까지 빠지는 질퍽한 갯벌을 빠르게 통과하기는 어
렵다. 몽골군의 최대 강점인 기동성을 발휘할 수 없는 조건이다. 몽골군
이 갯벌에서 우왕좌왕하는 사이 고려군이 화살을 쏘아대면 몽골군의 피
해는 막심할 것이 틀림없다.

(왼쪽) 강화도 동쪽 해안가에 남아 있는 외성의 흔적. 지금은 논둑길이 되어버렸다.
(오른쪽) 멀리 보이는 축대가 강화도의 고려 도성인 중성이다.

　강화도 동쪽 해안가에는 토성의 흔적이 남아 있다. 바로 해안 방어에
핵심 역할을 했던 강화 외성外城이다. 무인정권은 천도 이듬해 해안을 따
라 외성을 쌓고 몽골의 침입에 대비했다. 지금은 군데군데 허물어지고
잡초가 우거졌지만 축성 당시 성의 길이는 수십 리에 달했고, 조선 시대
에도 사용됐을 정도로 중요한 방어 시설이었다. 험한 물살의 염하를 겨
우 건넜다 해도 다시 외성을 돌파해야 하기 때문에, 몽골군으로서는 쉽
사리 강화도를 공격하기 힘들었을 것이다.

　강화군 대문현 일대에도 고려성의 흔적이 남아 있는데, 도성 구실을
했던 중성中城이다. 중성의 규모는 조선 시대 한양과 비슷했다고 전한다.
궁궐을 둘러싼 내성內城 주위로 다시 중성을 쌓고 바다와 면한 해안가에
는 외성을 세워 여러 겹의 견고한 방어 체계를 갖춘 군사 요새. 그것이
800여 년 전 고려 수도 강화의 모습이었다. 사방을 들러싸고 있는 비다
와 해안에 쌓은 견고한 성 때문에 고려인들은 강화도를 난공불락의 안전
지대로 여겼던 듯하다. 고려 문인 이규보(李奎報, 1168~1241)가 지은 시의
한 구절이다.

오랑캐들이 억세다 하지만

虜種雖云頑

어떻게 이 물을 뛰어 건너랴.

安能飛渡水

저들도 건널 수 없음을 알기에

彼亦知未能

와서 진 치고 시위만 하는구나.

來以耀兵耳

몽골군이 강화도의 고려 조정을 공격하려면 물살이 험한 염하를 건너 해안을 따라 쌓은 외성, 다시 중성을 돌파하고도 궁궐을 둘러싼 내성을 깨뜨려야만 했다. 토성을 쌓지 않은 서쪽과 남쪽 해안도 갯벌이라 공격하기 여의치 않았다.

몽골군은 진정 물을 두려워 했나?

고려인들이 자신했던 것처럼 실제로 몽골은 고려와의 30년 전쟁 동안 한 번도 강화도 침공을 시도하지 않았다. 세계를 정복하며 불패의 신화를 쌓은 몽골군이지만, 유목 민족이라 바다에서 벌이는 싸움에 능하지 못했기 때문이라는 분석이 많다. 몽골군은 정말로 바다가 두려워 강화도를 한번도 공격하지 못했던 걸까? 몽골군의 수전水戰 능력은 어땠을까? 몽골의 일본 원정을 묘사한 그림 〈몽고습래회사蒙古襲來繪詞〉에 단서가 있다. 몽골군에 맞서 싸운 일본 무사의 활약을 담고 있는 이 그림에는 몽골과 일본의 병사는 물론, 배와 무기 등의 모습도 생생하게 묘사돼 있다.

몽골은 두 차례에 걸쳐 일본을 침략했으나 태풍을 만나 대부분의 전함을 잃고 돌아왔다. 그러나 몽골은 유목 민족답지 않은 수군 전력을 가졌음을 보여줬다. 그런데 이 전쟁에는 몽골의 요구에 따라 고려군도 참전했다(고려는 1259년 몽골과 강화했다). 몽골군이 일본을 상대로 몇 차례 승리를 거뒀던 데는 고려 수군이 큰 역할을 했다. 1274년 몽골의 1차 일

--- 1차 원정(1274)
　　전함 900척, 병력 4만 명
── 2차 원정(1281)
　　전함 4400척, 병력 14만 명
　　강남군(남송 병력, 3500척 10만 명)
　　동로군(고려 병력, 900척 4만 명)

개경

고려

동로군

합포(마산)

쓰시마

이키

하카타

히라토

강남군

경원(닝보)

원

몽골은 1274년 10월 일본을 침략했다. 하카다博多 항에 상륙해 그 일대를 휩쓸어버리기도 했으나 태풍을 만나 돌아와야 했다. 1281년의 2차 원정도 자연의 힘을 넘지 못하고 실패했다. 몽골의 일본 원정에는 정복지인 고려와 남송의 수군이 동원됐다.

본 원정 때는 900척의 고려 전함이, 7년 뒤의 2차 원정 때는 같은 수의 전함과 4000명의 고려군이 동원됐다. 2차 원정 때는 몽골이 점령한 남송 지역 병력도 동원됐다. 이처럼 몽골은 정복한 나라들의 군사, 물자, 기술 등을 전쟁에 적극 이용했다. 중국의 발달된 군사 기술과 풍부한 물자, 숙련된 인력 등은 그대로 몽골의 전력이 되었다.

1274년 몽골은 남송의 악주에서 수전을 벌여 승리를 거두기도 했다. 이미 몽골에 투항한 다른 지역의 한인漢人 수군을 참전시킨 덕분이다. 몽골군은 수전을 치를 때 반드시 수전에 능한 정복지 인력을 동원했다. 일본에서도, 베트남에서도 그러했으며, 고려와의 전쟁에서도 거란과 여진 등의 병력을 동원했다. 특히 여진인 가운데는 수전에 능한 자들이 많았으니, 그들을 동원해 얼마든지 강화도를 침공할 수 있었을 것이다. 몽골

몽골의 일본 정벌을 묘사한 그림 〈몽고습래회사〉. 네모칸 안에 그려진 병사가 고려군이다. 유목 민족인 몽골이 섬나라 일본을 정벌하는 데는 고려 수군이 매우 훌륭한 전력이 되었다.

군이 수전에 능하지 않아 강화도를 침공할 엄두를 못 냈다는 주장은 타당성이 떨어진다.

그렇다면 몽골은 왜 강화도를 공격하지 않았을까? 고려에 대한 공격은 금나라와 남송을 정벌하면서 동시에 진행됐다. 이것은 무엇을 말하는가? 북부 중국의 금나라와 남부 중국의 송나라가 몽골의 주 전선이자 정복 목표였고, 고려는 그런 주요 목표를 공략하기 위해 제압해둘 필요가 있는 일종의 견제 목표였다.

몽골은 전체적인 동아시아 국제 질서를 염두에 두면서 치밀한 정복 과정을 구상, 진행시켰다. 몽골은 고려가 남송이나 금나라를 지원하지 못하도록 견제하려 했다. 몽골이 가장 우려한 상황은 고려, 남송, 일본 등이 연합하여 대항하는 일이다. 실제로 그런 상황이 벌어질 가능성이 있었다.

1271년, 고려가 몽골에 항복한 이후에도 대몽항쟁을 계속하던 삼별초는 일본에 지원을 요청한 적이 있다. 훗날의 일이지만 1350년대 고려가 원나라와 대립하면서 중국 강남 지역의 장사성(張士誠, 1321~1367, 원 말 장쑤성에서 일어난 반란군 지도자) 세력과 연합하려는 움직임이 있었다는 사실도 몽골의 우려가 결코 기우가 아님을 보여준다.

강화도의 무인정권이 궁지에 몰리면 고려, 남송, 일본이 연합하여 대항하는 상황이 벌어질지 모른다는 전략적 판단에 따라 몽골은 강화도는 그냥 놓아두고 고려 본토를 유린하면서 힘을 과시했다. 몽골이

몽골의 대외 침공	
1206	몽골 통일
1229	금 정벌
1231	고려 1차 침입
1232	강화 천도, 고려 2차 침입
1233	동진 패망
1234	금 패망
1235	남송 정벌, 고려 3차 침입
1247	고려 4차 침입
1253	남송 정벌, 고려 5차 침입
1254	고려 6차 침입
1270	개경 환도
1271	원 제국 성립
1274	여몽연합군 1차 일본 정벌
1281	여몽연합군 2차 일본 정벌

1271년 삼별초가 일본에 보낸 외교문서의 의문점을 기록한 〈고려첩장불심조조高麗牒狀不審條條〉. "항몽전을 펼치고 있는 삼별초 정부에 일본은 군량과 원병을 보내라. 이 명령에 따르지 않으면 일본과 몽골의 싸움이 벌어질 것이다"라는 내용이 담겨 있다.

고려를 주 전선으로 삼고 전면 공격했다면 강화도를 충분히 점령할 수 있었다. 아무리 강화도 바다의 조건이 몽골군에 불리하다 해도, 어느 정도의 피해를 감수하고 대규모 병력과 함선을 동원했다면 강화도는 함락됐을 것이다.

그러나 고려는 몽골의 주 전선이 아니었고, 그래서 완벽하게 통제할 필요도 없었다. 몽골군이 강화도를 공격하지 않은 것은 수전에 약해서가 아니었다. 몽골은 강화도 침공을 당시의 동아시아 국제 관계와 자신들의 패권 전략이라는 큰 틀 속에서 판단했기에 시도하지 않았던 것이다.

파괴와 멸망, 공포의 대명사

다른 질문을 던져보자. 강화도로 천도하지 않았다면 어떻게 됐을까? 고려는 몽골이 정복한 세계의 수많은 나라 중 유일하게 국체를 유지했다. 다시 말해 왕이 몽골군에 무릎을 꿇지 않고 정권을 유지했다는 얘기다. 만약 고려가 강화 천도를 하지 않았다면 다른 나라와 마찬가지로 멸망했을 것이다. 몽골군은 지배 지역을 철저히 짓밟았다. 눈에 보이는 모든 것의 씨를 말리는 몽골 기병은 당시 세계인들에게 공포의 대상이었다.

우즈베키스탄 중동부에 위치한 사마르칸트. 해발 700미터가 넘는 고원에 자리 잡은 이 도시는 일찍이 유라시아 문화 교류의 중심지로, 동·서양을 잇는 지리적 요충지이자 실크로드 교역의 주요 거점이었다. 13세

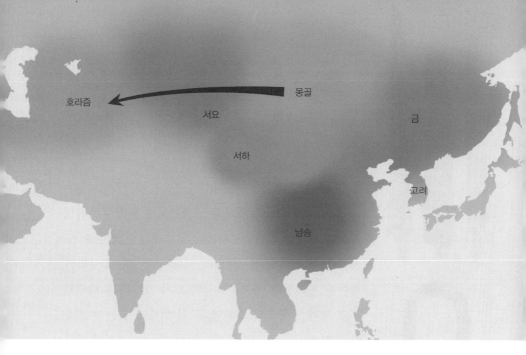

몽골
호라즘
서요
금
서하
고려
남송

13세기 이슬람 세계의 패자였던 호라즘 왕국도 유라시아 대륙의 다른 나라들처럼 몽골의 정복전쟁에 희생됐다.

기 초 사마르칸트를 중심으로 성장한 호라즘 왕국(1190~1220)은 이슬람 세계의 패권을 장악하고 수준 높은 문화를 꽃피웠다. 이미 10~11세기에 학문 연구를 위한 학술원이 세워져, 호라즘 왕국만의 독특한 학문적·문화적 전통을 이어갔다.

칭기즈칸이 호라즘 왕국 정벌에 나선 것은 1219년. 전쟁의 직접적인 원인은 몽골 사신이 호라즘의 한 지방 총독에게 살해된 사건이었다. 분노한 칭기즈칸은 15만 대군을 이끌고 호라즘 왕국의 주요 도시들을 휩쓸어버렸다. 아프랍시압 언덕은 당시 사마르칸트의 중심지로 지금도 황무지로 남아 처절한 전쟁의 흔적을 생생하게 증언하고 있다. 당시 전투에서 25만 명이 사망했고, 20만 명이 포로로 잡혀 노예가 됐다. 아프랍시압 일대는 수로와 성벽과 주거 시설이 철저히 파괴되어 사람이 도저히 살

(왼쪽) 몽골군이 호라즘 왕국 정벌 당시에 사용한 칼과 말발굽.
(오른쪽) 몽골군이 사용한 발화 무기. 기름을 채우고 심지에 불을 붙여 던지면, 자기로 된 용기가 깨지면서 폭발이 일어난다.

수 없는 죽은 도시가 되었다.

호라즘 왕국의 서쪽 입구 오트라르를 통해 부하라로 진격한 몽골군은 사마르칸트와 우루겐지 등의 주요 도시를 모두 점령했다. 사마르칸트에서 약 1500킬로미터 떨어진 카라칼팍 자치공화국의 도시 호잘리는 13세기 무렵 호라즘 왕국의 일부였다. 시 외곽에 있는 미즈다칸 유적에는 몽골군의 침략으로 이 도시가 겪었던 참상이 여전히 선명하다. 몽골군이 이 도시를 공격한 것은 1221년. 호라즘 왕국의 다른 도시들과 마찬가지로 이곳 역시 철저하게 파괴됐다.

여기저기 흩어져 있는 도자기 파편만이 당시의 화려했던 문화를 짐작하게 한다. 이것은 사람들은 죽거나 끌려가거나 혹은 도망가고, 도시는 재건되지 못했음을 보여주는 증거이기도 하다. 수십만에 이르는 병력과 견고한 성벽, 막강한 군사력을 자랑했던 호라즘 왕국은 15만 몽골군의 공격 앞에 속수무책으로 무너졌다. 몽골군이 호라즘 왕국을 완전히 멸망시키는 데는 불과 2년밖에 걸리지 않았다.

몽골군이 이처럼 빠르게 승리할 수 있었던 까닭은 무엇일까. 카라칼팍 공화국의 수도 누쿠스의 한 박물관에는 몽골군이 호라즘 정벌 당시 사용한 무기들이 전시돼 있다. 철로 만든 다양한 칼과 말발굽 등이 눈길을 끈다. 이 가운데 특히 눈길을 끄는 유물은 몽골군이 사용한 일종의 발

커다란 돌을 날려보내는 발석차와 사다리차인 운제. 몽골은 중국 한족들과 전쟁을 하며 공성 무기를 터득했다.

화 무기로, 몽골군이 점령한 도시의 성벽 근처에서 주로 발견된다. 두꺼운 자기로 만든 용기 안에 기름을 가득 채운 뒤, 점화선을 넣고 불을 붙여 던졌는데, 사람 주먹 하나만한 작은 크기지만 위력은 엄청났다. 당시 대부분의 건물이 나무로 지어졌기 때문에 한번 불이 붙으면 대형 화재로 번진다. 몽골군은 이 무기를 성벽너머 도시로 던졌다. 손으로도 던졌지만 노포弩砲를 이용하여 멀리 던질 수도 있었다.

이처럼 몽골군은 다양한 첨단 무기를 갖추고 있었다. 성 너머로 커다란 돌을 날려보내는 발석차發石車와 사다리차인 운제雲梯 등 공성攻城 무기들은 중국과의 전쟁을 통해 터득했다. 몽골은 전 세계를 상대로 전쟁을 벌였고 그 과정에서 각 나라의 발달한 전술과 무기를 계속해서 배워나가 더욱더 강해질 수 있었다.

몽골군의 또 다른 특징은 상상을 초월하는 잔인함이다. 사마르칸트를 점령할 때는 산 사람을 쌓아 길을 만들기도 했고, 호라즘의 한 도시에서는 시체의 머리로 피라미드를 쌓았다는 기록이 전해 내려올 정도였다.

몽골군은 사람을 쌓아 길을 만들고, 시체의 머리를 피라미드처럼 쌓았다. 파죽지세로 세계를 정복해가는 몽골은 공포 그 자체였다.

어머니가 나를 낳지 않으셨거나, 이런 일이 생기기 전에 내가 죽어 잊혀진 존재가 되었다면 좋았을 것을!

이븐 알아티르Ibn al-Athir라는 역사가는 이런 탄식까지 했다. 호라즘 왕국을 멸망시킨 몽골군은 러시아를 거쳐 유럽까지 파죽지세로 진격했다. 어떤 견고한 성벽도 몽골군을 막지 못했고 어떤 도시와 문명도 온전하게 살아남지 못했으며, 몽골군은 전 세계인의 공포의 대상이 되었다.

산과 섬으로 가 숨어라

항복이 아니면 죽음. 이 절체절명의 상황에서 무인정권은 강화 천도를 선택했다. 조정 대신들의 반대를 무릅쓰고 임금을 협박하는 강수를 두면서까지 강화 천도를 강행한 무인정권의 전략은 무엇일까?

충청북도 충주시에 있는 한 야산. 산속으로 한참을 들어가면 군데군데 성벽의 흔적이 나타난다. 이곳은 대림산성, 고려 시대 충주 지역 주민들의 피난처 구실을 했다. 고려의 방어 전술인 '해도산성입보海島山城入保'는 읍성과 산성을 연계하는 고구려의 방어 체계를 계승한 것이다. 즉 전쟁이 일어나면 백성, 관리, 군사들이 일단 산성, 섬 등 안전지대로 피신하여 후일을 도모하는 전술이다. 충주 백성의 입보처인 대림산성은 충

칭기즈칸 군대의 전술에 관하여

칭기즈칸 군대는 보병이 없다. 기병뿐이다. 게다가 병사 한 명당 여러 필의 말을 끌고 다녔고, 타던 말이 지치면 바로 새 말로 갈아탔다. 더구나 칭기즈칸 군대는 별다른 보급부대 없이 말린 말젖, 육포 등 간단한 식량만 상비한 채 행군했다. 유목 민족답게 가축을 데리고 다니며 고기와 젖을 얻었고, 행군하며 주변 지역을 약탈해 물자를 충당했다. 수시로 말을 갈아탈 수 있는 기병에 보급부대도 필요하지 않았으니 그 기동성이 놀라울 수밖에.

칭기즈칸 군대는 공포 그 자체를 하나의 전술로 활용하기도 했다. 때로 대량 학살을 자행했는데, 이런 초토화 작전은 적의 전의를 상실케 한다. 점령한 지역 백성들이 도망치게 놓아두고, 칭기즈칸 군대의 위력에 관한 소문이 퍼지도록 유도하기도 했다. 또한 점령지를 완전히 파괴하여 다시는 몽골에 저항하지 못하게 했다. 이런 이유로 칭기즈칸 군대에 관한 과장된 소문, 이를테면 한 지역에서 칭기즈칸 군대가 죽인 사람의 숫자가 160만, 심지어 240만이 넘는다는 이야기가 오늘날까지 전해온다.

칭기즈칸 군대는 새로 점령한 지역의 지배계층과 부자와 군인을 몰살시키고, 특수한 기술을 가진 자들은 선별하여 몽골의 본거지로 끌고 갔다. 사회 체제를 완전히 무너뜨린 격이다. 그러니 점령당한 지역 사람들은 몽골에 다시 대항할 엄두조차 내지 못했다. 약탈도 체계적이었는데, 서로 좋은 물자를 차지하기 위해 무질서하게 달려들지 않고 약탈을 전담하는 병력이 물자를 약탈한 뒤 나누어주었다.

칭기즈칸 군대는 관개 시설을 파괴하고 농토를 파괴하곤 했다. 그렇게 하면 농민들이 떠나가고 땅은 초지로 변한다. 그러면 나중에 다시 원정을 오거나 병력이 이동할 때 이 새로운 초지에서 짐승을 방목할 수 있다. 칭기즈칸 군대의 파괴 행위는 파괴 그 자체를 목적으로 한 것이 아니라, 전략적 필요성에 따른 일종의 전술이었다.

한편 칭기즈칸 군대의 편제는 100명, 1000명, 1만 명 등 십진법 체계에 따라 구성되었다. 1만 명 단위 부대를 통솔하는 장군도 자신이 직접 지휘하는 1000명 단위 부대를 이끌면서 다른 아홉 개의 1000명 단위 부대들을 지휘했다. 이러한 단위 부대들을 상황에 따라 자유자재로 기동성 있게 배치하고 운용하는 것이 칭기즈칸 군대의 특징이자 장점이었다.

여러 단위 부대가 넓은 지역에 흩어져 포진하고 야영했던 칭기즈칸 군대는 어떻게 부대끼리 명령을 전했을까? 병사가 말을 타고 다른 부대로 가서 구두로 명령을 전했는데, 구두로 명령을 전달하다 보면 명령 내용이 바뀌거나 부정확해질 가능성이 있다. 이를 방지하기 위해 표준화된 운율이 있는 일종의 명령 내용 양식을 정해놓고 사용했다.

기동성을 중시하는 칭기즈칸 군대가 포로를 잡아 데리고 다니지 않은 것은 당연한 일이었다. 그렇다고 무조건 포로를 죽인 건 아니었다. 점령한 지역의 노동력을 징발하여 식량을 조달하게 하거나, 공성 무기를 움직이게 하거나, 전쟁 물자를 만들게 하거나, 몽골군의 주검을 운반하는 일을 시켰다(몽골은 주검을 들판에 그냥 놓아두어 썩게 했지만, 몽골의 본거지로 보내는 경우도 있었다). 그 밖에도 적이 만든 방어용 구덩이나 해자垓子를 흙으로 메우는 데 동원하기도 하고, 길을 닦는 데 동원하기도 했다.

칭기즈칸 군대는 영토가 넓은 나라를 공격할 때 특정 지역이나 전선만 공격하는 게 아니라 영토 전체에 걸쳐 여러 부대가 여러 방향으로 공격하는 전략을 구사했다. 이에 따라 칭기즈칸 군대의 공격을 당한 나라는 어디부터 방어해야 할지 판단이 서지 않아 큰 혼란에 빠진다. 칭기즈칸 군대는 그런 혼란을 교묘하게 이용하는 작전을 폈는데, 포위당한 도시가 다른 도시에 구원을 요청하러 전령이나 사신을 보내면, 칭기즈칸 군대는 그 전령과 사신을 붙잡아 몽골 병사에게 전령의 옷을 입힌 뒤, 몽골군을 무찔렀다는 거짓 내용을 담은 위조 문서를 보냈다. 이에 안심하고 방어를 풀면 전광석화처럼 기습하여 도시를 점령하는 작전이다. 이렇듯 칭기즈칸 군대는 늘 전면적이고 기습적이며 수단과 방법을 가리지 않는 모습을 보여주었다.

주성과 4킬로미터 남짓 떨어져 있다.

몽골은 침략한 지역을 약탈하여 물자를 조달했다. 그럼으로써 기동성을 강화했다. 고려의 해도산성입보책은 몽골이 군수물자를 현지에서 조달하지 못하게 하는 전술이었지만, 생활 근거를 버리고 섬이나 산으로 들어가야 하는 백성들에게는 고통스럽기 짝이 없었다.

강원도 춘천시에 있는 봉의산성(강원도기념물 526호)도 몽골과의 전쟁 당시 인근 주민들의 입보처가 됐던 곳이다. 성터 곳곳에서 고려 시대의 특징적인 문양인 어골문魚骨文 기와가 눈에 띈다. 발굴 당시 이곳에선 여러 개의 건물 터가 발견됐는데 고려 시대 토층에는 불에 탄 흔적이 선명하게 남아 있다. 1253년 봉의산성에서 벌어진 전투는 대몽전쟁 사상 가장 처참한 전투로 꼽힌다. 몽골군은 이중 목책을 세우고 깊은 참호를 판 뒤 성 주위를 겹겹이 포위했다. 성안에 고립된 백성들은 물이 없어 가축의 피를 마셔가며 항전했지만 보름을 버티지 못했다. 봉의산성 입구에 세워진 봉의산 순의비에 조각돼 있는 당시의 처참한 모습은 《고려사高麗史》의 기록으로도 전해지고 있다. 성이 함락된 뒤 몽골군이 백성들을 잔인하게 죽여 그 시체가 산을 이뤘다는 내용이다.

1231년 이후 몽골은 약 30년에 걸쳐 여섯 차례나 침략했다. 그러나 1차 전쟁 때를 제외하고, 고려의 중앙 군대는 한번도 전투에 직접 참여하지 않았다. 그동안 고려의 백성들은 생존을 위해 스스로 싸워야 했다. 경주 황룡사를 비롯한 귀중한 문화재들까지 불에 타 잿더미가 되는 참혹한 전쟁을 강화도의 무인정권은 사실상 외면했다. 최우 정권은 백성들에게 섬으로, 산성으로 도망가 숨으라 명했지만 그게 어디 쉬운 일인가? 백성들은 몽골의 공격에 무방비 상태로 방치된 반면, 강화도에는 고려 군사력이 집중됐다.

오늘날 강화군 강화읍 관청리는 고려 시대 구정터라 불렸는데, 이곳

(왼쪽) 고려 시대, 충주 백성들의 피신처였던 대림산성. 고려는 전쟁이 나면 백성들을 근처 산성이나 섬 등으로 피신시키는 '해도산성입보책'을 썼다.
(오른쪽) 고려 시대 입보처였던 산성 터에서는 고려의 특징적인 무늬인 어골문을 새긴 기와가 많이 발견된다.

에 삼별초三別抄가 주둔했다. 삼별초의 군사력은 어느 징도였을까? 《고려사》에 삼별초의 규모를 엿볼 수 있는 기록이 남아 있다. 고려 왕실이 몽골에 항복한 뒤 삼별초는 이에 따르지 않고 진도로 내려갔는데 당시 함선의 수가 1000여 척에 달했다고 한다.

무인정권 시대, 고려의 공적 군사력은 매우 취약했다. 그러나 취약한 군사력을 강화하기 위해 기른 군대도 국가의 공병公兵이면서 사실상 무인정권의 사병私兵으로, 그들의 권력을 지키거 위한 무력 기반일 뿐이었다. 삼별초 또한 최우가 도적을 막기 위해 조직한 야별초夜別抄가 중심이었다. 대규모 함대와 병력을 갖춘 삼별초는 철저하게 강화도의 무인정권을 지키는 데만 이용됐다.

사실상 고려 군사력의 전부인 삼별초의 호위를 받고 있었던 무인정권은 1250년 중성을 쌓아 더욱 견고한 방어 체계를 구축한다. 항복하지도, 결사항전을 벌이지도 않은 채 오로지 강화도에 틀어박혀 있었던 무인정권. 그들은 무엇을 위해 30년 동안이나 그런 상황을 지속했을까? 정통성 없는 권력을 쥐고 있었던 최씨 정권 입장에서는 몽골과의 타협은 정권의 몰락을 뜻했다. 정권을 유지하기 위해서는 장기전을 불사해야 했던 것이다.

봉의산순의비. 1253년의 봉의산성 전투는 대몽항전 사상 가장 처참한 전투였다.

정권 유지를 위해서 몽골과 절대 타협할 수 없었던 무인정권 집권층의 강화도 생활은 절박했던 당시 정세와는 딴판이었다. 강화도 견자산 동쪽 기슭 장동 마을에는 최우의 저택이 있었다. 천도 당시 최우는 수천의 군사를 동원해 저택을 짓게 하고 수십 리에 달하는 정원을 꾸몄다. 뿐만 아니라 수시로 연회를 열어 향락을 즐겼다. 《고려사절요高麗史節要》의 권16 고종 32년에 다음과 같은 기록이 나온다.

최우가 종실, 사공 이상의 관리, 재추들과 집에서 잔치를 벌였다. 채색 비단으로 산을 만들어 비단 장막을 두르고 가운데에 그네를 매었는데, 무늬 있는 비단과 채색화로 장식하고 팔면을 은단추와 자개로 꾸몄다. 춤과 음악을 베풀고 공인 1350명이 모두 호화롭게 단장하고 뜰에 들어와 풍악을 연주하니, 거문고와 노래 소리, 북과 피리 소리가 천지를 진동하였다.

기록에 남아 있는 것만 해도 수십 차례에 달하는 이런 연회에 드는 비용은 백성들이 바치는 세금에서 나왔을 테니, 백성의 고통과 희생을

삼별초는 1219년 최우가 치안 유지를 위해 설치한 야별초에서 시작됐다. 별초란 '용사들로 조직된 선발군'이라는 뜻이다. 후에 몽골의 포로가 되었다가 탈출한 병사들로 신의군神義軍을 조직해 삼별초를 구성했다.

대가로 강화도의 무인정권은 사치와 호사를 누렸던 것이다. 무인정권 집권층의 안이한 태도와 전란을 수수방관하는 자세가 어떠했는지 짐작하고도 남음이 있다.

강화도로 들어간 고려 집권층은 예전과 다름없는 호화로운 생활을 누렸고 조세도 그대로 받았다. 당시의 세금 수탈이 얼마나 극심했던지 많은 고려 백성들은 몽골군이 오는 것을 반길 정도였다. 무인정권은 백성들을 지켜주기는커녕 전쟁의 고통을 더욱 가중시켰다. 강화 천도의 목적이 정권 유지가 아니라 몽골에 대한 결사항전이었다면, 본토에서 벌어지고 있는 전쟁에 적극적으로 참여해야 옳다. 강화도의 군사력으로 본토를 지원하기 힘든 상황이었다면, 적어도 세금을 줄여주는 등의 조치를 통해 백성들의 고통을 조금이라도 덜어주었어야 했다. 그러나 무인정권은 고통 받는 백성들을 외면한 채 강화도에 은둔해 세월만 보냈다.

몽골의 전략 변화, '이한법치한지'

이렇게 수십 년이 지나는 사이 몽골의 통치 전략에는 중요한 변화가 생기기 시작했다. 칭기즈칸이 이끄는 몽골군은 유목민 특유의 기동성을 앞세워 수많은 나라를 정복했다. 몽골군이 지나가는 곳이면 어디든 잔인한 약탈과 파괴, 남녀노소를 가리지 않는 학살이 뒤따랐다. 그런데 몽골군의 특징이었던 초토화 작전은 정복지가 늘어나고 특히 농경 지대를 점령하면서 조금씩 변해갔다.

삼별초를 어떻게 볼 것인가?

많은 사람이 삼별초를 몽골의 침략에 맞서 끝까지 저항하다가 장렬히 최후를 마친·호국의 화신으로 생각한다. 외세에 저항하여 국가의 자존과 독립을 지키려 한 영웅적인 군인들로 여기는 것이다. 어떤 학자는 고려 지배층과 몽골의 결탁에 반대하는 농민의 저항이 삼별초의 민족 자주 의식과 결합되었다고 평가한다. 삼별초의 성격을 무인정권 시대 농민 항쟁의 연장선상에서 파악하려는 셈이다.

그러나 삼별초에 대한 《고려사》의 평가는 가혹하다. 《고려사》는 삼별초를 〈반역전叛逆傳〉에 두었다. 고려 조정에 대해 반란을 일으킨 반역의 무리에 지나지 않는다는 의미다. 더구나 반란 목적도 고려 조정이 삼별초를 해체시키고 그 명부를 몽골에 전할까 두려워했기 때문이라고 기록했다. 익재 이제현도 삼별초에 대해 "원종이 대장군 송송례에 명해 마지막 무신 집권자 임유무를 살해하니, 임유무의 남은 무리들이 약탈하고 국고를 털어 배를 타고 남으로 향했다"고 썼다. 물론 역사는 승자의 기록이라 했으니, 당대에 가까운 기록이라고 해서 삼별초의 성격을 정확히 밝히고 있다고 말할 수는 없다.

삼별초의 성격에 대한 또 다른 해석을 살펴보자. 삼별초의 모태는 야별초이며, 야별초는 도적을 잡기 위해 조직되었다. 그런데 그 도적이란 다름 아니라 고려 지배층의 수탈에 저항하여 일어난 백성이었다는 주장이다. 그렇다면 삼별초는 고려 무인정권을 떠받치는 군대다. 이러한 관점을 더 밀고 나가면, 삼별초는 자기 이익에 따라 판단하고 행동하는, 다분히 사적이기까지 한 무력 집단에 불과해진다.

흥미로운 것은 1970~1980년대 군사정권 시절에 삼별초가 자주·민족·호국의 화신으로 추앙받았다는 점이다. 이를 두고 정통성 없는 군사정권이 고려 무인정권과 삼별초를 자신들의 이미지를 바꾸는 데 이용했다는 해석도 있다. 이른바 정치적 의도에 따른 상징 조작인 셈.

그렇다 해도 여전히 질문은 남는다 과연 삼별초의 성격을 이렇게 볼 것인가? 삼별초 자신들의 자의식은 어땠을까? 역사, 그 자체는 없다. 해석된 역사만이 있을 뿐이다.

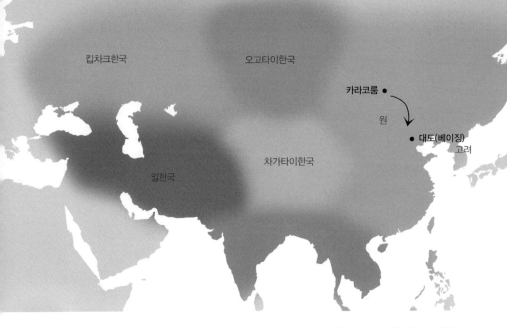

킵차크한국   오고타이한국

카라코룸 ●

원

● 대도(베이징)
고려

차가타이한국

일한국

쿠빌라이는 초원의 카라코룸에서 중원 베이징으로 도읍을 옮기고 국호를 원元으로 선포한 뒤, 중원의
반식으로 통치하기 시작했다. 이로써 칭기즈칸이 건설한 세계 제국은 원나라를 종주국으로 하고 독립
적인 여러 한국汗國으로 구성된 연합왕국으로 변모했나.

    칭기즈칸 사후 대칸이 된 오고타이는 아버지 칭기즈칸의 숙원이었던
금나라 정벌을 성공시켰고, 중국의 한인은 물론, 여진인, 중앙아시아인,
유럽 인 등 정복지의 인재들을 등용하면서 범세계적인 인력으로 구성된
중앙 행정부를 만들었다. 유목 국가 시절과 다른 중앙집권적 관료 국가
의 기틀을 세운 것이다. 또한 몽골 최초로 정액세법을 시행했으니, 점령
한 나라를 초토화해 멸망시키는 게 아니라 백성과 영토를 보전해주면서
조공을 바치게 했다.

    이런 변화는 4대 몽케칸 시대에 더욱 본격화되어 정치와 경제의 중심
이 몽골 초원에서 점차 중원 지역으로 옮겨갔다. 그리고 몽케의 뒤를 이
은 5대 쿠빌라이에 이르러 몽골 고원의 카라코룸에서 중원의 베이징으로
수도를 옮기고, 중국의 통치 방식을 더욱 적극적으로 받아들이게 된다.

이전까지 몽골은 몽골인의 전통적인 방법과 정책으로 정복하고 다스렸다. 하지만 쿠빌라이 이후 몽골 제국은 이른바 '이한법치한지以漢法治漢地', 즉 한족의 법으로 한족의 땅을 다스리는 통치 방침을 세웠다. 1231년 처음으로 고려를 침공해 30여 년의 전쟁을 치르는 동안, 몽골의 정치와 통치 전략은 점령지를 신하의 나라로 편입시키고 조공을 받는 간접 지배 방식으로 바뀌었다. 이런 흐름 속에서 고려와 몽골의 전쟁도 전과 다른 양상을 보이게 된다.

유목민인 몽골군은 기마 전술에 바탕을 둔 속도전, 기동전을 구사했다. 고려 공격 초기에는 전쟁 기간도 몇 달을 넘지 않았다. 그러나 1254년에 시작된 마지막 6차 전쟁은 무려 6년 동안이나 계속됐다. 가을에 침공을 시작해 이듬해 봄이면 돌아가는 종래의 패턴을 벗어나, 고려 땅에서 주민들을 지배하면서 장기전을 펴게 된 것이다. 정복지 백성들에게 농사를 짓게 하여 군량을 받아내며 장기전을 펴자, 산이나 섬으로 도망가 숨는 입보책도 무의미해졌다.

육지만을 공략 대상으로 삼았던 전쟁 방식도 달라지기 시작했다. 전라남도 신안군 압해면은 고려와 몽골의 전쟁 말기 중요한 변화가 시작된 지역이다. 무안반도에 자리 잡은 압해도는 예로부터 서남해안 해상의 중심이 되는 지리적 요충지였다. 백제와 통일 신라 시대에 이 지역은 대중국 무역로의 중요 지점이었고, 당나라로 유학 가는 이들도 거쳐야 하는 곳이었다. 인적, 물적 자원이 반드시 거치는 물류의 혈맥이었던 셈이다.

1256년, 몽골군은 70척의 선박을 동원해 압해도 공격에 나섰다. 몽골군은 이를 시작으로 연안 섬 지방에 대한 공세를 강화해갔다. 당시 몽골군의 공격을 받은 섬 지역은 대부분 고려의 주요 해양 항로에 자리 잡은 곳이었다. 이것은 무엇을 뜻하는가? 강화도의 조운漕運과 밀접한 관련이 있다. 고려 왕실과 귀족의 재정은 전국 각지의 13개 조창에서 거둬들인

고려 세곡은 전국 각지의 13개 조창에 집결됐다가
해운으로 개경에 운반됐다. 몽골군이 공격한 압해
도는 고려 조운로의 주요 거점이었다.

세금으로 충당하는데, 강화 천도 이
후에도 마찬가지였다. 몽골군은 세금
을 운반하는 조운로를 차단해 강화도를 압박하고자 한 것이다. 《고려사》
는 몽골의 압해도 공격을 이렇게 전한다.

몽골 장군 차라대車羅大가 함선 70척에 깃발을 줄지어 세우고 압해도
를 공격하기 위해 윤춘과 또 한 관리를 시켜 배를 타고 싸움을 독려하
게 했다. 압해 사람들은 대포 두 개를 큰 배에 설치하고 기다리니, 양
쪽 군사들은 버티기만 하고 싸우지 않았다. 차라대가 언덕에서 전장
을 바라보고 말하기를 '우리 배가 대포를 맞으면 부서질 것이니 당하
기 힘들다'라고 했다. 다시 배를 이동시켜 공격하게 했지만 압해 사람
들이 곳곳에 대포를 배치했기 때문에 여의치 않았다.

강화도에 천도한 고려 정부는 주로 해상 물류망과 정보망을 통해 고려 본토에 대한 영향력을 유지하고 있었기 때문에, 원나라로서는 서해안의 중요한 항로 거점과 섬을 공격해서 강화도와의 연결 고리를 끊어버리고 경제적인 측면에서 목줄을 죄는 전략을 구사했던 것이다. 조운로 차단으로 강화도의 재정을 악화시키는 한편, 본토에 대한 공격도 계속됐다. 전쟁이 막바지에 이른 1254년에는 몽골군의 포로가 된 고려인이 20만에 이르고 죽은 자는 헤아릴 수 없을 정도였다.

왕권은 회복시켰으나

수십 년 계속된 전쟁으로 지친 고려 백성들은 점점 무인정권에 등을 돌리기 시작했다. 세금 걷으러 온 관리를 죽이고 몽골군에 투항하는 사건이 벌어지는가 하면, 지방 토호들이 몽골에 항복하는 일이 벌어지기도 했다. 전쟁이 20년 정도 계속되자 고려 정부의 항전 역량은 급격하게 약화됐다. 사실상 방치되어 고군분투하던 백성들이 항복하기 시작하면서 항몽전선이 급격히 무너져갔다. 이러한 상황이 집권층 내부의 갈등을 부추긴 것은 당연한 일. 1258년, 전쟁을 고집하던 무인정권의 수장 최의崔竩가 암살당했다. 최충헌이 집권한 이후 60년간 이어지던 최씨 정권이 무너진 것이다.

몽골에 항복할 것을 요구하는 주장은 더욱 힘을 얻었고, 강화 천도가 이뤄진 지 29년 만에 고려 왕실은 몽골과의 강화講和를 결정했다. 이 무렵 몽골의 황제가 된 쿠빌라이는 고려의 강하 요청을 받아들이는 것은 물론, 고려의 풍속을 인정하고 다루가치를 소환하며 전쟁 중에 항복한 고려인을 돌려 보내주겠다는 내용이 담긴 국서를 보냈다. 고려라는 나라 이름도 인정해주고 풍속도 바꾸지 않고, 조세권이나 징병권도 인정함으로써 몽골 황실 가문이 지배하는 여러 한국汗國과 마찬가지의 지위를 인정해 준 셈이다. 이렇게 나라 이름까지 그대로 인정해 준 것은 몽골 제국 체제에서 전무후무한 일이기도 하다.

1259년 쿠빌라이를 직접 만나 강화를 성립시킨 사람은 태자 왕전王佺이었다. 같은 해 고종이 세상을 떠나자 원종으로 즉위한 왕전은 몽골의 군사력을 끌어들여 강화도에 남아 있던 무인정권을 무너뜨렸다. 100년 간의 무인정권 시대를 끝내고 왕정복고를 실현한 것이다. 1270년 5월, 고려 원종이 개경 환도를 선언한 뒤 몽골군은 강화도에 들어가 성과 궁궐을 모두 불태웠다. 38년에 이르는 강화도 시대는 이렇게 막을 내렸다. 그러나 고려 왕실이 되찾은 권력은 몽골 제국의 지원을 등에 업은 결과였고, 우리 역사에 원나라 간섭기라는 또 다른 그늘을 만들었다.

강화 천도는 몽골이라는 막강한 적 앞에서 최씨 무인정권이 권력을 유지하기 위해 선택할 수 있는 최선책이었다. 몽골군의 끈질긴 침략 앞에서도 고려가 멸망하지 않은 것이 천도 때문이었을 수도 있다. 그러나 사실상 방치된 채 막대한 희생을 치러야했던 백성들의 입장에서 본다면 강화 천도는 배신이자 도피, 그 이상도 이하도 아니었다.

02 충선왕,
국왕의 몸으로 유배되다

한 나라의 왕이면서 남의 나라 황제의 외손자로 태어나
왕위에 두 번 오르고 만 리 길 걸어 유배까지 갔다.
어느 군왕의 삶이 이토록 파란만장할 것이냐?
왕의 기구한 운명은 곧 그 나라의 현실이 아니었을까.
고려 26대 충선왕의 부침하는 생을 돌아본다.

유배 가는 고려 국왕

지난해의 괴이한 일은 차마 들을 수 없으니	去年怪事不忍聞
벌이 독침을 쏘고 쉬파리가 흑백을 뒤섞어	稷蜂肆毒蠅止樊
견책하는 글 한 통이 하늘 문에서 내리니	一封譴勅下天門
해가 일렁이고 구름 몰려와 천둥번개가 친다.	白日洶洶雲雷屯
삼한의 어버이이자 황제의 외손이시건만	三韓主父皇外孫
한번 떠나시니 만 리 길에 서번西蕃 땅이라	一去萬里投西蕃
하늘까지 눈 쌓인 고개는 곤륜산에 이어지며	界天雪嶺連崑崙
낮도깨비 휘파람 부는 황하의 원류로다.	魍魎晝嘯黃河源
고개 돌려 바라보니 느릅나무 늘어선 성채	廻頭却望楡塞垣
통곡하시어 눈물 마르고 눈도 흐려지신다.	痛哭淚盡雙眸昏
의관마저 초라하시니 따돌리지나 않을지	衣冠縮縮疑排根
강철도 시달리면 엿가락 된다 하거늘	百鍊繞指愁劉琨

외로운 신하 혼자 뿐 도와줄 이 없구나.　　　　孤臣子立無攀援

(……)

—〈상도上都에서 유정승柳政丞과 오찬성吳贊成에게 바치다〉 중에서

아! 지난 날 내가 지은 시를 곱씹어 보니 한스럽기 그지없다. 때는 1320년 겨울. 나 이제현(李齊賢, 1287~1367)은 원나라 서울인 대도(大都, 지금의 베이징)에서 이 시를 지었다. 북쪽에서 불어오는 차갑고 매서운 바람에 내가 흘린 눈물마저 얼어버릴 지경이었다. 멀고 먼 서번(티베트)으로 향하는 상왕上王의 참담한 마음을 내 어찌 다 헤아릴 수 있겠는가. 1만 5000리에 달하는 그 길은 가죽배로 험한 강을 건너고 소달구지에서 노숙하며 반년이나 걸리는 여정이었으니, 상왕을 따른 이들 가운데 벼슬아치는 겨우 두 사람이었고 종과 마부도 태반이 도망했다…….

이제현이 말하는 상왕은 고려 26대 왕인 충선왕(忠宣王, 1275~1325)이다. 충선왕은 나이 마흔여섯 되던 해인 1320년에 원나라 황제의 명으로 티베트로 유배를 당했다. 당시 토번吐蕃 또는 서번이라 불리던 티베트까지는 가는 데만도 무려 반년이나 걸렸다. 한 나라의 국왕이 1만 5000리 떨어진 곳으로 유배 가는 심정이 얼마나 처참했을 것인가. 《고려사》에 전하는 충선왕의 당시 심경은 이러하다.

　내가 운명이 기박하여 이러한 우환을 당하였다. 혈혈단신으로 산 넘고 물 건너 1만 5000리 길을 걸어 토번으로 향하고 있으니 우리나라에 대한 막대한 수치다. 나는 잠자리에서도 편안히 잠을 이루지 못하고 먹어도 음식의 맛을 알지 못한다.

왜 충선왕은 이토록 먼 곳으로 유배를 가야 했을까? 충선왕의 유배지는 어디였고, 유배 생활은 어떠했을까? 고려 후기의 문신 익재益齋 이제현은 티베트까지 직접 가서 충선왕을 만나고 돌아왔다. 이제현의 문집 《익재집益齋集》에는 충선왕을 만나러 가면서 쓴 시가 꽤 많다. 이 시를 통해 충선왕의 1만 5000리 유배 길을 가늠해보자.

이제현의 시에 등장하는 첫 지명은 탁군涿郡이다. 탁군은 오늘날 중국 허베이성河北省 줘저우시涿州市로, 베이징에서 중국 남부나 서부로 여행하려면 거쳐야 하는 첫 번째 도시다. 여정은 스자좡石家莊, 정저우鄭州, 시안西安, 란저우蘭州등으로 이어진다. 모두 역참驛站이 있던 곳이다. 란저우를 지나 도스마朶思麻부터 티베트 라싸拉薩까지 이어지는 여정은 기록에 남아 있지 않지만, 그 구간도 역참을 이용했으리라.

유배지는 티베트 어디였을까? 《고려사》 기록에 따르면 티베트의 살사결撒思結이라는 지역이다. 살사결은 오늘닐의 사캬薩迦 지역으로, 원나라 때 티베트의 종교 정치의 중심지였다. 사캬는 라싸에서 서쪽으로 450킬로미터 더 들어간 곳으로 차를 타고 쉬지 않고 달려도 족히 아홉 시간이 걸린다. 티베트의 주요 종파 넷 가운데 하나인 사캬파는 13~14세기, 티베트뿐 아니라 원나라 황실에도 영향을 미칠 정도로 번성했다.

마을에서 가장 큰 건물이 바로 13세기에 지어진 800년 역사의 사캬 사원이다. 충선왕은 사캬 사원에 머물렀다. 사원의 옛 영화로움은 사라졌지만 지금도 승려들이 불공을 드리고 신도들이 끊이지 않고 찾는다. 혹시 충선왕의 행적이 남아 있지 않을까? 샤카 사원의 주지 스님은 원나라 때 충선왕이 이곳에 왔었다는 걸 알고 있다. 충선왕과 그의 아들이 이곳에 와서 불경을 배웠다는 얘기가 전해내려 온다는 것. 충선왕이 유배 생활을 보냈으리라 생각되는 건물도 남아 있다.

당시 충선왕의 모습을 짐작해볼 수 있는 귀중한 유물도 있다. 바로

(위) 비운의 고려왕 충선왕은 베이징에서 티베트까지 15,000리 길을 걸어 유배를 떠나야 했다.
(아래) 충선왕의 유배지는 '토번 살사결', 오늘날의 티베트 사캬 지역으로, 수도 라싸에서 차로 9시간
이나 걸리는 황량한 풍경의 고산 마을이다.

사원 건물 깊숙한 곳에 보관된 탱화다. 충선왕이 유배 올 즈음에 그렸는
데, 이곳에 불경을 공부하러 온 사람들의 모습이 묘사돼 있다. 영향력이
큰 사원이었던 만큼 원 제국의 영향력 아래 있는 아시아 각지에서 많은
사람이 불경을 공부하러 왔고 그 중에 충선왕이 있었다. 주지 스님은 그
림 속 원나라 제후 복장을 한 인물을 충선왕으로 추정한다. 700여 년 전
충선왕은 이곳에서 외롭고도 적막한 유배 생활을 불경 공부를 하며 달래

충선왕의 당시 생활을 짐작할 수 있는 탱화(위 왼쪽). 사캬 사원에 불경을 공부하러 온 사람들이 묘사돼 있다. 원나라 제후 복장을 한 사람이 바로 충선왕이다(위 오른쪽). 충선왕이 머물렀을 것으로 추정되는 건물도 그림에 보인디(이레).

지 않았을까? 그가 이곳에서 보낸 시간은 2년 반에 달한다. 이후 충선왕은 오늘날 간쑤성甘肅省의 도스마 지역으로 옮겼고, 도스마에서 7개월간 머무른 뒤 유배에서 풀려났다. 모두 3년 2개월에 걸친 유배 생활이었다.

원나라 황제의 외손자로 태어나

왕의 신분으로 유배를 떠난 운명도 기구하지만, 충선왕은 그 출생 또한 평범하지 않았다. 충선왕은 칭기즈칸의 손자이자 원나라 5대 황제인 세조世祖 쿠빌라이의 딸 제국대장공주齊國大長公主와 충렬왕忠烈王 사이에서 태어났다. 고려의 국왕이 원나라 황제의 외손자가 되는 독특한 혈연에는 복잡한 사연이 있다.

고종 18년(1231) 몽골의 침략을 받은 고려는 수도를 강화도로 옮겨 30여 년간 항쟁했으나 결국 강화하고 말았다. 몽골의 침략으로 본토가 초토화되면서 항전의 여력이 없어진 데다 마침 몽골의 강화 조건이 완화된 때문이었다. 전쟁 초 국왕이 직접 들어와 항복하라는 조건이 태자가 몽골에 와서 항복하는 것으로 바뀌었다.

　　이렇게 강화 조건이 완화된 데는 이유가 있었다. 당시 몽골은 남송과 치열한 전쟁을 벌이고 있었다. 밀고 밀리는 접전 끝에 몽골 4대 황제인 헌종憲宗 몽케가 전쟁터에서 목숨을 잃었다. 황제의 갑작스런 죽음에 몽골 황실은 혼란에 빠졌고, 헌종의 동생 쿠빌라이와 아리크부카가 다음 제위를 차지하고자 다투었다. 당시 아리크부카는 몽골 제국의 수도였던 카라코룸에, 쿠빌라이는 전쟁터에 있었다. 전선에 있던 쿠빌라이는 아리크부카를 치러 수도로 향했고, 두 세력은 4년간 힘겨운 줄다리기를 계속했다.

　　이러니 강화를 위해 몽골로 향하던 고려 태자 왕전王倎은 쿠빌라이와 아리크부카 중 누구를 만나야 할지 고민이었다. 서로 자신이 정통성을 지니고 있다고 주장하는 판국이니, 어느 한 쪽을 택했다가 그 쪽이 패하기라도 하는 날에는 고려의 운명이 어떻게 될지 알 수 없었다. 왕전으로서는 일대도박을 하는 심정이 아니었을까? 왕전은 결국 쿠빌라이를 택했고, 이는 훗날 고려에 행운을 가져다 준 현명한 선택이었다.

　　치열한 권력 다툼을 하고 있던 쿠빌라이에게 고려 태자의 방문은 천군만마를 얻은 것과 같았다. 자신의 정통성을 주장할 수 있는 좋은 근거였기 때문이다. 쿠빌라이의 심정은 아마도 이러했을 것이다.

　　고려는 1만 리나 떨어져 있는 먼 나라요, 일찍이 당나라 태종이 친히 대군을 이끌고 공격하였으나 항복시킬 수 없었는데, 이제 이렇게 그

나라의 태자가 스스로 와서 나를 따르니 이는 하늘의 뜻이로다!

　　대세가 기운 아리크부카는 1264년 7월 쿠빌라이에게 항복했고 2년
뒤 병으로 세상을 떠났다. 황제가 된 쿠빌라이는 고려에 우호적이었으며
강화는 고려에 유리하게 진행됐다. 고려는 원의 직할령으로 복속되지 않
고 국명과 풍속을 유지했다. 몽골이 고려를 하나의 독립국으로 인정한
것이다. 이는 몽골의 침략을 받은 다른 나라들과 전혀 다른 대우다. 태자
왕전이 몽골에 머무는 동안 고종이 세상을 떠나자, 쿠빌라이는 왕전을
왕으로 책봉해 고려로 돌려보낸다. 원종元宗 임금이다.

　　1260년 고려로 돌아온 원종은 11년 뒤 원나라에 한 가지 제안을 한다.
고려 태자와 원나라 공주 간에 혼인을 맺자는 것. 원종이 혼인을 제의한
까닭은 원 황실의 지지를 얻기 위함이었다. 나라 안에서 왕실을 위협하는
세력으로부터 왕실을 보호하고, 고려와 몽골 간의 강화를 안정적으로 유
지함으로써 국가를 보전하려 했다. 원종의 아들 충렬왕과 쿠빌라이의 딸
제국공주가 혼인하여 그 사이에서 태어난 이가 바로 충선왕이다.

즉위도 폐위도 내 뜻이 아니오

이렇게 고려 왕실의 후계자이자 원나라 세조 쿠빌라이의 외손자로 태어
난 충선왕은 고려와 원나라의 독특한 관계가 낳은 임금이었다. 몽골의
침략을 받은 나라는 멸망하고 그 이름도 사라져버리는 게 일반적이었지
만, 고려만은 원나라와 분명한 국경선을 유지하면서 사실상 독자적인 국
가로서 지위를 보장받았다. 여기에는 고려가 원나라의 부마국駙馬國이라
는 점, 즉 그 왕이 원나라 황실의 사위가 되는 나라라는 특수한 관계가
중요한 요인이었다.

쿠빌라이와 아리크부카

쿠빌라이가 세계 제국을 지향했다면 그의 경쟁자인 막내 동생 아리크부카는 초원의 지배자로 남으려 했다. 쿠빌라이는 몽골 전통의 이동식 가옥인 파오보다 도시의 건물에 사는 걸 더 좋아했고, 중국의 풍속에 익숙한 편이었다. 이에 비해 아리크부카는 초원에서 말 달리며 사는 몽골의 전통을 지키고 싶어 했다. 몽골 지배층은 당연히 아리크부카를 더 선호했다. 그들이 보기에 쿠빌라이는 몽골 전통에서 벗어난 이질적인 성향의 인물이었고, 따라서 아리크부카가 자신들의 권리를 더 많이 보장해주리라 생각했다.

1260년 6월 카라코룸에서 열린 쿠릴타이(몽골 지배층이 모여 중요한 일을 결정하는 대회의)에서 아리크부카가 대칸이 되었지만, 쿠빌라이는 승복하지 않았다. 쿠빌라이는 한족 신하들의 지지 속에 독자적으로 쿠릴타이를 열어 대칸이 되었고, 몽골 제국의 5대 황제 자리를 걸고 전쟁이 시작됐다.

쿠빌라이는 정치적 명분에서 뒤졌지만, 순식간에 아리크부카의 목줄을 움켜쥐었다. 쿠빌라이가 차지한 지역에서 카라코룸의 식량과 물자를 조달해왔기 때문이다. 판도는 금세 기울었다. 아리크부카는 쿠빌라이에 밀려 곧 수도 카라코룸을 내줬다. 그러나 1261년 잠시나마 카라코룸을 탈환할 정도로 아리크부카 세력도 만만치 않았다. 그러나 이미 전세를 뒤집기는 어려웠다. 더구나 이 시기 몽골 초원에는 이상 저온 현상에다 강수량마저 적어 풀이 잘 자라지 않았다. 초원에 기반을 둔 아리크부카 세력은 더 이상 버티지 못하고 1264년 쿠빌라이에 항복했다.

전쟁에서 패했지만 아리크부카는 궁전 출입을 금지당하는 가벼운 처벌만 받았다. 쿠빌라이가 전쟁에서 이겼는데도 몽골 지배층의 상당수가 승리는 인정하지만, 아리크부카에게 명분상의 정통성이 있다고 여겼다. 이에 따라 몽골 지배층들은 쿠빌라이가 아리크부카를 심문하기 위해 소집한 회의에 참석하지 않았다. 쿠빌라이가 아리크부카를 처형하지 못하고 가벼운 벌만 내린 것은 이런 분위기를 의식했기 때문이다.

그런데 1266년 아리크부카가 갑자기 세상을 떠났다. 병사했다고 하지만 실제로는 쿠빌라이가 독살했다는 게 대부분 학자들의 의견이다. 이후에도 초원에 기반을 둔 몽골 지배층이 쿠빌라이에 간헐적으로 저항했지만 대세에 영향을 미칠 정도는 못되었다.

쿠빌라이는 형인 몽케가 살아 있을 때도 권력과 목숨을 잃을 위기에 처한 적이 있었다. 쿠빌라이는 중국 남쪽으로 진군하라는 명을 받았으나 전황은 지지부진했다. 몽케는 빨리 큰 승리를 거두어 전리품을 실어보내기를 바랐지만, 쿠빌라이는 일종의 완벽주의자여서 남송을 차근차근 정복해가려고 했다. 치밀하게 계획을 세워 천천히 일을 도모하는 성격이었던 데다가, 평생을 전쟁으로 보낸 다른 형제들과 달리 전쟁 경험이 별로 없었기에 더욱 조심스러웠을 것이다.

그렇다 보니 비대한 몸집에 잔치를 즐기고 중국 문화를 마다하지 않는 동생이 몽케로서는 미덥지 않았다. 몽케는 쿠빌라이를 철저히 조사하게 해 그 부하들 가운데 몇 명을 부패 혐의로 처형하고 쿠빌라이의 특권을 박탈했다. 급기야 몽케는 쿠빌라이를 카라코룸으로 불러 직접 책임을 묻고자 했다. 쿠빌라이는 이때 카라코룸으로 가서 자신의 잘못을 반성하고 충성 서약을 했다. 몽케는 그런 동생을 용서해주었다. 그 후 몽케는 자신이 직접 남송을 공격했지만 1259년 여름에 세상을 떠나고 말았다.

역사는 가정을 허락하지 않지만, 만일 몽케가 쿠빌라이의 책임을 엄중하게 물어 죽였다면 역사는 어떻게 바뀌었을까? 원 제국이 온전하게 성립할 수 있었을까? 대칸이 황제가 되어 다스리는 강력한 통일 제국이 아니라, 각 지역을 나누어 다스리는 느슨한 연합체가 되어버리지는 않았을까? 몽케가 세상을 떠났을 때 각각 중동, 러시아, 중앙아시아 지역 등을 지배하던 몽골 지배층은 대칸의 자리를 놓고 경쟁하는 데 별 관심이 없었다. 이미 그들은 자신의 영역을 지키는 데만 관심을 기울이고 있었던 것이다.

원종   쿠빌라이

충렬왕 ─────── 제국대장공주

충선왕

충선왕 가계도

원 세조 쿠빌라이(왼쪽). 충선왕은 충렬왕과 쿠빌라이의 딸 제국대장공주의 사이에서 태어났다. 그는 원나라 황제의 외손자였던 것이다.

출생에 얽힌 사연부터 독특했던 충선왕은 왕위에 오르는 과정도 남달랐다. 대개 선왕이 세상을 뜨거나 병을 앓아 정사를 돌볼 수 없을 때 세자가 왕위에 오르는 것이 일반적이지만, 충선왕이 왕위를 이어받았을 당시 충렬왕은 나이 예순으로 목숨이 위태롭지도 건강이 나쁘지도 않았다. 갑작스럽게 왕으로 책봉된 충선왕. 그 배경은 무엇일까?

충선왕은 태어난 지 채 2년이 안 된 1277년 1월 고려의 세자로 책봉됐다. 충선왕은 원나라를 자주 방문했는데, 기록에 남아 있는 공식적인 방문만도 네 살에 두 번, 열 살에 한 번, 그리고 열다섯 살에 한 번으로 모두 네 차례다. 충선왕은 어린 시절부터 원에 자주 드나들며 새로운 문물을 보고 견문을 넓혔고 외할아버지인 쿠빌라이도 만났다.

《고려사》를 보면 충선왕이 아직 세자이던 1291년 원나라에서는 '의동삼사儀同三司 상주국上柱國 고려국왕세지高麗國王世子 영도침의사사領都僉議使司'라는 작위를 받는다. 이는 국정을 관장할 수 있는 권한을 가진 작위다. 작위를 받고 고려로 돌아온 충선왕은 직접 국정에 참여했다. 정사를 돌보고 처소로 돌아온 세자에게 백관이 하례했다고 하니, 세자 신

(왼쪽) 경상남도 마산시 합정동의 '몽고정' 유적. 건너온 일본 정벌을 위해 원나라 군대가 합포(지금의 마산)에 주둔했었다. 그때 판 우물이다.
(오른쪽) 몽고정 근처 야산에는 원나라가 일본 원정을 위해 설치한 기관인 정동행중서성이 있었다. 현재 발굴이 한창이다.

분이지만 왕에 버금가는 권한을 행사했음을 알 수 있다. 원나라는 충렬왕을 제쳐두고 그들과 국제관계를 꾸려갈 고려의 파트너로 세자, 미래의 충선왕을 택했고, 세자는 그런 원나라를 등에 업고 고려에서 최고 실권자가 된 것이다.

충렬왕은 왜 세자에게 갑자기 밀려났을까? 경남 마산시 합정동에 있는 충렬왕 당시의 유적, 경상남도 문화재자료 82호로 지정된 몽고정蒙古井에서 대답을 찾을 수 있다. 그 이름에서도 알 수 있듯 원나라 군사들이 썼던 우물로, 충렬왕 때 일본 정벌을 위해 이곳에 주둔했던 원나라 군사들을 위해 만들었다. 몽고정 근처의 야산에도 원나라와 관련된 폭 4.3~5.2미터, 높이 4.5미터 규모의 성터 유적이 있다. 발굴이 한창인 이 성터에는 원나라가 일본 원정을 위해 설치했던 기관인 정동행중서성征東行中書省이 있었다.

충렬왕은 원나라의 일본 원정을 적극 도왔다. 직접 개경에서 마산까지 내려와 원정을 독려하며 석 달 동안 머물기도 했다. 일본 정벌에 나선 여몽연합군의 모습을 그린 그림 〈몽고습래회사〉를 보면 전면에 나선 이들은 모두 고려군이다. 비록 태풍을 만나 여몽연합군은 큰 피해를 입고 물러났지만, 충렬왕이 원나라의 일본 원정을 적극 도운 덕분으로 고려는 원나라의 영향력에서 어느 정도 벗어날 수 있었다.

원나라의 일본 정벌을 그린 〈몽고습래회사〉의 한 장면. 전투의 전면에 나선 이들은 모두 고려군이었다.

사실 충렬왕은 즉위 초부터 고려의 자주성을 지키려는 노력을 해왔다. 원의 강요에 의해 관제를 변경할 때도 원나라의 관제와 일치하는 것만 개정하고 고려의 독자적인 관제는 바꾸지 않고 그대로 유지했다. 일본 원정에서 고려군이 상당한 역할을 한 이후 충렬왕은 원나라에 더욱 많은 요구를 했다. 고려 내정에 간섭하기 위해 파견한 관리 다루가치를 완전히 철수할 것과 군사 기지로 쓰고 있던 탐라를 돌려줄 것, 전쟁 때 잡혀간 고려 백성을 돌려보내 줄 것 등을 요구했다.

원나라 성종成宗은 이 요구를 들어주기로 약속했지만 얼마 뒤 일방적으로 파기했다. 원 성종은 충렬왕이 할아버지인 쿠빌라이의 사위인지라 처음에는 요구를 무시하지 못했지만, 자칫 자신의 통제를 벗어날 정도로 권력을 강화한다면 이로울 게 없다고 판단했다. 결국 원나라는 세자에게 힘을 실어주었고, 충렬왕은 자의반 타의반으로 왕위에서 물러났다. 충선왕은 원나라의 압력으로 갑작스레 아버지 충렬왕에게서 왕위를 물려받아 1298년 고려의 26대 왕으로 즉위하게 된 것이다.

그러나 충선왕이 왕위에 머무른 기간은 아주 짧았다. 왕위에 오른 지 불과 8개월 만에 폐위 당했다. 그리고 충렬왕이 다시 왕위에 올랐다. 충선왕이 그렇게 빨리 폐위된 것도 역시 고려와 원나라의 관계 때문이었다. 충선왕이 폐위 당할 무렵 고려 조정에서는 조비무고趙妃誣告 사건으로 불리는 일대 사건이 터졌다. 충선왕의 정실부인은 원나라 진왕晉王 카말라(甘麻剌)의 딸인 계국대장공주薊國大長公主였다. 그러나 충선왕이 사랑한 여인은 고려 여인 조비였다.

계국공주가 이에 앙심을 품지 않을 수 없다. 계국공주는 원나라 황실에 서신을 보냈다. '왕이 황실의 명에 복종하지 않고 왕의 사랑이 조비에게 있으니 조비를 잡아 벌하라'는 내용이었다. 원나라 황실은 조비 가족을 감옥에 가두게 하고 충선왕과 계국공주를 원나라로 불러들여 충선왕을 폐위시켰다. 고려로 시집 온 원나라 공주의 시기심이 충선왕 폐위의 원인이었을까? 그렇지 않다. 그것은 충선왕을 폐위시키기 위한 빌미일 뿐이었다.

진짜 이유는 충선왕과 원 황실 간의 힘겨루기에 있었다. 충선왕은 즉위하자마자 여러 가지 개혁 정책을 내놓았다. 권신權臣이 소유한 광대한 토지를 몰수하여 백성들에게 나누어주었고, 군제軍制와 세제稅制도 정비했다. 더구나 원나라와의 관계에 편승하여 부당하게 이득을 취하는 자들을 과감히 제거했다. 바로 몽골어를 익혀 고위 관직에 오르거나 고려와 원황실 간의 연락망 구실을 하며 권력을 얻은 환관들, 그리고 응방鷹坊에서 일하는 관원들이다. 충선왕은 대신 사대부들을 새롭게 등용하려 했다.

응방은 원의 간섭을 받고부터 생긴 기관으로, 조공으로 바칠 매를 사육하던 기관이다. 개경을 중심으로 지방에도 설치했으며, 지방의 응방에도 별도의 관리를 파견하여 매 잡는 일을 독려했다. 응방 운영을 위해 몽골에서 매 사냥과 조련 기술자인 응방자鷹坊子를 불러오기도 했다. 몽골에

고려의 매가 우수하다고 하여 원 황실에 조공으로 매를 바쳤다. 원나라의 영향으로 고려에도 매사냥
이 유행했고, 그 전통은 1950년대까지 계속됐다. 왼쪽 그림은 19세기 말의 풍속화가 기산箕山 김준근
金俊根의 〈매사냥〉이다.

서는 매를 빨리 보내라고 재촉하기 위해 착응사捉鷹使까지 보냈다. 사정이
이렇고 보니 응방의 위세는 대단했고 부패도 심각했다. '응방의 매들은
(육포가 아니라) 금은포를 먹나보다'라는 말이 나돌 정도였다. 충선왕은 그
런 응방에 속한 사람들이 잇속을 챙기는 일을 금지시켰다.

　원나라 입장에서는 충선왕의 이런 태도가 매우 못마땅했다. 충선왕
의 새로운 정책 방향도 방향이지만, 무엇보다도 그 정책들이 원나라와
사전 협의 없이 채택되어 실행되고 있다는 점이 문제시됐다. 새로운 정
책 방향은 늘 저항을 낳기 마련이다. 충선왕이 배제한 충렬왕 측근 세력
은 치열한 반대 공작을 펼쳤고, 주비무고 사건은 이런 상황에서 나온 충
선왕에 대한 음해 공작이었다. 충선왕에 반대하는 고려 국내 세력과 원
나라의 이해관계가 이심전심으로 맞아떨어진 셈이다.

10년을 기다려 권토중래하다

충선왕의 새로운 정책에 불만을 품고 있던 오기吳祁, 왕유소王惟紹, 송린宋璘 등은 이 틈을 타 원나라의 황후와 승상 등을 움직여 당시 원나라에 있던 충선왕이 고려로 돌아오는 것을 막고, 충선왕의 사촌인 서흥후瑞興侯 왕전王琠과 충선왕비 계국공주를 혼인시키려 했다. 서흥후를 충렬왕의 후계로 내세워 충선왕을 재기불능 상태로 만들려는 계획이었다. 그러나 충선왕은 1308년, 그러니까 왕위에서 물러난 지 10년 만에 다시 왕위에 올랐다. 어떻게 충선왕이 또 다시 왕위에 오를 수 있었을까?

8개월 만에 폐위된 충선왕은 원나라로 들어갔다. 원나라에서 충선왕은 어떤 활동을 했을까? 충선왕이 살았던 지역은 오늘날 중국의 국무원이 위치한 곳으로 원나라 때는 태자궁이 있었다. 충선왕이 원나라 태자궁 근처에 살았다고 추정하는 까닭은, 충선왕이 훗날 원나라 황제가 되는 무종武宗과 인종仁宗 형제의 선생님이자 인척이기 때문이다. 그들 형제는 쿠빌라이의 손자인 타르마발라의 아들로, 충선왕은 그들에게 먼 숙부뻘이었다. 더구나 충선왕과 무종, 인종 형제는 함께 기거하며 밤낮으로 떠나지 않을 정도로 가깝게 지냈다.

단지 인척 관계여서 가깝게 지냈을까? 단지 그뿐만은 아니었다. 충선왕은 정치적 지위를 회복하기 위해 원나라 황족인 무종, 인종 형제와 가깝게 지냈다. 충선왕은 원의 수도에서 고도의 정치 활동을 펼쳤던 셈이다. 원나라 궁궐 근처에 있던 큰 연못 옥연담에서 원나라 고위 관리를 지낸 이가 충선왕을 위해 연회를 베풀었다는 이야기가 전해내려 온다. 당시 모습을 이제현은 이렇게 묘사했다.

호숫가 예쁜 별당 소문이 헛되지 아니하니　　　　湖上華堂愜素聞
국공이 우리 임금 모시고 잔치를 베푸노라.　　　國公開宴樂吾君

(왼쪽) 폐위되어 대도로 쫓겨온 충선왕은 오늘날 중국의 국무원이 위치한 원나라 태자궁 근처에 살았으리라 짐작된다.
(오른쪽) 옥연담의 모습. 원의 고위관리가 충선왕을 위해 연회를 베풀었다는 장소다. 충선왕이 대도에서 정치적인 활동을 했음을 알게 해주는 대목이다.

(……)

생황 노래 끝나기도 전에 거마는 시끌벅적,　　　　　　　笙歌未歇輪鬧
아득한 서산 해는 지려는 듯 어스레하도다.　　　　　　　漠漠西山日欲
—〈국공國公 양안보楊安普가 태위太尉 심왕瀋王을 위해 옥연당玉淵堂에
서 잔치를 베풀다〉 중에서

　충선왕이 이렇게 절치부심, 정중동靜中動하고 있을 때 마침내 원나라 황실에 변화의 바람이 불었다. 성종 황제에게는 아들이 하나 있었지만 몸이 허약해 일찍 세상을 떠났다. 그리고 1305년 성종마저 세상을 뜨자 원나라 황실은 제위를 둘러싼 갈등에 휩싸였다. 무종과 쿠빌라이의 손자인 아난타 세력의 갈등이었다. 결국 무종이 승리했고, 충선왕은 친분이 두터운 무종 편에 서서 무종이 제위에 오르는 데 공을 세웠다.
　충선왕이 무종 즉위를 위해 어떤 도움을 주었는지 정확히 알기는 힘들지만, 충선왕이 일종의 정보 전달 임무를 수행하지 않았을까 추정된

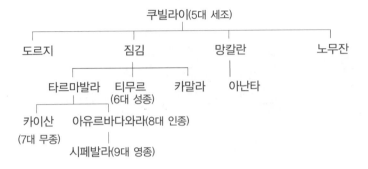

원 황실의 계보도다. 성종이 후계 없이 붕어하고 무종이 황위를 이었다. 충선왕은 무종이 황제가 되는 데 공을 세워 원 황실의 실세로 떠올랐다.

다. 충선왕은 몽골 귀족에 비해 신분과 처지가 특수하기 때문에, 경쟁 세력의 주목을 덜 받으면서 비교적 자유롭게 활동할 수 있었으리라. 황실 인척이라고는 해도 엄연한 외국인인 충선왕에 가별히 주목하는 눈길은 드물었을 테니까.

무종은 황제가 된 뒤 충선왕의 공을 인정해 1308년 충선왕에게 '개부의동삼사開府儀同三司 태자태부太子太傅 상주국上柱國 부마도위駙馬都尉' 벼슬을 내리고 심양왕瀋陽王으로 봉했다. 심양은 대몽항쟁 때 몽골에 투항한 고려 사람들이 많이 건너가 사는 지역으로, 원나라는 그런 지역을 효과적으로 통치하기 위해 충선왕을 왕으로 임명한 것이다. 그리고 같은 해 충렬왕이 세상을 떠나자 고려 국왕에 봉했다. 충선왕은 고려 국왕과 심양왕을 겸하여 상당한 넓이의 영토를 다스리는 위치의 원 제국 권력자가 되었다.

그러나 왕위에 오른 충선왕은 고려에 단 1년 간 머문 뒤 다시 원으로 돌아갔다. 왕이 고려에 머물지 않고 원나라에서 교지敎旨를 통해 고려를 통치하는 역사상 유례없는 이른바 전지傳旨 정치가 시행된 것이다. 충선왕은 왜 전지 정치를 하게 된 걸까? 원 무종이 즉위하고 충선왕이 곧 이어서 고려 국왕으로 즉위했다는 것은, 충선왕의 정치적 입지가 원나라 정국 변화와 깊은 관계를 가진다는 의미다. 충선왕은 원나라에 계속 머물며 원나라 정치에 깊이 개입함으로써 고려 국왕으로서의 지위를 보다 확고하게 함과 동시에, 고려의 국가적 이익도 최대한 확보하려 했다. 원나라에서 충선왕의 정치적 입지가 강화될수록 고려의 입지도 강화되기 때문이다.

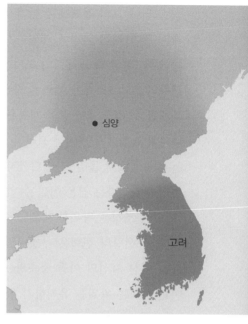

무종은 자신이 황제가 되는 데 공을 세운 충선왕을 심양왕으로 봉했다. 이로써 충선왕은 고려왕과 심양왕, 두 왕위를 지니게 되어 강력한 권력을 행사하게 되었다.

실제로 충선왕이 원나라의 실력자로서 고려왕으로 복위한 다음부터, 원나라 사신이 고려에 와서 내정에 간섭하는 일이 거의 일어나지 않았다. 또한 각종 물자를 요구하는 것도 충렬왕 대에 비해 현저하게 줄어들었다. 이렇게 원나라의 간섭이 줄자 충선왕은 고려 사회 전반에 걸쳐 개혁을 단행했다. 그 중 하나가 각염법榷鹽法으로, 일종의 소금 전매 제도다. 사찰이나 권세가들이 독점적으로 유통시켜 이익을 취하던 소금을 국유화하고, 소금 매매를 국가가 전적으로 관장해 국가 재정을 튼튼히 하기 위한 것이다. 또한 세도가들이 멋대로 매기던 조세를 균등히 하기 위해 토지 조사를 실시하고 초야에 묻혀있는 인재를 등용하겠다는 교서敎書를 내렸다.

그러나 그의 정책에는 한계가 있었다. 전지 정치가 지닌 가장 큰 한계는 왕이 직접 국정에 개입하지 않고 측근을 통해 개혁을 시도한다는데 있다. 결국 측근 세력의 도덕성이 개혁의 성패를 좌우하게 되는데, 충선왕의 고려 내 측근 세력은 자신들의 정치적·경제적 이익을 챙기면서부패했고, 결국 충선왕의 개혁은 제대로 실행되지 못하고 실패했다. 원나라의 간섭에서 벗어나 고려의 국가적 자주성을 어느 정도 확보하는 데는 성공했을지 몰라도, 어디까지나 원나라의 정세 변화에 그 입지가 종속되어 있었다는 점은 어쩔 수 없는 충선왕의 한계였다.

고려 조정은 왕위를 비워둘 수 없다며 충선왕의 귀국을 강력히 요청했다. 충선왕의 선택은 무엇이었을까? 충선왕은 귀국하여 고려에 머무르는 대신 자신의 아들 충숙왕忠肅王에게 왕위를 물려주었다. 충선왕의 이런 선택은 왕위를 유지하기 위해 귀국하는 것보다 원에 남아 있는 것이 오히려 고려에 도움이 된다는 판단을 내렸기 때문인 듯하다. 이제 충선왕은 상왕上王이 되었다.

만권당의 꿈은 스러지고

나 이제현이 다시 말한다. 아들 충숙왕에게 왕위를 물려준 뒤 다시 원으로 돌아온 우리 상왕은 원나라에서 여전히 탄탄한 정치적 입지를 유지했다. 원나라로 돌아온 해인 1313년 10월 상왕은 과거제 실시를 건의했고, 그 제안이 받아들여져 원나라에서도 과거가 실시되었다. 원나라 인종 황제는 상왕에게 우승상右丞相 직위를 맡을 것을 제안하기까지 했다. 우승상은 보통 황태자가 겸임하는 관직이니 우승상이 된다는 것은 원나라 조정에서 황제와 황태자 다음으로 높은 서열에 오른다는 것을 뜻한다. 그러나 상왕은 이 제안을 거절하고 만권당萬卷堂을 세웠다.

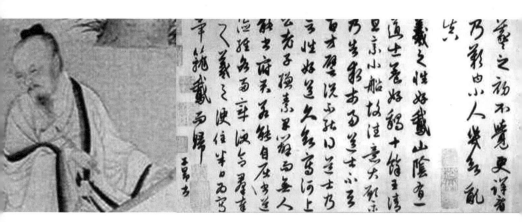

원나라 때 문명을 날린 유학자 조맹부(왼쪽)와 그의 글씨(오른쪽). 충선왕은 만권당을 세워 원과 고려의 학자들을 교류하게 했고, 이런 활동을 통해 조맹부의 글씨가 처음 소개되기도 했다.

만권당. 문자 그대로 만 권의 책이 있는 집이라는 뜻이다. 상왕은 정치 일선과 거리를 두고 거기에서 학문에 정진하고자 했던 것이다. 만권당을 근거로 상왕은 원나라의 유명한 학자 조맹부趙孟頫, 염복閻復, 우집虞集, 요봉姚烽 등과 교유하는 한편, 본국 고려에서 백이정白頤正, 박충좌朴忠佐 그리고 나 이제현 등 많은 학자들을 불러들여 학문의 깊이를 더하게 했다. 서화에 뛰어난 조맹부의 서법書法이 고려에 전해진 것도 만권당 덕분이었다.

모름지기 학문을 하는 궁극적인 이유는 내성외왕內聖外王, 즉 안으로는 심성을 수양하여 성인의 도를 따르고 밖으로는 나라를 평안케 하는 데 있으니, 상왕이 만권당을 세워 학문을 진작시키고자 한 뜻도 결코 정치와 무관하지 않았다. 어떤 의미에서는 고도의 정치 행위였다.

그런데 1320년, 무종의 뒤를 이은 원나라 인종 황제가 세상을 떠났다. 상왕의 강력한 지지 기반이 사라져 버린 것이다. 원나라 황실은 또다시 황제 자리를 놓고 분열과 갈등에 휩싸였다. 무종은 동생인 인종에게 왕위를 물려주는 대신, 인종이 세상을 뜨면 자신의 아들을 왕위에 올리기로 약속했었다. 그런데 인종은 이 약속을 무시하고 자신의 아들에게 양위했다. 결국 인종 세력과 무종 세력 사이에 심각한 갈등이 일어났고, 상왕은 어느 쪽을 택할 것인지 난감해하지 않을 수 없었다. 상왕은 무종 편에 섰지만, 인종의 아들 영종英宗이 왕위에 오르면서 충선왕은 위기를 맞이했다.

더구나 이때를 틈타 고려 출신 환관 임파엔토쿠스任伯顔禿古思가 상왕을 모함하고 나섰다. 임파엔토쿠스는 진작부터 상왕을 무례하게 대해 상왕이 원나라 황태후에게 그런 그를 벌 줄 것을 청한 적이 있었다. 이에 임파엔토쿠스는 부당하게 빼앗은 토지와 노비를 그 주인에게 되돌려주고 매까지 맞았다. 이 일로 그는 깊은 원한을 품었는데, 인종의 죽음과 영종의 즉위는 그런 임파엔토쿠스에게 절호의 기회였다. 내가 시에서 '벌이 독침을 쏘고 쉬파리가 흑백을 뒤섞어'라 말한 것을 기억하는가? 그렇다. 벌과 쉬파리는 바로 임파엔토쿠스다.

원나라 정쟁의 와중에 입지가 흔들리면서 급기야 모함까지 받은 상왕은 1320년 4월 대도를 떠나 강남 지방을 돌아다니다가 금산사로 향했다. 상왕은 예전에 금산사에서 불경을 공부한 적이 있었다. 정쟁의 소용돌이를 피하려는 심산이었지만 이미 영종의 명을 받은 군사들이 기다리고 있었고, 붙잡힌 상왕은 대도로 끌려가 10월에 형부로 넘겨져 머리가 깎인 채 석불사石佛寺에 갇히는 신세가 됐다. 석불사에 갇혀 황제의 처분만 기다리고 있었을 상왕의 심정이 어떠했을까? 결국 두 달 뒤 상왕에게 티베트로 유배 가라는 영종의 명령이 떨어졌다. 상왕을 티베트로 보내는 이유는 불경을 공부하라는 것이었지만, 그것은 대외적으로 내세운 명목일 뿐이었다.

고려 조정은 1320년 7월 29일 상왕을 문안하러 사신을 파견했는데,

만권당에 관하여

고려 충선왕이 1314년 원나라 수도 연경에 세운 만권당은 일종의 사설 도서관이자 학문 연구 센터이며 국제 학문 교류 센터였다. 만권당이라는 이름에 맞게 원나라에서 수집할 수 있는 거의 모든 책을 모아들여 장서를 갖췄다. 이제현·박충좌 등 고려의 학자들을 데리고 와 조맹부·염복·우집·요봉 등 중국 학자들과 교류하며 원나라의 유학을 배우고 고려의 문화를 전파하도록 했다. 만권당의 설립에는 1298년부터 충선왕을 따라 10여 년간 연경에 머무른 백이정의 역할이 컸다. 이제현과 박충좌는 백이정의 제자였다.

당시 원나라 유학은 주자학이 중심이었는데, 원나라 지배층은 주자학을 왕권을 안정시키는 이데올로기로 활용했다. 특히 쿠빌라이는 주자학을 장려하여 관학화官學化했다. 원나라의 대표적인 유학자 허형(許衡, 1209~1281)은 쿠빌라이의 두터운 신임을 받아 요직에 오르기도 했다. 허형 외에 유인(劉因, 1249~1293), 오징(吳澄, 1249~1333) 등이 원나라 주자학을 대표하는 인물들이다.

주자학의 창시자 주희(朱熹, 1130~1200)는 금나라의 심한 압박에 시달리던 남송의 학자였다. 그는 금나라가 아니라 남송에 정통과 명분이 있음을 강조했는데, 이 정통론과 명분론에 충실하고자 한다면, 1276년 남송을 멸망시킨 원나라는 주자학의 입장에서는 정당성이 없다. 그러나 현실은 이론과 달랐다. 강력한 세계 제국을 건설한 원나라의 위세 앞에 주자학은 관학으로 명맥을 유지해야 했다. 그렇다면 원나라의 압박과 간섭 하에 있던 고려의 유학자에게는 주자학의 정통론과 명분론이 어떻게 다가왔을지, 이것도 참 흥미로운 문제다.

우리나라에서 주자학은 가장 먼저 연구한 사람은 1288년 원나라에서 《주자전서》를 필사해 돌아온 안향(安珦, 1243~1306)이다. 그 뒤를 이어 백이정과 이제현, 이색, 정몽주, 이숭인, 권근, 변계량 등이 우리 주자학을 계승했다. 이 계보를 보면 만권당이 고려 말기와 조선 초기 주자학의 수용 및 발전의 중요한 동력임을 알 수 있다.

남경의 금산사. 충선왕은 원 황실의 정쟁에 휘말려 세력을 잃고 금산사에 숨어 있었다.

10월경에 사태의 심각성을 알고 대책을 강구하다가 급기야 나 이제현을
보냈다. 상왕은 1320년 12월 4일 원나라 황제의 명으로 티베트의 사캬로
유배 길을 떠나게 되었고, 상왕을 모시던 신하들 대부분이 도망쳤으며
박인간朴仁幹, 장원지張元祉 등만이 배소(配所, 귀양지)까지 따라갔다. 나는
바로 그즈음 대도 교외에 이르러 상왕이 결국 유배 떠난 소식을 듣고 크
게 놀라고 비통한 심정으로 시를 지었다.

　그때의 참담한 심정이야 어찌 필설로 다 형용할 수 있을 것인가. 의
지할 곳 하나 없는 낯선 땅 티베트에서 괴로운 나날을 보낼 상왕을 만나
러 급히 길을 떠났다. 불교의 가르침이 상왕에게 조금이나마 위안이 되
어주었을까? 도스마에서 상왕과 만난 나는 억장이 무너지는 심정에 할
말을 잊고 말았다. 오히려 의연한 것은 상왕이었다. 상왕과 만나 나눈 첫
대화를 기억해 보면 대략 다음과 같다.

　전하! 신하된 자로서 임금을 제대로 보필하지 못했으니…….
　　어찌 너의 잘못이라 하겠느냐? 정세를 제대로 판단하지 못한 짐의

64

불찰이다. 그 먼 길을 왔으니 그대의 심신도 피로에 지쳤겠구나. 나는 그럭저럭 이곳에 익숙해졌지만…….

전하! 익숙해지시다니요. 그런 말씀은 제발 거두어 주시옵소서. 한시라도 빨리 대도로, 그리고 고려로 돌아가셔야 합니다. 성심을 굳건히 하십시오.

충선왕의 유배지인 티베트 사카 사원. 충선왕이 머물렀을 건물에 불법을 공부하는 수도자들이 예와 같이 묵고 있다. 쓸쓸한 사원에서 충선왕은 힘 있는 나라에 휘둘리는 고려의 운명을 한탄하지 않았을까.

견딜만하다니까. 그나저나 고려는 어떠한가? 고려 소식이나 좀 들려 달라. 그리고 혹시 가져 온 서책이라도 있는가? 심심파적이라도 하고 싶지만 이곳 사정이 여의치 않다.

황급히 떠나느라 서책을 챙길 생각을 하지 못했사옵니다. 한시라도 빨리 전하를 만나 뵐 생각뿐이었습니다.

그대와 만권당에서 학문을 논하던 때가 생각나는구먼. 내 경황이 없어 만권당을 제대로 챙기지 못하고 이런 처지가 되었는데, 그 많은 서책을 누가 관리는 하고 있는지 걱정이야. 그때가 좋았지. 안 그런가? 내 이제 그대를 보니 시름이 저 멀리 달아나는 것 같다. 만권당 시절이나 한번 떠올려 보자꾸나.

망극하옵니다, 전하!

어허! 이런 불충이 있나! 눈물일랑 그만 흘려라.

영종 황제가 세상을 떠나고 태정제太定帝가 즉위하자 상왕은 유배에서 풀려났다. 유배된 지 3년여 만이었다. 그러나 대도로 돌아온 지 불과 2년 만에 상왕은 쉰하나를 일기로 세상을 떠났다.

쿠빌라이의 외손자로 태어나 왕위에 두 번 오르고 먼 서번 땅으로 유배되고……. 이처럼 파란만장한 삶을 산 군왕이 일찍이 있었던가? 강대한 원나라에 종속됐던 우리 고려의 운명 속에서 상왕이 택할 수 있었던 길은 제한적일 수밖에 없었다. 쿠빌라이의 외손이자 고려의 왕이라는 상왕의 태생 자체가 고려가 처한 운명의 축도인 것을. 인걸이 있다한들 시절이 받쳐주지 않으니, 품은 뜻일랑 한 마당 꿈으로 스러질 뿐!

03 700년 전 고려인, 이슬람 성지에 잠들다

원나라 수도인 대도 완평현에 살았고
지방관리인 다루가치로 임명되었으며
중국의 이슬람 성지에 묻힌 한 무슬림.
그의 이름은 라마단, 700년 전의 고려인이었다.
14세기의 세계인 라마단의 행적을 따라가보자.

고려에도 무슬림이 있었다

주변에서 이슬람 신자, 즉 무슬림Muslim을 만나 본 적 있는가? 우리나라
에서 길가는 사람 아무나 붙잡고 어떤 신앙을 갖고 있느냐 물으면 대부
분 '절에 다녀요', '교회 다녀요', '성당 다녀요' 이렇게 셋 가운데 하나
로 대답한다. 혹은 무교無敎, 곧 따르는 종교가 없다고 답하는 사람도 상
당수다. 세계 3대 종교 중 하나인데 이슬람을 믿는 사람은 거의 만날 수
없다.그만큼 무슬림은 우리 사회에서 소수자다. 무슬림 특유의 복장을
한 외국인이 길을 지나가는 것을 본 사람은 있을지 모르지만, 실제로 무
슬림과 만나 대화를 나누어보거나 한 사람은 매우 드물 것이다.

　불교 국가였던 통일 신라와 고려, 유교 국가였던 조선 그리고 해방
이후 폭발적인 증가세를 보인 기독교. 이런 역사 속에서 이슬람은 우리
에게 무척 낯설다. 한국전쟁을 즈음하여 우리나라에 파병된 터키 병사들
이 극소수 한국인들에게 이슬람교를 전파했다고도 하고, 1970년대 이후
이슬람 지역인 중동 여러 나라의 건설 및 산업 현장에서 일했던 사람들

가운데 일부가 이슬람교를 받아들였다고도 하지만, 아직까지 우리 안의 이슬람은 멀고 낯설며 드물기만 하다.

세계화 시대라는 요즘에도 이슬람이 이렇게 낯설고 멀진대, 옛날로 거슬러 올라가면 더욱 낯설지 않았을까? 이 질문에 답해주는 유물이 1985년 7월 중국에서 발굴됐다. 정확한 장소는 고대 해양 실크로드의 기착지였던 중국 광둥성廣東省 광저우시廣州市의 청진선현고묘淸眞先賢古墓 부근. 이곳은

이슬람은 9세기경 처음 우리나라에 전해졌지만, 오늘날의 이슬람 공동체가 발아한 것은 한국전쟁 이후 1950년대부터다. 2005년 현재, 한국의 이슬람 신자는 약 15만 명으로, 사원 아홉 곳과 임시 예배소 예순 곳이 운영되고 있다. 사진은 한국이슬람중앙회가 있는 이태원의 서울중앙성원이다.

중국에서 가장 오래된 무슬림 묘역으로, 그 일대에서 도로 확장 공사를 하다가 우연히 옛 무슬림들의 묘비가 발견됐다. 그 가운데 아랍어와 한자가 새겨져 있는 700여 년 전 한 고려인 무슬림의 묘비가 있었다.

묘비는 높이 62센티미터, 폭 42센티미터, 두께 6.2센티미터 크기로, 정면 최상단에 아랍 문자로 "모든 인간은 죽음을 맞이할 것이다"라는 문구가 새겨 있다. 아래에는 그보다 작은 크기의 아랍 문자로 "하느님 외에는 신이 없나니, 그분은 살아 계시사 영원하시며 모든 것을 주관하시도다" 등이 문구가 새겨 있다. 그리고 왼쪽과 오른쪽 가장자리에는 한자가 작게 새겨 있다. 비문을 쓴 사람은 아르사라는 이름의 무슬림이다. 묘비 원본은 중국에서 가장 오래된 이슬람 사원인 광저우시의 회성사懷聖寺에 보관돼 있고, 광저우 박물관에 복제품이 전시돼 있다. 비석 오른쪽 면에

묘비에 새겨진 한자를 읽어보면, 묘비 주인의 이름은 라마단, 원나라에 살던 고려인이다.

새겨진 한문을 풀이하면 다음과 같다.

> 대도로 완평현 청현관 주인 라마단은 고려 사람이다. 나이 38세이고
> 광서도 용주 루찬현 다루가치에 임명되었다.
>
> 大都路宛平縣靑玄關住人　刺馬丹　系高麗人氏　年三十八歲　今除廣西道容州陸川縣
> 達魯花赤.

  '라마단'이라는 이름의 이 고려인은 어떤 사람일까? 해독할 수 있는
나머지 비문까지 종합하면 라마단은 고려 충선왕 4년(1312)에 알라웃딘
의 아들로 태어났고, 대도 완평현의 청현관이라는 저택에 살았다. 고려
충정왕 1년(1349)에 루찬현을 다스리는 다루가치에 임명되었지만, 같은
해 3월 23일 세상을 떠나 8월 18일 광저우 유화교流花橋 옆 계화강桂花崗
이라는 곳에 이슬람식으로 장사지내 묻혔다. 계화강, 즉 계화 언덕이 바

로 오늘날 광저우 무슬림 묘역인 청진선현고묘다.

세계 속 작은 고려들

라마단은 고려 사람인데 어떻게 남의 나라인 원나라에, 그것도 수도인 대도에 살았을까? 고려인 무슬림이 살았던 14세기 중반의 대도는 어떤 도시였을까? 중국 역사에서 베이징 지역이 처음으로 나라의 수도가 된 것은 원나라 때다. 이후 명나라가 들어서면서 원나라의 대도성을 철저히 파괴하고 자금성을 세웠다. 그러나 원나라의 흔적을 모두 없애지는 못해 베이징에는 원나라 때 쌓은 대도성 유적이 여전히 남아 있다. 특히 베이징 동쪽 외곽에 자리한 퉁저우通州에서는 고려와 관련된 원나라 유적이 확인된다.

퉁저우는 동으로는 고려와 일본으로 바닷길이 연결되고 남으로는 남중국해로 이어지는 해상 유통의 중심이었다. 원나라 때 베이징의 내륙 운하가 퉁저우의 바이허白河까지 연결되었으므로 모든 사람과 물자가 일단 퉁저우에 집결했다가 내륙 운하를 이용해 대도성 안으로 운송됐다. 이렇듯 대도성으로 들어가는 관문 역할을 했던 퉁저우에는 세계 여러 지역에서 온 선박들이 정박했고, 그 가운데 고려 선박도 많았으리라. 실제로 고려인이 빈번히 왕래했음은 물론, 집단 촌락을 이루고 살기까지 했다. 퉁저우 항구에서 가까운 마을 이름이 가오리좡高力莊인데, 명나라 이전까지만 해도 '고려장(高麗莊, 한자는 다르지만 발음이 현재 이름과 같다)'으로 불렸다.

그렇다면 라마단의 집 청현관이 있었던 대도 완평현은 어디일까? 중국 전역에 남아 있는 사료와 지도를 참고하여 제작한 《베이징 역사 지도집》에서 완평현의 위치를 찾아보면, 오늘날 베이징 시내에서 남서쪽으로

(위 왼쪽) 퉁저우 근처의 마을 '가오리장高力庄'. 명나라 이전에는 다른 글자지만 발음이 비슷한 '高麗庄'이었다. 대도를 왕래하던 고려인들이 모여 살았을 것이다.
(위 오른쪽) 라마단의 집은 오늘날 베이징 교외의 완핑청 일대에 있었다. 대도성의 흔적인 성벽의 현판.
(아래) 완핑청에서도 '고려'라는 이름이 들어간 지명을 찾을 수 있다. 현재 행정구역명은 '가오리장高里掌'이지만 예전에는 '高麗掌'이었다. 현지에 전해오는 기록에도 '고려촌'라는 이름이 남아 있다.

15킬로미터 외곽에 자리한 완핑청宛平城 일대다. 대도의 남서쪽 관문 구실을 하던 곳으로 퉁저우에서 그리 멀지 않다. 원나라 때 완평현은 대흥현大興縣과 함께 수도에 속한 현이었다. 정치·군사·경제적인 측면에서 다른 일반적인 현들보다 위상이 높았다. 화베이華北 지방에서 베이징으로 들어서는 길목인 완평현 지역에는 중국 역대 왕조에서 도성 방어를 위해 만든 성곽이 지금도 남아 있다.

완핑청 일대에서 대대로 살아 온 주민들에 의하면 이 지역의 예전 이름은 '고려장高麗掌'이었다. 정확히 언제부터 그렇게 불렸는지는 잘 모르지만 50대 이상의 주민들은 지금도 고려장이라 부른다. 현지에 전해오는 옛 기록을 찾아보니 아니나 다를까 옛 이름이 '고려촌高麗村'이다. 중국에서 마을 이름은 어떤 민족 혹은 어떤 성姓을 가진 사람이 많이 거주하

문헌서원은 고려 말의 문장가 이곡과 그 아들 이색을 기리는 서원이다. 이곡의 문집에 완평현 고려촌에 대한 기술이 있다. 고려인이 세운 절 김손미타사는 당시 고려촌과 고려인의 위상을 말해준다.

느냐에 따라 정해지는 경우가 많다. 요컨대 이 지역에 원나라 때 고려 사람이 집단적으로 거주한 '고려인촌'이 있었던 것이다.

700년 전 고려인들이 모여 살았던 이곳의 모습은 어떠했을까? 그 단서는 충남 서천의 문헌서원文獻書院에서 찾을 수 있다. 문헌서원은 고려 말 충신이자 대문장가 이곡李穀과 그의 아들 이색(李穡, 1328~1396)을 기리는 서원이다. 이곡은 원나라에서 관직 생활을 하며 현지에서 보고 듣고 조사한 내용을 문집에 담았는데, 문헌서원 장판각에 이곡의 문집인 《가정집稼亭集》을 찍어낸 목판이 전해내려 온다.

많은 목판 가운데 완평현 고려촌의 규모를 짐작할 수 있는 부분은 〈경사김손미타사기京師金孫彌陀寺記〉다. 고려인 김백안찰金伯顏察이 완평현에 김손미타사金孫彌陀寺라는 절을 세웠다는 기록이다. 김손미타사는 1331년에 김백안찰과 그의 부인 손孫씨가 창건한 절이다. 이 기록은 대도의 고려인이 절을 세울 정도로 많았음을 짐작케 한다. 이 절은 고국을 떠나 있는 고려인의 정신적 안식처이자 구심체 역할을 했을 것이다. 그렇다면 근본적인 질문을 해보자. 고려인은 왜 완평현에 절까지 세우고 고려촌을 형성했을까?

당시 원과 고려는 통혼通婚 관계, 즉 원나라 공주를 고려 국왕에게 시집보내는 관계였다. 이에 따라 고려의 국왕들이 대도로 혼인하러 왔고, 국왕의 혼인을 즈음하여 대도로 온 많은 고려인들이 대도 일대에 오래 머물며 귀국하지 않았다. 대도의 고려인은 국왕이나 고관, 귀족들의 생활을 돕는 사람들이거나 좀 더 넓은 세상에서 새로운 기회를 찾고 싶은 사람들이 아니었을까? 라마단이 완평현에 살았던 시기는 원 간섭기 80년의 막바지다. 그 시기 완평현 고려촌은 상당히 많은 고려인이 2~3대에 걸쳐 뿌리내리고 살았던 또 하나의 고려였다.

나라는 작아도 사람은 뛰어나

이미 보았듯이 라마단의 묘비문에는 '광서도廣西道 용주容州 육천현陸川縣 달로화적達魯花赤'이라 적혀 있다. 달로화적은 다루가치의 한자식 표기다. 다루가치는 정복지를 다스리기 위해 원나라 중앙 정부에서 파견하는 지방 감독관이다. 그런데 몽골족이 아닌 고려인이 원나라에서 다루가치를 지냈다니 파격적인 일이 아닐 수 없다. 고려인이 어떻게 다루가치가 된 것일까?

라마단이 다루가치로 파견된 '육천현'은 베트남과 인접한 국경 지대인 오늘날의 광시좡족자치구廣西壯族自治區 루촨현이다. 인구 80만의 작은 도시로, 동남아시아로 통하는 길목이다. 다루가치로 부임한 라마단의 행적을 알려주는 기록은 찾을 수 없다. 다만 원나라 때 루촨현의 위상을 엿볼 수 있는 기록이 있다.

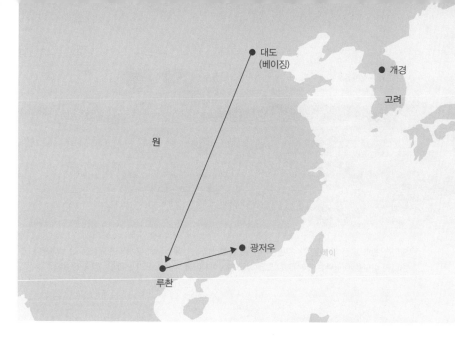

고려인 라마단은 지금의 베이징인 원 제국의 수도 대도에 살았고, 베트남 국경 지대인 루촨현에 다루가치로 부임했다가 이슬람 무역 특구로 무역이 활발했던 광저우에 묻혔다. 그는 고려와 중국 대륙 그리고 이슬람을 아우르는 진정한 세계인이었다.

당시 원나라 중앙 정부는 베트남을 견제하기 위해 접경 지역인 이 일대의 군사 시설을 강화했다. 이런 사실은 유적으로도 확인된다. 농경지 한가운데 남아 있는 옛 성터. 언뜻 보면 밭둑처럼 보이지만 흙을 다져 쌓은 판축 토성의 흔적이다. 당나라 때 쌓은 이 토성은 그때부터 줄곧 루촨현을 에워싸고 방어해왔으며 국경의 전초 기지로 활용됐다.

루촨현 다루가치로 부임한 라마단은 이곳에서 국경을 지키는 병사들을 시찰하고 감독했을 것이다. 토성 안에 루촨현의 현청이 있었고, 루촨현에서 바다로 나가는 큰 강인 주저우 강儿洲江과 그보다 작은 다른 강이 가깝다. 두 강이 만나는 지점을 중심으로 해상 운송이 번성했다. 루촨현은 동남아시아와 중국 대륙을 오가는 해상 무역의 중요 거점이었다. 무역의 거점이자 군사 요충지였던 루촨현에 원나라 중앙 정부가 고려 사람

당나라 판축 토성 유적(왼쪽). 주변은 밭으로 변해버렸지만, 루촨현의 군사적 중요성을 잘 보여준다. 루촨현과 바다를 이어주는 주저우 강(오른쪽)은 동남아시아와 중국을 오가는 해상무역의 중심지였다.

인 라마단을 파견했다면, 그에 대한 원나라 정부의 신뢰가 무척이나 두터웠을 것이다.

원나라가 민족들을 분류한 기준에 따르면, 끝까지 저항한 고려는 다루가치에 오를 수 없는 3등급 민족에 해당했다. 원나라의 관제에서 다루가치라는 직위는 지방의 행정 수반으로, 지방의 중요한 일들은 모두 다루가치에 의해 결정되었다. 그래서 다루가치는 몽골인이나 색목인色目人만 될 수 있었다. 그러나 쿠빌라이가 고려인의 능력을 매우 높이 사 주요 관직에 등용했음을 암시하는 대목이 《원사元史》에 기록돼 있다.

고려는 작은 나라지만 기술자는 한인에 비해 우수하고 유학자는 모두 경서에 통달했으며 공자 맹자를 배운다.

《고려사》에서도 이러한 사실을 확인할 수 있다. 원나라의 요구로 고려의 고관 자제들이 공민왕 때까지 계속 파견된 것. 몽골은 이민족을 지배하는 방식의 하나로 똘루게[禿魯花] 제도를 시행했다. 똘루게란 몽골어로 인질이라는 뜻이다. 1241년(고종 28)에 왕족과 귀족 자제 열 명을 보낸 것을 시작으로 많은 왕족 및 귀족 자제들이 원나라로 갔다. 이렇게 원나라에 파견된 고려인들은 학문적 소양과 정치적 경륜을 갖춘 고급 인재들이었다.

원나라에서 볼모로 고려의 인재를 요구한 데는 또 다른 이유가 있었다. 몽골인만으로는 세계 제국 원나라를 경영할 수 없다. 그래서 원나라는 능력 위주의 인재 정책을 펼쳐 국가나 민족을 초월해서 능력 있는 사람들을 원나라의 관리로 채용했다. 이에 따라 문화적으로 우수한 고려인들이 많이 등용되었다.

원나라의 열린 인재 정책으로 고려인 라마단은 그 능력을 인정받아 전략적 요충지이자 무역 거점 지역의 다루가치로 임명됐고, 몽고족에 준하는 대접을 받았다. 그러나 그 자신이 고려인임을 절대 잊지 않았다. 생전에 고려인임을 당당하게 밝히고 자랑스럽게 여기지 않았다면 묘비에 굳이 그 사실을 명기할 까닭이 없다. 그가 고려인으로서의 정체성을 드러내고 있다는 점은 매우 의미심장하다.

미처 몰랐던 우리 안의 이슬람

여기에서 또 하나 중요한 질문을 던져보자. 아랍어로 적혀 있고 첫 머리에 이슬람 경전 《코란》이 인용돼 있는 라마단의 묘비문은 고려인 무슬림의 존재를 알려주는 사실상의 첫 기록이다. 그런데 고려는 불교 국가다. 종교의 자유가 보장된 오늘날에도 종교를 바꾼다는 건 쉽지 않다. 하물며 불교 국가였던 고려에서 다른 종교를 받아들여 개종하는 건 더욱 쉽지 않았을 것이다. 라마단은 어떻게 무슬림이 된 것일까?

중국 베이징 남부에 위치한 뉴제牛街는 중국 정부가 지정한 소수민족

특색 거리로 마을 주민 5만 명 가운데 1만 명이 무슬림이다. 무슬림들의 거주지는 이슬람 사원인 뉴제 예배사禮拜寺를 중심으로 형성돼 있다. 오랜 세월 뉴제에 뿌리내리고 살아 온 무슬림에게 뉴제 예배사는 자존심과 정체성의 기반이며 그들을 하나로 묶어주는 구심점이다.

무슬림이 베이징에 본격적으로 정착한 시기는 언제일까? 칭기즈칸은 서방 원정에 나섰다가 돌아오는 길에 많은 아랍 인과 페르시아 인을 데리고 왔다. 모두 학자, 기술자, 상인, 여러 나라 언어에 능통한 사람 등 전문적인 기술과 지식을 보유한 사람들이었다.

당시 이슬람의 과학기술은 세계 최고 수준이었고 국제 교역망도 그들이 장악하고 있었다. 수적으로 소수인 몽골 지배층만으로는 드넓은 세계 제국을 제대로 다스릴 수 없었다. 몽골은 세계 제국을 유지하기 위해 무슬림을 적극 등용하여 일종의 준 지배층으로 우대하는 인사 정책을 폈다.

취안저우泉州 해외교통사 박물관에서 색목인, 즉 무슬림에 대한 원나라의 인사 정책을 확인할 수 있다. 무슬림들의 묘비가 박물관 전시실에 가득하다. 그만큼 무슬림이 많았다. 전시된 묘비 가운데는 원나라 관리를 지낸 무슬림의 묘비도 많다. 특히 '봉훈대부奉訓大夫 영춘현永春縣 다루가치'를 지낸 무슬림의 묘비를 통해 다루가치 가운데 아랍 인이 있었음을 알 수 있다.

중국 대륙을 완전히 무너뜨리고 칭기즈칸이 시작한 정복 사업을 완성한 쿠빌라이칸. 그가 사냥에 나선 모습을 묘사한 〈수렵도〉에 다양한 민족과 인종을 대원제국大元

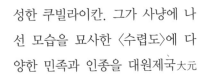

'봉훈대부 영춘현 다루가치'를 지낸 아랍 인의 묘비. 취안저우 해외교통사 박물관에 소장되어 있다.

쿠빌라이의 사냥 모습을 그린 〈수렵도〉. 그려진 인물마다 흑인종과 황인종, 백인종의 피부색와 신체 특징이 확연하다. 그림에 나타난 다양한 민족과 인종은 세계 제국이었던 몽골의 거대 인적 네트워크를 잘 보여준다.

帝國의 이름 아래 묶어낸 거대한 인적 네트워크가 잘 표현돼 있다. 허허벌판이던 베이징에 수도를 건설하고 원 제국을 이룩한 밑바탕에는 몽골인의 두뇌 구실을 해준 이슬람 인력이 있었다. 베이징을 설계한 사람도, 중국의 대표적인 천문과학기기를 만든 사람도 무슬림이었다.

이러한 시대 분위기 속에서 원나라에 진출한 고려인은 무슬림과 교류하며 선진 문물과 함께 자연스럽게 그들의 종교도 받아들였을 것이다. 원의 수도 대도에 살던 라마단에게 이슬람교는 전혀 낯선 종교가 아니었다. 《고려사》에 충렬왕 때 "여러 회회回回가 왕을 위해 신전新殿에서 향연을 열었다"는 기록이 있다. 새로 지은 궁전에서 향연을 열 만큼 고려의 왕실 혹은 지배층과 무슬림들이 돈독한 관계였다는 걸 알 수 있다.

뿐만 아니라 고려로 귀화한 무슬림들을 통해서도 이슬람이 전파됐다. 대표적인 귀화 무슬림은 삼가三哥 장순룡張舜龍이다. 삼가는 충렬왕

전라북도 순창 설씨 집성촌 호치 마을에 있는 위구르계 귀화인 설손의 사당 호계사.

의 비인 제국대장공주를 모시고 고려에 왔다. 고려로 와서 원나라에 있을 때보다 벼슬이 더욱 높아졌고, 오늘날 개풍군에 해당하는 덕수현德水縣을 식읍으로 받았다. 장순룡이라는 이름도 하사 받고 고려 여인과 혼인하여 자식을 낳았으니, 그 후손이 덕수를 본관으로 하는 장씨다.

　오늘날 전북 순창 호치 마을에서 집성촌을 이루고 사는 경주 설씨慶州 偰氏는 또 어떤가? 경주 설씨의 조상은 고려 공민왕 때 홍건적의 난을 피해 원나라에서 고려로 귀화한 위구르계 설손偰遜이다. 귀화한 설손은 계림, 즉 경주를 본관으로 하사받고 고려에서 문장가로 이름을 날리며 관직 생활을 했다. 설이라는 성은 본래 설손의 조상이 중국과 몽골의 국경 지대인 설련하偰輦河에 살았던 데서 유래한 것으로 알려져 있으며, 설씨 집안의 전승에 따르면 오늘날 신장위구르자치구新疆維吾爾自治區의 투루판吐魯蕃 지역에 살다가 중국 내륙으로 이주했다고 한다.

　고려는 개방적이었다. 다른 문화를 배척하지 않고 세계와 교류하는, 유연하고 역동적인 사회였다. 특히 이슬람 문화는 원 간섭기를 거치며 고려에 많은 영향을 끼쳤다. 고려인이 이슬람을 자연스럽게 받아들였음을 알 수 있는 가장 좋은 증거는 라마단의 묘비다. '알라웃딘의 아들 라마단' 이라고 새겨진 묘비문. 아버지의 이름까지 밝히는 방식은 라마단의 집안이 일찍이 이슬람을 받아들인 '무슬림 집안' 이었음을 짐작케 한다.

아마 라마단은 무슬림인 아버지가 《코란》 읽는 소리를 들으며 자라지 않았을까.

동서 문명의 가교, 이슬람 상인

인류 문명의 역사는 곧 교류의 역사다. 한 지역의 문명이 완전히 독자적으로 발생하고 발전한 경우는 없다. 이슬람 문명은 문명 교류사에서 매우 중요한 역할을 했다. 이를테면 이슬람 학자들이 아랍어로 번역한 고대 그리스 고전이 다시 라틴어로 번역됨으로써 13세기 유럽의 스콜라 철학이 꽃필 수 있었다. 14세기 초반 동양과 서양을 부지런히 넘나들었던 이슬람 상인들은 동서를 잇는 가교 그 자체였다.

이슬람 상인이 그렇게 활발하게 동서를 넘나들 수 있었던 데는 동쪽으로 고려부터 서쪽으로 바그다드와 모스크바에 이르는, 명실상부하게 유라시아 대륙 전체를 아울렀던 이른바 '팍스 몽골리카(몽골의 세계 지배 혹은 그 지배를 통해 이룩한 평화)'가 큰 역할을 했다. 반면 이슬람 상인들의 활동이 아니었다면 1260년 원나라가 발행한 지폐 중통원보교초中統元寶交鈔가 유라시아 대륙에서 폭넓게 통용되는 국제 화폐가 될 수 없었을 것이다.

원나라 때부터 만들어지기 시작한 청화백자青華白磁는 순백색의 바탕에 푸른색 문양을 그린 도자기다. 그 푸른색 문양을 그리는 코발트계 안료를 우리나라와 중국에서는 '회청回靑'이라 부른다. 회청의 비밀은 이란의 천년 고도 이스파한의 도심 중앙에 세워진 이맘 모스크에서 찾을 수 있다. 유네스코 지정 세계문화유산인 이맘 모스크는 푸른색 타일 장식이 특히 장관이다. 타일에 사용된 푸른색 안료는 사마르칸트를 중심으로 한 중앙아시아 지역의 투르크-페르시아계 무슬림들이 만들었다. 그

청화백자의 푸른색 무늬와 이맘 모스크의 푸른색 타일은 우리나라와 중국에서 '회청'이라 부르는 안료로 만든다. 회청이란 이슬람에서 전래된 푸른색이라는 뜻이다.

푸른색 안료를 중국과 고려로 전해 준 사람들이 바로 이슬람 상인이다. 회청이란 회회인이 가져 온 푸른색이라는 뜻이다. 이슬람의 푸른색 안료와 중국의 도자기 기술이 만나 청화백자라는 새로운 도자기가 탄생했다.

비록 그 구체적인 연결 고리가 베일에 가려져 있지만, 이슬람 상인이 고려와 유럽을 연결한 흔적도 있다. 바로 구텐베르크의 금속 활자다. 고려가 1377년 청주 교외 흥덕사에서 금속 활자로 인쇄·간행한 《불조직지심체요절佛祖直指心體要節》은 현존하는 세계에서 가장 오래된 금속 활자본이다. 이르게는 12세기, 늦게 잡아도 13세기 초에 고려는 세계 최초로 금속 활자를 고안해 사용했다. 구텐베르크는 어떻게 금속 활자를 만들수 있었을까? 완전히 독자적인 발명이라고 보기 어렵다는 게 많은 학자

금이 많고 사람이 아름다운 나라

지도나 지리서, 역사서 등에서 한반도 지역을 처음 언급한 이는 이슬람 학자들이다. 중국 남해안까지 여행한 10세기의 역사학자이자 지리학자 알 마스오디Al-Masaudi는 《황금 초원과 보석광》과 《경고와 감독》에서 "중국 다음의 바닷가에는 신라와 그 섬들을 제외하면 알려진 왕국이 없다", "신라는 공기가 맑고 물이 좋고 땅이 비옥하다"고 기록했다. 그는 신라인을 "노아의 아들인 야페트의 아들 아무르의 자손들"이라 여겼다.

13세기의 지리학자 카즈위니Kazwini는 《피조물의 기적과 존재의 기이》에서 "신라는 중국의 맨 끝에 있는 나라로, 공기가 순수하고 물이 맑으며 땅이 비옥해 불구자가 없다. 신라인의 집에 물을 뿌리면 용연향(ambergris, 향유고래에서 채취하는 희귀한 향수 원료)이 풍긴다. 전염병이나 질병이 드물고 심지어 파리나 갈증도 적다. 다른 곳에서 질병에 걸린 사람이 신라에 오면 말끔히 치유된다. 신라인의 외모는 세상에서 가장 아름답다"고 썼다.

12세기 중반의 지리서 《천애횡단天厓橫斷 갈망자의 산책》의 저자 이드리시Idrīsī 는 "신라를 방문한 여행자는 누구나 정착하여 떠나지 않으려 한다. 매우 풍족하여 이로움이 많기 때문이다. 그 가운데서도 금은 너무 흔해서 개의 쇠사슬이나 원숭이의 목테도 금으로 만든다"고 했다. 또 다른 지리학자인 알 마크디시Al-Maqdisi도 신라인들이 "집을 비단과 금실로 수놓은 천으로 단장하며 금으로 만든 그릇을 사용한다"고 기록했다.

이쯤 되면 이슬람 세계에서 신라를 물산이 풍부하고 살기 좋으며 특히 금이 많은 이상적인 나라로 생각했음을 분명히 알 수 있다. 물론 좀처럼 가보기 힘든 멀고 먼 나라에 대한 막연한 환상일 수도 있지만, 이슬람의 기록에서 느껴지는 융성했던 신라의 자취가 뿌듯하다(《HD 역사스페셜 3》 3장 참고).

의 의견이며, 고려가 개발한 금속 활자 기술이 이슬람 상인에 의해 유럽으로 전파되지 않았나 하는 의견이 유력하다. 다만 그 전파의 구체적인 경로와 계기를 밝히는 일이 중요한 과제로 남아 있다.

타향에서 죽어 순교자가 되었다

다시 라마단의 행적으로 돌아가 보자. 라마단 집은 베이징의 완평현이지만 그가 다루가치로 부임해 간 곳은 루촨현이며 세상을 떠난 뒤엔 광저우에 묻혔다. 무덤은 세상을 떠난 이가 생전에 거주하던 곳이나 연고지에 쓰기 마련이다. 그런데 왜 라마단은 광저우에 묻힌 걸까? 중국이 개혁 개방 정책을 시작한 이래 광저우는 경제와 무역의 중심지로 빠르게 발전했다. 그런데 7세기 초 광저우는 이슬람 상인들의 무역 특구였다. 오늘날 광저우의 옥玉 시장은 명맥만 유지하고 있는 형편이지만, 해양 실크로드의 전성기에는 정교한 수공예품을 선호하는 이슬람 상인들이 모여들어 장관을 이루었다.

14세기의 광저우는 회성사懷聖寺 일대에서 무역이 이루어졌다. 회성사는 중국에 세워진 최초의 이슬람 사원으로 이슬람 상인들은 회성사 주변에 집단 촌락을 이루고 모여 살았으며 회성사 안에 세워진 약 37미터 높이의 광탑光塔은 광저우로 들어오는 배를 안내하는 등대 역할을 했다. 회성사 광탑을 보고 무역선이 들어오면 회성사 일대는 일종의 국제 박람회장

현존하는 세계 최고의 금속 활자 인쇄본인 《불조직지심체요절》. 아시아와 유럽을 연결했던 이슬람 상인들이 고려의 금속 활자를 유럽에 전파해 구텐베르크의 금속 활자가 탄생한 것이 아닐까?

광저우에 있는 이슬람 사원 회성사는 중국 최초의 모스크로, 이슬람 상인들의 무역 거점이기도 했다. 사원의 광탑은 무역선을 인도하는 등대 구실도 했다. 이슬람 무역선이 들어오면 회성사 주변은 국제 박람회장으로 바뀌었다.

으로 바뀌었다. 이슬람 상인들이 싣고 온 진귀한 물건을 사거나 구경하려는 사람들이 끝없이 모여들었다. 교역품을 실은 고려의 배도 이곳을 드나들었다. 라마단은 고려 상인과 어떤 형태로든 교류했던 게 아닐까? 고려 상인의 활동은 중국의 또 다른 이슬람 경제 특구였던 취안저우泉州에서도 확인할 수 있다.

취안저우는 원나라 때 중국 최대의 국제 무역항으로 성장했다. 취안저우의 청정사淸淨寺는 이름만 보면 불교 사찰 같지만 이슬람 사원이다. 청정사에서 불과 1킬로미터 떨어져 있는 구이샤 항奎霞巷. 공식 지명은 명나라 때 이름인 구이샤 항이지만 취안저우 사람들은 '고려항高麗港'이라 부른다. 이곳에도 고려인이 모여 살았던 고려촌이 있었을까? 그렇다면 언제부터 고려항으로 불렸을까?

송나라와 원나라 때 취안저우를 드나든 고려 상인들로 인해 고려인 거리가 형성되었다고 추정된다. 고려인의 흔적은 시장에서 찾을 수 있다. 취안저우 토박이들은 배추를 '고려채高麗菜'라 부른다. 오랜 세월에

이슬람 경제 특구였던 취안저우. 이슬람 사원인 청정사는 지금은 무너져버렸지만 코란을 새겼던 석판이 남아 과거를 증언한다.

걸쳐 구전되어 내려왔다는 고려채라는 이름 역시 고려인의 활발한 무역 활동을 짐작케 한다.

취안저우 시가지가 한 눈에 내려다보이는 주르 산九日山 일대는 지금도 중국인들이 소원을 빌러 찾아오는 유명한 기도처다. 염원 대상은 부처님이 아니라 중국인이 바다의 신으로 모시는 통원왕通遠王.

산을 오르다 보면 깎아지른 절벽이 나오고, 절벽마다 간절한 기원문이 새겨 있다. '회박남풍回舶南風', 즉 해외로 나가 무역을 마치고 돌아오는 배가 남풍을 타고 순조롭게 돌아오기를 바란다는 뜻이다. 먼 바닷길을 떠나기 전 안전한 항해를 기원한 흔적들이다. 거친 바닷길로 고려와 취안저우를 오가던 고려 상인들도 이곳에 올라 바다의 신에게 제사를 지내고 무사히 돌아가기를 기원했을 것이다.

중국의 해양 실크로드 거점 도시들은 이처럼 이슬람 무역 특구이자 고려인들의 교역 거점이었다. 따라서 라마단에게 광저우는 결코 낯선 곳이 아니었다. 더구나 광저우는 중국 최대의 이슬람교 성지다. 당나라 때 광저우에 모스크를 세우고 이슬람교를 전파한 인물, 와카스Waaqqas의 무덤이 있어 오늘날에도 중국 전역에서 무슬림들이 성지 순례를 온다. 고려인 라마단도 중국의 무슬림처럼 성지 순례를 하러 이곳을 찾아 와카스 묘 앞에서 《코란》을 암송하며 기도했을 것이다. 고려의 무역선이 싣고 온 고향 이야기를 들으며 회포도 풀었을 것이다.

이슬람 문명의 공헌

이슬람 문명은 고대 희랍과 페르시아, 인도 등의 성과를 수용하고 그 주요 학술 문헌을 아랍어로 번역한 바탕 위에서 발전했다. 종교가 학문 발전을 억압한다고 생각하기 쉽지만, 이슬람 사원은 학문 연구와 교육 활동의 중심지였다. 830년 압바스조 바그다드에 설립된 '지혜의 집', 859년 모로코 페스에 설립된 깔라윈 사원, 10세기 중엽에 이슬람 스페인에 설립된 코르도바 대학, 983년 이집트 카이로에 설립된 아즈하르 대학, 11세기 중엽에 설립된 바그다드의 니좌미야 대학 등이 대표적인 학문 기관들이다.

철학: 아리스토텔레스의 논저를 비롯, 많은 고대 그리스 철학서를 번역하고 주석했으며, 그를 바탕으로 독창적인 이슬람 철학을 전개했다. 12세기 이후 이슬람 세계를 통해 철학 번역·주해서와 이슬람 철학서들이 유럽에 소개되면서, 유럽은 비로소 고대 그리스 철학의 전통을 계승할 수 있었다.

지리학: 이슬람 지리학자들은 9세기부터 지형, 경계, 도시, 도로 등을 자세히 표시한 지도를 만들었다. 1160년에는 이드리시가 세계 지도를 편찬했다. 이 지도에는 중국 동쪽 해상에 '신라'로 기록된 다섯 개의 섬이 표시돼 있다. 우리나라가 등장한 최초의 세계 지도다. 이드리시를 비롯한 많은 이슬람 지리학자들은 중동, 유럽, 아프리카, 아시아 등 다양한 지역을 직접 여행하고 지도를 제작하거나 지리서를 썼다. 이드리시의 대표적 저서 《천애횡단 갈망자의 산책》은 17세기 초 라틴어로 번역되어 유럽 대학에서 지리학 교재로 사용될 정도였다.

수학: 이슬람 문명이 세계 수학사에 끼친 대표적 공헌은 영(0)의 발견과 대수학의 정립이다. 이슬람 초기 수학자들은 인도 수학에서 큰 영향을 받았지만 인노 수학에서도 숫자는 1부터 9까지만 있었다. 9세기부터 이슬람 수학자들은 숫자를 쓰는 방법을 개량하고 점으로 표시하는 0이라는 새로운 숫자 개념을 도입했다. 12세기에 이슬람 수학서가 라틴어로 번역, 소개되면서 유럽에 0을 포함한 숫자가 전해졌으므로 이를 아라비아 숫자라 불렀다. 로마 숫자

가 아라비아 숫자로 대체된 것은 16세기에 들어와서의 일이었다. 이슬람 수학자들은 수를 양이 아니라 관계 개념으로 파악해 9세기에 이미 대수학과 복잡한 방정식 풀이법을 고안해냈다.

연금술: 8세기부터 연금술을 본격적으로 발전시켰다. 13세기 그 성과가 유럽에 전해져 중세 유럽의 연금술과 근대 실험 과학 및 화학 발전의 밑거름이 되었다. 이슬람 연금술의 영향은 알코올, 알칼리, 캠퍼(장뇌) 등의 연금술 및 화학 관련 용어들이 아랍어에서 비롯된 데서도 알 수 있다. 연금술과 화학을 뜻하는 영어 'alchemy'와 'chemistry'의 어원도 아랍어의 '알 키미야Al-Kimia'이다.

천문학: 천문대에서 천체를 관측한 결과를 바탕으로 황도黃道와 세차歲差 운동, 태양년의 길이 등을 정확히 관측했고, 지구공전설과 지구구형설을 설명했다. 오늘날 천문학에서 널리 사용되는 zenith(천정天頂), nadir(천저天底), nazir(반대측反對側) 등의 어원이 모두 아랍어인네, 이슬림 친문학 도서 대부분이 라틴어로 번역되어 유럽에 소개되었기 때문이다.

역사학과 사회과학: 많은 역사서가 있지만 이븐 칼둔Ibn Khaldūn의 저술이 대표적이다. 다양한 지역에서 학자, 재판관, 고위 관리를 지낸 경험을 바탕으로 아랍, 페르시아, 베르베르의 역사를 서술한 《교훈의 책》을 집필했는데, 서론과 1부는 사실상 최초의 사회과학 도서이자 문명 비평서로 평가받는다. 그는 사회 현상의 원인을 논하고 개인, 계층, 민족들 사이의 관계가 역사 발전에 영향을 미친다는 점, 정착민과 유목민의 갈등과 교체에 따라 왕조와 문명이 흥하거나 쇠한다는 점 등을 주장했다.

(왼쪽) 바다의 신 통원왕을 모신 사당, 통원왕사. 무역항 취안저우를 왕래하던 뱃사람들의 안전한 항해를 향한 염원이 담겨 있다.

(오른쪽) 통원왕사가 있는 주르 산 바위에는 '회박남풍', 배가 남풍을 타고 순조롭게 돌아오기를 기원하는 문구가 새겨져 있다.

　　라마단은 그렇게 광저우를 오가다 숨을 거두었던 것으로 보인다. 라마단 묘의 아랍어 비문에는 "타향에서 죽은 자, 순교자가 되었다"는 구절이 있다. 그 타향이란 고려가 아닌 원나라 땅이라는 의미일 수도 있고, 본래 살던 대도 근처가 아니라는 의미일 수도 있다. 또한 라마단을 순교자로 일컬었음은 광저우 일대 이슬람 사회에 어떤 형태로든 기여했으리라는 추측이 가능하다.

14세기의 세계인, 21세기를 묻다

원나라의 지배를 받았던 고려 후기의 역사가 우리에게 결코 자랑스러운 역사는 아니다. 그렇다고 해서 부끄러워 감추고 싶은 역사만도 아니다. 모든 역사, 모든 시대에는 그 나름의 명암이 있기 마련이다. 빛의 측면만 지나치게 부각시켜 자신을 과대포장하여 높이는 일도, 그늘의 측면만 강조하여 자신을 깎아내리는 일도 역사를 온전히 이해하는 태도가 아니다.

우리나라 최초의 역법서 《칠정산》. 내편과 외편으로 이루어져 있으며, 내편은 원나라 수시력과 명나라 대통력의 영향을, 외편은 이슬람 천문학의 영향을 받았다.

명실상부한 세계 제국 원나라의 영향에서 자유롭지 못했다는 건 어쩌면 그렇게 크게 부끄러워 할 일이 아닌지도 모른다. 오히려 세계라는 너른 무대에서 적극적으로 다른 문명과 교류하면서 새로운 문화를 일군 고려인을 자랑스럽게 생각할 수 있지 않을까. 그 활발하고 적극적인 문명 교류의 증거를 고려인 무슬림 라마단의 묘비에서 찾을 수 있다.

그런 교류의 영향은 비단 고려 시대에 그친 게 아니다. 오늘날 서울 덕수궁에 남아 있는 국보 229호 자격루自擊漏는 자동으로 시간을 알려주는 물시계다. 세종 때 장영실 등이 만들었고, 이를 1536년(중종 31)에 개량했다. 그런데 이 자격루는 이슬람의 물시계를 연구하여 개발한 것이다. 이슬람 세계에서는 소리 나는 물시계가 8세기에 만들어졌다고 한다. 뿐만 아니라 조선 시대에 만들어진 많은 천문관측기기들은, 그 구조나 기능 측면에서 원나라 때 중국에 들어온 이슬람의 천문관측기기들에 바탕을 두고 있다.

조선의 세종이 이순지와 김담에게 명해 조선의 현실에 맞는 새로운 역법으로 1444년에 탄생시킨 《칠정산외편七政算外篇》도 회회력回回曆, 즉 이슬람 달력의 원리를 도입해 만들었다. 이전에는 당나라의 선명력宣明曆, 원나라의 수시력隨時曆, 명나라의 대통력大統曆 등을 들여와 사용했지만, 해가 뜨고 지는 시각이 맞지 않거나 일식과 월식 등의 예보에 오차가

조선에도 무슬림이 있었다

역사학자 이능화李能和의 《조선불교통사朝鮮佛教通史》에는 "회회回回, 대조회大朝會, 송축지예궁頌祝之禮宮", 즉 고려의 개경에 회회인들이 예배를 드리는 예궁, 즉 이슬람교 사원인 모스크가 있었다는 기록이 인용돼 있다. 그 동안 학계에서는 이능화가 이 기록을 인용한 출처를 밝혀놓지 않아 그 진위에 논란이 있었다. 그런데 이슬람교를 받아들인 라마단과 그의 아버지 알라웃딘을 통해 이 기록이 사실일 가능성이 커졌다. 당시 개경 사람들 가운데는 라마단 일가처럼 이슬람교로 개종한 고려인이 상당수 있었다.

조선 초기까지도 무슬림들은 신앙과 풍속에서 폭넓은 자율권을 누렸다. 세종 때까지도 무슬림들은 특유의 복식을 하고 각종 궁정 행사에 참석했다. 그러나 1427년부터 무슬림들도 조선의 의관과 풍속을 따라야 하고 위구르어도 금한다는 명이 내려졌다. 문자가 없었던 몽골인들은 위구르 문자를 빌려 자신들의 말을 표기하면서 위구르어를 일종의 공식어로 사용했다. 몽골 제국의 영향 아래 있는 지역에서는 위구르어가 널리 사용되었고, 고려도 그런 영향에서 자유로울 수 없었다. 당시 예조는 세종에게 이렇게 아뢰었다.

> 회회의 무리가 의관이 달라 사람들이 이질감을 느끼는 바, 이미 우리 백성이 되었으니 마땅히 우리의 의관을 따라 차이를 없애야만 자연스럽게 혼인하게 될 것입니다. 또 회회인들이 대조회 때 송축하는 의식도 폐지하는 것이 옳습니다.

조선은 건국 초기부터 주자학을 국가 이념으로 삼아 백성들의 일상적인 삶 속에 주자학 이념을 뿌리내리게 하는 데 여념이 없었고, 주자학 외의 이념과 사상은 이단으로 지목하여 배척했다. 이에 따라 이슬람 등 다른 종교·사상이 발붙일 곳이 없었다. 또한 조선은 경제적, 정치적 목적으로 제한적인 대외 교류만 했다. 더구나 명나라도 사실상 쇄국정책을 펴면서 이슬람의 문물과 사람이 조선에 들어올 수 있는 루트도 없었다. 이런 조건 속에서 조선 초기 이후 근대에 이르기까지 무슬림은 우리 역사 속에서 사실상 사라지고 말았다.

생기곤 했다. 결국 이슬람 역법을 연구하여 조선의 실정에 맞는 역법을 만든 것이 바로《칠정산외편》이었다.《칠정산외편》은 효종 때인 1653년에 서양의 태음력인 시헌력時憲曆을 도입할 때까지 사용됐다. 고려 후기에 본격화한 이슬람과의 만남은 이렇게 조선 시대로 이어져 우리 문화를 꽃피우는 밑거름이 되었다.

이제 처음에 던졌던 질문을 다시 한번 떠올려 보자. 세계화 시대라는 요즘에도 이슬람이 그렇게 낯설고 멀진대, 옛날로 거슬러 올라갈수록 더욱 낯설었던 게 아닐까? 고려인 무슬림 라마단은 이 질문에 '그렇지 않다'고 답한다. 고려인에게 이슬람은 일상적으로 접할 수 있었던 문화였다. 우리 안에 오늘날 그것은 전통의 이름으로 깊숙이 들어와 있지만, 너무나 깊이 들어와 있어서인지 잘 알지 못할 뿐이다.

고려인으로 무슬림이 되어 중국에서 활동한 14세기의 세계인 라마단이 우리에게 묻는다. 너희는 세계의 다양한 문화를 편견 없이 이해하고 그 장점을 받아들이며, 자기 문화를 전해주는 진정한 교류를 하고 있는가? 아니면 편견에 사로잡혀 나와 다르다는 이유만으로 다른 문화를 낮추어 보거나 배척하는가?

04 회화 예술의 극치, 고려 불화

몇 백 년이 지나도 여전한 화려하고도 은은한 색채,
살갗이 비치는 옷감을 생생히 그려낸 표현력,
그림 한 폭에 1만 5000명의 부처를 숨겨둔 정교함.
안료와 채색법은 물론 그림 속 고려 시대의 흔적까지
세계가 인정하는 그림, 고려 불화의 비밀을 해부한다.

아름답구나! 〈수월관음도〉

'나무아미타불 관세음보살南無阿彌陀佛 觀世音菩薩'. 불교에 대한 이해가
깊지 않은 사람이라도 알고 있는 말. '아미타불과 관세음보살에게 귀의
합니다'라는 뜻이다. 아미타불은 극락 세계를 지키는 부처로 정성을 다
해 그를 부르면 극락정토로 갈 수 있다고 한다. 관음보살은 세상을 구제
하는 보살로 청정한 성자, 중생에게 두려움 없는 마음을 베푸는 이, 크게
연민하는 마음으로 중생을 이익 되게 하는 자비로운 보살이다.

그 관음보살이, 아니 관음보살을 묘사한 고려 불화 〈수월관음도水月觀
音圖〉(보물 1286호)가 화제가 된 사건이 있다. 1991년 10월 뉴욕 소더비
경매에서 한국 고미술품 경매 사상 최고가인 176만 달러(당시 환율로 약 13
억 원)에 낙찰되었던 것이다. 이는 경매사 측 내정가의 열 배에 달하는 액
수로, 전 세계 고미술계를 크게 놀라게 했다.

이 그림은 관음보살이 오른발을 왼쪽 무릎에 올린 반가좌 자세로 바
위 위에 걸터앉아 선재동자를 굽어보고 있는 모습이다. 불화의 소재로

자주 쓰이는 《화엄경華嚴經》의 한 장면으로, '수월관음'이란 이름은 달이 휘영청 밝은 가운데 관음보살이 물가의 벼랑 위에 앉아서 선재동자에게 설법했기 때문에 붙여졌다. 관음보살의 등 뒤로 두 그루의 대나무가 있고, 앞에는 버들가지가 꽂힌 정병淨瓶이 있다. 보살의 몸 주위에는 금가루로 광배光背를 그렸다. 화려하면서도 은은한 색채, 속이 훤히 들여다보이는 투명한 옷의 질감 표현은 이 그림의 백미다.

불화는 고려는 물론 송나라, 티베트에 이르기까지 당시 동아시아 불교 국가에서 널리 유행했다. 불경의 내용을 그림으로 그린 것이기 때문에 국적을 불문하고 비슷한 형태로 그려졌다.

13세기에서 14세기경에 그려진 중국과 일본의 〈수월관음도〉와 비교해보면, 고려 불화와는 달리 흑백이다. 당시 중국과 일본의 불화는 주로 수묵화였다. 이에 비해 고려의 〈수

보물 1286호 〈수월관음도〉. 1991년 뉴욕 소더비 경매에서 한국 고미술품 사상 최고가인 176만 달러에 낙찰되어 화제가 되었다.

월관음도〉는 중국, 일본의 것과 화면 구성은 거의 같지만 채색화다. 뿐만 아니라 훨씬 더 세밀하고 정교하다. 관음이 입고 있는 투명한 망사는 그

림이 아니라 진짜 같다.

물론 당시 다른 나라에 채색 불화가 없었던 것은 아니지만 같은 채색 불화라도 서하西夏나 송나라에서 그린 것보다 고려 불화가 얼굴 표정과 몸짓, 옷의 디자인·문양·장신구 등 세부 묘사에서 월등하다. 송나라와 원나라 사람들이 고려의 불화를 높이 평가했음을 보여주는 기록도 남아 있다. 조선 후기 사학자 한치윤韓致奫의 《해동역사海東歷史》에는 이런 기록이 나온다.

송나라 탕재湯載가 이르기를 고려국의 관음상은 묘하게 잘 그렸는데, 그 색을 쓴 것이 매우 진해서 비단 바탕에서 튀어나오는 듯하다.

그리고 《고려사》에는 이런 기록이 나온다.

왕이 배정裵挺을 시켜 원나라에 그림 부처를 보냈다(충선왕 2년).
왕이 김영후金永煦를 시켜 원나라에 그림 부처를 보냈다(충혜왕 복위년).

불화란 어떤 그림인가?

여기에서 좀 더 근본적인 질문을 던져보자. 불화佛畵란 무엇일까? 글자 그대로라면 부처를 그린 그림이다. 물론 많은 '불화'가 부처님의 모습을 묘사하고 있지만, 불화의 의미는 그뿐이 아니다. 그렇다면 도대체 불화란 무엇인가?

우선 그 목적으로 정의하자면, 불화는 불교의 교리와 이념에 따라 중생을 교화하거나 부처님의 자비와 공덕을 기릴 목적으로 그린 그림이다. 즉 그림이되 예술적인 아름다움을 추구하지 않는다. 무슨 뜻일까? 중세 시대에 지은 유럽의 성당에는 성서의 내용(주로 예수의 행적)으로 꾸민 스테인드글라스나 성모 마리아, 예수 혹은 여러 성인의 모습을 조각한 작품이 반드시 있다. 그 시대는 글을 읽고 쓸 줄 아는 사람이 극소수였다. 대부분의 사람은 성서를 읽고 그 뜻을 이해할 수 없었다. 그런 이들에게는 성당이 바로 성서였다. 성당의 그림과 조각과 스테인드글라스를 보고 기독교의 교리와 성서의 내용을 이해했던 것이다. 고려 시대에도 불경을 읽고 이해할 수 있는 이는 극소수였다. 불화는 서양 중세 성당의 스테인드글라스처럼 불교 교리를 설파하는 도구였다.

불화에는 여러 종류가 있다. 벽에 거는 불화를 '탱화幀畵'라 하는데(벽에 거는 게 아니라 벽에 직접 그리면 '벽화'가 된다), 우리가 흔히 접하는 불화는 대부분 탱화다. 탱화는 다시 그림의 내용에 따라 신앙의 대상인 부처 및 보살 등을

(위) 송나라 때 그려진 수묵 〈수월관음도〉.
(아래) 서하의 채색 〈수월관음도〉. 둔황 유림굴에 그려진 벽화다.

그린 존상화尊像畵와 불경 내용을 묘사한 변상도變相圖로 나뉜다. 존상화에는 본존불을 대상으로 하며 불상 뒷벽에 거는 후불後佛탱화와 수호신적 성격을 지닌 대상을 그린 신중탱화神衆幀畵가 있다. 신중탱화는 제석천·건달바·가루라 등 여덟 신장神將을 그린 팔부신중八部神衆탱화와 광목천·증장천·지국천·다문천의 사천왕四天王탱화 등으로 나뉜다. 그 기능에 따라 후불탱화, 신중탱화 같은 예불용禮佛用 불화, 사찰 건물을 장식하는 기능이 강한 장엄용莊嚴用 불화, 극락왕생도나 지옥도 같은 교화용敎化用 불화 등으로 나누기도 한다.

불화의 바탕 재료는 매우 다양한데, 비단, 삼베, 모시 등의 천이 가장 널리 사용된다. 특히 불상 뒷벽에 거는 후불탱화와 야외용 괘불掛佛탱화는 대부분 천에 그린다. 그 밖에 종이에 그린 불화도 있고, 나무에 양각하여 채색한 목각탱화, 흙 벽면에 그린 불벽화, 목조 사찰 건물 외벽을 보호하기 위해 붙인 판벽에 그린 판벽화, 석굴 사원의 돌 벽에 그린 돌벽화, 금속 표면에 은입사銀入絲를 한 불화도 있다.

우리나라의 불화는 언제부터 그려졌을까? 많은 학자가 불교가 전래된 4세기 때부터 불화를 그리기 시작했을 것으로 추정하나, 목조 건축물인 사찰의 특성상 고려 시대 이전의 불화가 남아 있는 경우는 사실상 없다. 다만, 신라의 솔거率居가 황룡사 벽에 노송老松을 그렸다는 것이 가장 오래된 불화 관련 기록이다. 현재 남아 있는 불화의 대부분은 임진왜란 이후, 특히 18세기에 그린 것이다. 조선이 유교를 국가 이념으로 삼으면서 불교 문화, 사찰 문화가 쇠퇴한 데다가 임진왜란의 와중에 많은 불화가 불타거나 없어졌기 때문으로 보인다.

이 때문에 현재 남아 있는 100여 점의 고려 불화가 지니는 가치와 의미는 각별하다. 현존 고려 불화는 대부분 13세기 말부터 14세기 사이에 그려졌다. 가장 오래된 고려 불화는 1270년 무렵의 것이다. 몇 점을 제외하고는 대개 14세기 전반에 조성됐다. 그래서 고려 전기의 불화가 정확히 어떤 모습이었는지는 알기 힘들다. 남아 있는 고려 불화를 바탕으로 그 특징을 추정해보면, 왕족·귀족·권문세족 혹은 지방 세력가 등이 시주하여 조성된 불화가 많았으리라 짐작된다. 불화를 제작하는 데 드는 많은 비용을 감당할 수 있는 계층은 제한적이다.

또한 일반 백성과 귀족을 불문하고 불화를 좋아하고 귀히 여겼으리라 생각된다. 신분 고하를 막론하고 극락정토를 꿈꾸는 마음은 보편적이며 불화는 다른 불교 미술에 비해 훨씬 실감나고 화려한 표현이 가능하기 때문이다. 특히 우리나라에서 불화는 중국과 일본보다 중요한 위상을 가진다. 중국와 일본에도 불화가 있지만, 우리나라와 달리 직접적인 신앙의 대상으로 봉안奉安되지 않을 뿐더러, 불상의 뒷벽에 거는 후불탱화는 사실상 없다.

고려 불화는 독자적인 예술 장르로서의 위상을 누렸을 가능성이 크다. 세계 미술사의 맥락에서도 고려 불화는 제작 기법과 과정의 정밀성을 높이 평가 받는 것은 물론, 미학적인 면에서도 동양 채색화의 백미로 손꼽힌다. 현재 고려 불화의 상당수가 일본에 있는 까닭도 임진왜란과 일제 강점기에 약탈되었을 가능성 이상으로 고려 시대에 일본인이 불화를 수입했을 가능성도 제기되고 있다. 일본의 유력한 사찰이나 세력가들이 불화 제작을 주문해올 정도로 불화는 고급 문화 수출품이었던 것이다.

한 폭의 삼라만상, 초정밀 마이크로 세계

여기 '만오천불萬五千佛' 이라는 글씨 아래 온화한 모습의 부처가 홀로 앉아 있는 불화가 있다. 대일여래大日如來라고도 일컬어지는 마하비로자나 摩訶毘盧遮那, 즉 비로자나 부처를 그린 것이다. 마하는 큼(大), 비로자나는 해(日)이니 '위대한 빛'을 뜻한다. 비로자나 부처는 역사상 실재했던 부처인 석가모니와 달리 우주적인 원리와 지혜 그 자체를 인격화한 부처다.

그런데 왜 한 명의 부처를 그려 놓고 '만오천불'이라고 했을까? 일종의 비유적인 표현일까? 아니다. 이 그림에는 정말 1만 5000명의 부처가 있다. 그림을 확대하니 놀랍게도 작은 부처의 얼굴이 보인다. 육안으로는 보이지 않는 1만 5000명의 부처가 그림 안에 숨어 있다. 그저 단순한 배경으로 여겼던 부분도 자세히 보면 수많은 부처로 이루어져 있다. 부처의 머리 하나 크기가 5밀리미터 정도이니 고려 불화 중에 가운데 가장 섬세하고 작은 세계를 그린 셈이다. 이 1만 5000명의 부처는 어디에 어떻게 자리하고 있을까?

비로자나 불화는 테두리와 바탕, 비로자나 부처 이렇게 크게 세 부분으로 구성된다. 먼저 테두리를 살펴보자. 맨 위 테두리에는 마치 제목처럼 '만오천불'이라는 글자가 씌어 있다. 자세히 늘여다보면 글사 속에도 부처의 얼굴이 빼곡하다. 테두리의 양 옆은 둥근 문양으로 장식했는데, 문양 안을 부처의 얼굴이 가득 채우고 있다. 아래 테두리에는 가부좌를 하고 앉은 부처들과 함께 당시 사찰의 모습도 그려 놓았다. 사찰 건물에도 부처가 빈틈없이 자리하고 있다. 조그만 불佛 자가 모여 만든 열 십+자 무늬도 보인다.

비로자나 부처는 붉은 가사를 걸치고 치마를 입었다. 가사의 소매 부분을 확대해 보면 금빛 부처의 얼굴로 채워져 있다. 녹색으로 그린 가사의 문양에도 금빛의 부처가 가득하다. 옷 주름엔 먹으로 그린 보살이 숨어 있다. 부처는 깨달음을 얻은 존재요, 보살은 불법을 얻기 전의 수행자를 일컫는 말이니 부처는 금으로, 보살은 먹으로 그려 격을 달리 했다. 비로자나 부처의 몸이 드러나는 부분을 제외하곤 치마 부분에도 역시 먹으로 그린 보살과 금으로 그린 부처를 빽빽하게 채워넣었다.

(위쪽) 일본 부도인 소장의 비로자나 불화. 한 명의 부처가 앉아 있는 그림인데 '만오천불' 이라고 써 놓았다.

(오른쪽) 그림을 확대해보면 조그만 부처들이 화면 가득 채워져 있다. '만오천불' 글자 사이에도, 테두리의 문양에도, 맨 아래 조그만 사찰 안에도 부처들로 가득하다.

비로자나 부처가 입은 옷에도 조그만 부처의 얼굴이 빽빽하다. 붉은 가사에는 금으로 그린 부처가, 옷 주름엔 먹으로 그린 보살이 있다.

그림의 바탕에는 부처의 작은 얼굴을 텔레비전 화면을 구성하는 화소들처럼 한 치의 빈틈도 없이 줄을 맞춰 그려놓았다. 세로 175센티미터, 가로 80여 센티미터에 달하는 화면에 부처와 보살이 가득 채워져 있다. 멀리서 그냥 전체를 봐서는 절대로 알 수 없다.

1만 5000명의 부처들로 이루어진 비로자나 불화는 가히 초정밀 마이크로 세계라 할만하다. 어디에도 비워놓은 공간이 없다. 몸체 부분 이외에는 각양각색의 문양으로 가득하다. 아주 작은 부분까지 정교한 필체로 그려낼 수 있는 고려 화가의 솜씨를 통해, 그림 속에서 부처와 보살의 지혜와 덕이 세상 곳곳에 두루 미치고 있다.

그런데 고려 불화에는 고도로 정밀한 마이크로의 세계뿐 아니라 또 다른 비밀이 더 있다. 많은 전문가가 '섬세한 아름다움의 극치'라고 평가하는 고려 불화의 아름다움, 그 비밀을 밝혀보자.

은은한 색채의 비밀, 배채법

700년 세월이 무색할 만큼 아름다운 색채를 간직하고 있는 보물 1286호 〈수월관음도〉. 이 그림은 무려 4년에 걸친 대수술 끝에 지금과 같이 제 모습을 찾았다. 더 이상의 훼손을 막고 원형을 복원하기 위해 전문가의 문화재 보존 처리 작업을 거쳐야 했다.

이 작업을 하기 앞서 손상 부분과 사용한 재료 등 그림의 정확한 상태를 파악하는 일이 무엇보다 중요하다. 일단 그림 상태를 면밀히 조사하여 자세히 기록하고, 수리·복원할 부분을 해체한 뒤 곰팡이나 벌레를 제거해 깨끗하게 만들고, 안료나 아교를 보강하고, 훼손된 부분을 짜깁기한 뒤 다시 배접褙接하고 마무리하는 과정을 거치게 된다. 배접에 사용하는 풀 하나도 접착력이 너무 강하면 후대에 보존 처리를 해야 할 때 쉽게 떼어낼 수 없고 그림이 딱딱해져 꺾이기 때문에 무척 조심해야 한다. 보존 처리가 잘못되면 오히려 그림을 더욱 훼손할 수 있기 때문에, 무리하지 말고 훗날을 기약하며 훼손 부분을 그대로 놓아두어야 할 때도 있다.

고려 불화를 보존 처리하는 전문가들은 작업을 할 때마다 크게 놀란다. 500~600년 이상 지났으면 아교나 물감의 상태가 좋지 않은 게 당연한데 고려 불화는 그 상태가 놀랍도록 좋다. 바깥 배경 부분은 오랜 세월이 지나는 동안 손상되기도 했지만 채색 부분은 거의 완벽한 상태로 남아 있다. 그림을 그린 사람이 물감과 아교의 비율 또는 그림을 그릴 비단에 관해 정확하게 파악하지 못하거나 그림을 그릴 때 고도로 숙련된 기법으로 그리지 않으면 불가능한 일이다.

〈수월관음도〉의 원래 색채를 복원하기 위해 안료를 정밀 분석했다. 시료를 채취하지 않고 비파괴 방법으로 안료의 종류를 알아낼 수 있는 엑스선 형광 분석기를 이용해 분석한 결과, 안료의 성분은 납, 수은, 구리, 금 이렇게 네 가지 천연 광물질이었다. 납은 주로 백색 안료에서 검

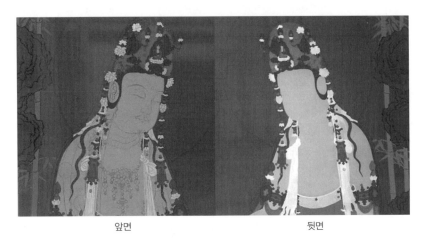

앞면   뒷면

고려 불화에서 보여지는 오묘한 색채의 비밀은 뒷면에 물감을 칠하는 배채법이다. 뒷면에 칠한 색이
우러나온 상태에서 음영과 채색을 보완하기 때문에 맑고 은은한 색감이 가능했다.

출되는데, 염기성 탄산납인 연백鉛白을 사용했을 가능성이 크다. 적색은
주성분이 수은인 것으로 보아 황화수은이 주성분인 광물질 주朱를, 군청
이나 녹청색은 구리를 재료로 한 안료를 사용했을 것이다. 금색은 금니金
泥, 즉 금가루를 아교에 개어 표현했을 것이다.

일본 교토에는 고려 불화가 그려졌던 13~14세기 방식대로 천연 물감
을 만들고 있는 곳이 있다. 공방에 들어서면 다양한 암석이 놓인 선반이
먼저 보인다. 돌과 물감이 무슨 관계인가 싶지만, 옛사람들은 돌을 부수
어 그 가루를 안료로 썼다. 그렇다면 고려 불화는 어떻게 네 가지 성분의
광물질 안료만으로 이처럼 다양하고 화려한 빛깔을 창조했을까?

안료도 중요하지만 그것만으로 훌륭한 그림을 그릴 수는 없는 일. 결
국 어떻게 칠하느냐, 즉 채색 방법이 핵심이다. 채색 방법의 분석을 위해
〈수월관음도〉를 현미경으로 촬영해 보았다. 그림에 사용된 안료가 무엇
인지는 물론, 안료를 어느 정도 두께로 어떻게 칠했는지 파악할 수 있는
방법이다. 촬영 결과 〈수월관음도〉는 앞면 뿐 아니라 뒷면에도 채색이

돼 있음을 알게 됐다. 여기에 고려 불화의 비밀이 숨어 있다. 바탕색을 비롯해 대부분의 채색이 뒷면에서 이루어진 것이다.

그림을 그릴 때 비단이나 종이의 뒷면에 물감을 칠하는 배채법(背彩法 또는 복채법伏彩法)은, 뒷면에 칠한 색이 우러나온 앞면에 음영과 채색을 보완하는 기법이다. 뒷면에서 칠한 색이 우러나며 직접 칠할 때와는 전혀 다른 분위기가 연출된다. 고려 불화에서 유달리 부드러운 느낌을 주는 부처의 피부, 화려하면서도 은은하고 중후한 색조가 모두 배채법의 효과다.

한편, 앞면에는 윤곽선이나 미세한 부분을 보완하기만 한다. 뒤에서 우러나온 색감과 달리 원색이 그대로 칠해지기 때문에 도드라져 보이는 효과가 있다. 이를 활용해 같은 색이라도 앞과 뒤에 어떻게 칠하느냐에 따라 색감의 차이를 낼 수 있는 셈이다. 고려 불화는 원색만 사용했다. 그렇다면 피부색과 같은 혼합색은 어떻게 표현했을까? 뒤에서 연백으로 배채를 하고, 앞에서 금니로 채색하는 방법을 썼다. 이렇게 배채법을 적절히 구사하면 원색과 다른 다채롭고 아름다운 색을 만들어낼 수 있다.

조선 시대 불화에서는 배채법이 잘 쓰이지 않았는데, 비단보다 거친 모시나 삼베에 그리는 경우가 많아져 그 효과를 얻기 힘들었기 때문이다. 조선 시대에는 불화보다는 초상화에서 배채법이 자주 사용되었다. 우리 회화사의 걸작으로 손꼽히는 국보 240호 윤두서의 자화상에서도 선으로만 그렸다고 여겼던 자화상의 안면과 몸체, 탕건과 귀 부분 등이 배채법으로 뒷면에 채색되었음이 밝혀지기도 했다.

고려 불화를 완벽에 가깝게 재현한다고 평가받는 오늘날의 선문가도 미세한 금니 선이나 투명한 질감 표현은 재현해내기 힘들다고 말한다. 이를테면 금니도 어느 정도의 아교를 가지고 어떤 조건에서 어떤 농도로 어떻게 개느냐에 따라 그 채색 효과는 천차만별일 수밖에 없다. 고려 화

〈미륵하생경변상도〉에 그려진 궁궐 모습은 고려의 만월대 그대로다. 개성에 남아 있는 축대와 네 개의 거대한 계단이 그림과 똑같다.

공의 기법은 오늘날의 전문가도 범접하기 힘든 하이테크였다. 고려 불화에 그려진 아주 작은 정병을 보면, 그냥 보기에는 아무 무늬가 없어 보인다. 그러나 그림을 확대하면 아주 가는 선으로 촘촘히 그려져 있는 비늘 모양 무늬가 보이는데 그 간격이 전부 일정하다. 선도 얇거나 굵은 곳 없이 똑같은 굵기로 그렸다. 고려 불화의 이러한 정밀함을 오늘날의 전문가들은 도저히 흉내 낼 수 없다.

고려인의 삶을 비추는 거울

고려 불화는 뛰어난 제작 기법 외에도 또 다른 중요한 가치를 지닌다. 고려는 조선에 비해 남아 있는 기록이나 유물이 많지 않아 그 시대상과 생활상을 정확히 그려내기 힘들다. 그런데 고려 불화에는 고려의 시대상과 생활상이 고스란히 담겨 있다. 고려 시대는 불교가 융성해 불교 의식에 사용하는 의례 용구가 많이 만들어졌다. 오늘날 남아 있는 불교 법구法具와 고려 불화 속 법구를 비교해보면 모양이 똑같다.

향로는 비교적 많이 남아 있는 고려 시대 유물인데, 특히 연꽃 모양 향로는 고려 시대의 대표적인 금속 공예품이다. 고려 불화 속에서도 이

고려 여인들의 머리 모양새. 기혼 여성은 봉긋하게 올린 머리를 했다(왼쪽). 처녀들은 양 갈래로 묶어 귀밑에서 동그랗게 말았다(오른쪽).

연꽃 모양 향로를 찾을 수 있다. 부처님께 올리는 공양수를 담는 정병도 불화 속에 많이 등장하는데, 실물 그대로다. 이처럼 고려 불화는 실물을 모델 삼아 사실적으로 그린 그림이었다.

고려 불화 속에 묘사돼 있는 건축물에 주목해보자. 이를테면 미륵이 내려와 구제되지 못한 중생들을 성불成佛시킨다는 내용의 〈미륵하생경변상도彌勒下生經變相圖〉에 등장하는 궁궐은 고려 궁궐인 만월대다. 개성의 송악산 아래 고려 궁궐 만월대가 있었다. 주춧돌과 축대 등 당시의 흔적이 아직 남아 있다. 전면에 세워진 거대한 축대에는 네 개의 계단이 좌우 대칭으로 자리하고 있는데, 〈미륵하생경변상도〉의 궁궐 축대와 모습이 똑같다. 이렇듯 고려 불화는 사라져간 고려의 모습을 생생하게 되살려주는 거울이다.

고려인의 모습은 어땠을까? 고려 사람의 머리 모양새도 불화에서 찾을 수 있다. 시집간 여자는 대부분 머리카락을 모아 봉긋하게 뒤로 올린 머리를 했다. 신분이 높을수록 올린 머리도 높고 장신구도 화려하나. 귀족층은 대개 구슬 장식을 했고 서민은 별다른 장식이 없었다. 댕기는 모든 고려 여성이 했지만 신분이 높을수록 길어지는 경향이 있다. 이런 사실은 고려가 얼마나 엄격한 신분제 사회였는지 짐작하게 해준다.

불화에 등장하는 고려인의 복식도 흥미롭다. 옷에도 신분의 차이가 있었다. 신분의 높고 낮음에 따라 입을 수 있는 옷감은 물론 색깔과 모양에도 제한을 두었다. 왕비와 시녀, 귀족과 서민의 옷차림은 결코 같을 수 없었다. 비단과 붉은색, 화려한 자수는 상류층에게만 허용됐다.

〈미륵하생경변상도〉에는 화려한 수를 놓은 붉은색 치마에 노란 저고리를 멋스럽게 차려 입은 전형적인 고려 귀족 여성이 등장한다. 고려 시대 상류층의 복식은 다른 어떤 시대보다 화려하고 사치스러웠다. 물론 왕실 사람들과 귀족들에 국한됐지만 중국에서 수입한 고가의 비단으로 옷을 지어 입고 왕비의 대례복에는 비단도 모자라 휘황찬란한 금박을 입히기도 했다.

고려 후기부터 동정을 달기 시작하는데, 14세기 고려 불화에는 아직 동정이 등장하지 않는다. 옷의 소매 부분과 몸판의 색깔을 달리 하고, 둘을 잇는 부분에 여의섶이라는 주름 장식을 달기도 했다. 이렇듯 고려 불화가 아니면 고려 복식의 고증은 불가능하다. 오늘날 우리가 고려 시대를 배경으로 한 영화나 드라마에서 볼 수 있는 옷이나 장신구, 건축물 등은 바로 고려 불화를 통해 재현한 것이다. 고려 불화는 고려 시대로 돌아가게 해주는 타임머신이다.

불화에 나타난 고려 여성 옷차림새. 왼쪽부터 왕비, 기혼 귀족 여성, 미혼 평민 여성.

(왼쪽) 〈나한도〉. 몽골의 침입으로 고려가 강화도로 천도했던 시기에 그렸다. 강인한 나한의 모습에서 몽골의 침입을 막아 나라를 지켜내고 싶은 호국의 염원이 읽힌다.
(오른쪽) 보물 1238호 〈아미타여래도〉. 중생의 고통을 없애고 소원을 이뤄주는 아미타 부처에게 고려 백성은 어떤 염원을 투영했을까?

신앙도 담고 염원도 담는다

몽골의 침입으로 왕이 강화도로 피난 가 있던 1235년에 조성된 〈나한도 羅漢圖〉는 깨달음의 경지에 이른 부처의 제자 나한羅漢을 그렸다. 이 〈나한도〉를 만들게 한 사람은 장수 계급의 무사다. 몽골의 침입을 막지 못한 장수의 안타까운 심정이 배어 있는 듯하다. 부릅뜬 눈에 일자로 꽉 다문 입, 강인한 나한의 모습은 바로 장수 자신이 되고 싶은 모습이 아닐까? 나한의 신통력을 빌려서라도 몽골군을 물리치고자 했던 호국의 염원이 담겨 있는 이 그림은 불화 그 이상이었다.

이런 간절한 염원에도 불구하고 고려는 결국 원나라에 굴복하여 오랜 기간 부당한 간섭과 무리한 요구에 시달렸다. 심지어 원나라 황실의 판단

천불천탑으로 알려진 운주사. 운주사 서편 산중턱에 북두칠성 모양대로 놓인 거대한 바윗돌이 있다.

에 따라 고려의 왕이 좌우되는 시절이었다. 충렬왕이 폐위되고 그 뒤를 이어 왕이 된 충선왕까지도 원나라에 머물던 때, 고려의 국정은 원나라에 가 있는 충선왕이 내리는 교지를 통해 운영됐다. 그런 상황을 바라보는 고려 백성의 안타까운 염원을 담은 불화가 바로 보물 1238호 〈아미타여래도阿彌陀如來圖〉다.

아미타여래는 극락세계에 머물면서 죽은 이의 영혼을 정토왕생淨土往生의 길로 이끌어주며, 중생의 고통을 덜어주고 소원을 성취해주는 부처다. 당시 고려 백성의 간절한 소원은 바로 왕의 귀환이었다. 원의 간섭에서 벗어나 하루 빨리 좋은 세상이 찾아오길 바라는 고려인의 소망을 이 한 폭의 그림에 담은 것이다.

1000개의 탑과 1000개의 불상이 있었다고 전해지는 운주사는 12세기 고려 시대에 창건된 절이다. 1000개는 아니지만 여기저기 자리 잡은 탑과 불상으로 절이라기보다 마치 야외 조각공원 같은 분위기다. 운주사 서편 산중턱에는 거대한 바윗돌들이 놓여 있는데, 놀랍게도 바위 하나의 지름이 3미터에 이른다. 이런 거대한 바위가 일곱 개나 된다. 이 바위를 칠성 바위라 부른다. 칠성 바위는 하늘에 떠 있는 북두칠성의 모양을 일곱 개의 돌로 재현해놓은 것이다. 육안으로 봤을 때 밝은 별은 크게, 어

일어서지 못한 불상, 운주사 와불

꽃은 피었다 | 말없이 지는데
솔바람은 불었다가 | 간간이 끊어지는데

맨발로 살며시 | 운주사 산등성이에 누워 계시는
와불님의 팔을 베고
겨드랑이에 누워 | 푸른 하늘을 바라본다

엄마……

동화작가이자 시인 정채봉(丁埰琫, 1946~2001)의 시 '엄마'다. 운주사 와불은 작가에게 어머니의 따사로운 품 그 자체였던 모양이다. 독일의 미술가 요헨 힐트만은 운주사 와불에 관해 이렇게 말했다. "석불들은 거꾸로 누워 있는 것이 아니라, 거꾸로 된 세상에서 홀로 똑바로 서서 괴로워하고 있다." 미술사가 유홍준은 운주사 불상을 고려 시대 민중 불교의 산물로 보고, '천불천탑을 만들면 서울이 이곳으로 옮겨 온다'는 반역 혹은 혁명 사상 때문에 조성된 것으로 풀이했다. 운주사의 불상과 와불은 다양한 상상력과 해석의 가능성을 허락한다.

《신증동국여지승람新增東國輿地勝覽》에 따르면 "운주사는 천불산에 있으며 절 좌우 산에 석불 석탑이 각 1000기씩 있고, 두 석불이 서로 등을 대고 앉아 있다." 1942년까지만 해도 석불 213기와 석탑 30기가 있었다고 전해지나, 지금은 석불 70기와 석탑 12기만 남아 있다.

와불은 소승불교에서 부처의 열반상을 가리키는 것으로 불기립불不起立佛 혹은 미기립불未起立佛 등으로도 불린다. 그런데 운주사 와불은 그 의미가 조금 다르다. 3기의 부처를 조성해 1기는 세웠지만, 나머지 2기는 규모가 너무 크기 때문이거나 혹은 또 다른 이유로 일으켜 세우시 못하고 공사가 숭난된 것이다. 와불 밑에는 바위를 떼어내려 했던 흔적, 즉 와불을 일으켜 세우려 했던 공사 흔적이 남아 있다.

두운 별은 작게 만들어 명암을 크기로 대신했다.

이렇게 절에 별자리 모양을 재현해놓은 까닭은 무엇일까? 미국 보스턴 박물관의 소장품 중에 그 단서가 있다. 바로 14세기에 만들어졌으리라 추정되는 고려 불화 〈치성광여래왕림도熾盛光如來往臨圖〉다. 하늘의 별자리를 화폭에 그대로 옮겨 놓은 별자리 불화다. 그림 중앙에는 소가 끄는 수레를 타고 내려오는 부처가 자리하고 있다. 북극성에 해당하는 치성광 부처다. 치성광 부처의 왼쪽과 오른쪽에는 각각 해와 달에 견줄 수 있는 일광보살日光菩薩과 월광보살月光菩薩을 두고, 상단에는 북두칠성에 두개의 별자리를 더한 북두구진北斗九辰과 열두 달을 상징하는 별자리들인 12궁宮을, 하단에는 28성수星宿 등을 보살로 형상화해 배치했다.

옛사람들은 땅에서 일어나는 재난이나 변고가 하늘에서 일어나는 변화에 의해 좌우된다고 믿었다. 또한 그러한 하늘의 변화, 즉 천변天變을 바로 별자리의 움직임, 성변星變으로 이해했다. 때문에 별자리의 움직임을 면밀히 관찰하여 예상치 못한 변화가 일어나기라도 하면 제사를 지내거나 의례를 거행하여 재난과 병고를 막고자 했다. 이를테면 동아시아 역사 기록의 전형으로 평가받는 《사기史記》를 집필한 한나라의 사마천司馬遷은 아버지 사마담에 이어 태사령太史令 벼슬을 지냈는데, 태사령은 역사 기록과 천문 관측 업무를 관장하는 자리다. 사람의 일과 하늘의 일이 서로 통한다고 생각했던 옛사람들의 관념에서 비롯된 벼슬이라 하겠다.

그렇다면 불교와 별자리 사이에는 어떤 관련이 있는 것일까? 별이 인간의 운명을 좌우한다고 믿고 별을 신성시하는 별자리 신앙은 오랜 옛날부터 있었다. 이를테면 고구려 고분 천장에는 별자리 그림이 그려져 있다. 이는 고구려 사람들이 별자리가 사후 세계를 주관한다고 믿었음을 말해준다. 이렇게 오래전부터 민간에 널리 퍼져 있던 별자리 신앙을 나중에 들어온 불교가 수용해 이와 같은 불화가 그려졌다.

〈치성광여래왕림도〉에는 도교적인 요소도 보이는데, 그림에서 치성광 부처와 일광 및 월광 보살을 제외하고 가장 존귀한 신격 존재는 도교의 최고신인 천황대제天皇大帝다.〈치성광여래왕림도〉와 비슷한 구도를 갖춘 조선 선조 2년(1569)에 제작된 불화〈치성광불여래제성왕림도燼盛光佛如來諸星往臨圖〉에도 천황대제가 옥황대제玉皇大帝로 대치되었으나 도교의 최고신격이라는 점은 변함이 없다.

사실 치성광여래 자체가 도교에서 유래한 칠성 신앙을 불교에서 받아들인 것이다. 북극성은 그 빛이 밤하늘의 별 중 가장 밝아 치성광燼盛光이라는 이름이 붙었고 묘견보살妙見菩薩이라고도 한다. 북두칠성은 칠여래七如來, 해는 일광변조소재보살日光遍照消災菩薩, 달은 월광변조소재보살月光遍照消災菩薩로 부른다. 치성광여래는 치성광을 내뿜어 해와 달 그리고 별과 그 별이 머무는 자리 등, 빛이 있는 모든 곳을 다스린다.

이는 불교가 우리 민간 신앙을 흡수한 사례로, 다른 나라 불교에서는

〈치성광여래왕림도〉. 하늘의 별자리를 그대로 화폭에 옮겨놓았다. 소가 끄는 수레를 탄 치성광 부처(북극성) 양 옆으로 일광보살(해)과 월광보살(달)이 보인다.

찾아볼 수 없다. 치성광여래를 모시는 전각인 칠성각七星閣도 우리나라 사찰에만 존재한다. 이렇듯 고려 불화는 고려인이 시대 상황에 따라 품었던 간절한 소망과 신앙·사상 등 의식 세계를 생생하게 전해준다.

잃어버린 보물, 고려 불화

고려 불화는 오늘날 전 세계에 흩어져 있다. 지금까지 세상에 공개된 고려 불화는 160여 점인데, 그 가운데 17점 정도가 유럽과 미국에 있고 우리나라에는 13점 정도가 남아 있으며, 나머지 100여 점은 모두 일본에 있다. 그 많은 고려 불화가 어떻게 일본에 들어가게 됐는지는 아직까지 정확히 밝혀지지 않았다. 고려 시대에 전해졌거나 임진왜란 때 약탈해갔을 수도 있으며, 일제강점기 때 반출됐거나 광복 이후에 밀거래되었을 수도 있다. 사실 고려 불화는 최근에야 우리나라에서 주목받기 시작했다. 1991년 뉴욕 소더비 경매에서 최고가로 낙찰되면서부터라고 해도 지나치지 않다. 그 전까지만 해도 우리나라에서는 고려 불화에 관심이 없었다.

오랜 세월 고려 불화는 국내보다 외국에서, 특히 일본에서 그 가치를 더 인정받았다. 일반인에게는 좀처럼 공개하지 않는 일본 소재의 고려 불화를 직접 보려면 인내심을 가지고 소장처와 끈질기게 접촉해야 한다.

덕흥리 벽화 고분의 앞칸 북벽 천장에 그려진 별자리 그림이다. 고구려 사람들은 별의 움직임이 인간의 운명을 좌우하고 사후 세계를 주관한다고 믿었다.

우리나라 사찰의 특징인 칠성각. 이처럼 치성광여래를 모시는 전각이 있다는 것은 불교가 민간 신앙을 흡수했음을 보여주는 좋은 사례다.

그런 노력의 결과로, 일본 가가미진지鏡神寺 소장 〈수월관음도〉를 볼 수 있었다. 세로 길이가 4.2미터에 달해 지금까지 알려진 고려 불화 가운데 가장 크다. 우리나라의 용인대박물관에 있는 〈수월관음도〉보다 무려 여섯 배나 더 크다.

700년이 지난 그림이라고 보기 힘들 정도로 색채가 선명하고 화려하며 섬세하다. 일본에서 이 〈수월관음도〉는 신이 내린 최고의 그림으로 찬사 받는다. 큰 몸을 전체적으로 매우 부드럽게 표현하고 있으며, 선이 섬세하기 짝이 없다. 선 하나 하나가 균등해 더 얇거나 굵은 곳이 전혀 없다. 머리에는 얇은 베일을 썼는데, 금실로 자수가 놓인 것까지 세밀하게 표현했다. 베일 아래 몸과 손이 보인다. 투명한 질감과 그 아래 비친 물체를 표현하는 고려 불화의 특징이 잘 드러난다.

이 〈수월관음도〉가 일본에 들어온 것은 1391년이다. 어떤 경로로 일본에 건너갔는지 알 수 없지만, 고려 불화라는 사실은 분명하다. 1800년부터 19년간 일본 전역을 걸어다니며 지도를 만든 이노 다다타카伊能忠敬라는 지도 제작자는 1812년 9월 7일에 가가미진지에 가서 이 〈수월관음도〉를 보고 일기에 이렇게 적어 놓았다. "그림 옆에 1310년 (고려의 왕비) 숙비라는 사람이 궁중 화가를 시켜 그리도록 명했다고 씌어 있다." 지금은 그 부분이 없어져 정확히 고증할 길 없지만, 이노의 일기를 통해 그림이 만들어진 시기와 누가 누구를 시켜 그렸는지 알 수 있다.

한편 교토京都에 자리한 800년 전통의 유서 깊은 대사찰 지온인知恩院에도 신의 솜씨로 평가받는 고려 불화가 소장돼 있다. 산수를 배경으로 부처와 나한을 묘사한 〈오백나한도五百羅漢圖〉다. 이 그림에서도 초정밀 마이크로 세계와 만날 수 있다. 멀리서 보면 산수화로 보이지만 가까이 가면 나한들이 모습을 드러낸다. 나한 한 사람의 크기는 불과 1.5센티미터. 저마다 다른 모습이다. 금방이라도 살아나올 듯 나한의 표정이 생생하다. 어느 하나 같은 표정이 없다. 입고 있는 옷의 실루엣, 문양까지도 세밀하다. 그림에 그려져 있는 동물의 모습도 마치 살아 움직이는 듯 사실적이다. 보이지 않는 부분에도 세밀함을 담아내는 섬세함이야말로 고려 불화가 최고의 그림으로 인정받는 까닭이다.

가가미진지 소장의 높이 4.2m의 〈수월관음도〉. 지금까지 알려진 고려 불화 가운데 가장 크다.

일본에 있는 100여 점의 고려 불화는 '놀라운 그림'이라는 찬사를 받으며 지금까지 소중하게 보관되어왔고, 18세기 이후 일본에서는 고려 불화를 따라 그린 그림도 많이 나왔다. 고려 불화는 중국이나 일본 그림에서는 찾을 수 없는 특색으로 가득한, 독창적인 미적 세계를 구축했다. 그 뒤

116

천인天人 관계에 대한 고대인의 인식

근대적인 세계관의 중요한 특징 하나는 사실과 가치 혹은 사실과 당위를 구분하는 것이다. 이를테면 옛사람들은 달을 보며 소원을 빌었다. 그러나 근대적인 세계관에서 달은 지구 주위를 도는 천체이며 가치가 아닌 사실의 영역이다. 그러나 옛사람들에게 하늘과 천체를 포함한 자연은 가치와 당위와 의미의 원천이었다. 이러한 생각을 천인상관론天人相關論이라 한다. 즉 자연계의 현상과 인간 행위 사이에 상관관계가 존재한다는 생각이다. '지성至誠이면 감천感天', '하늘도 무심하지 않았는지'라는 표현을 떠올려보자. 하늘에 마음이 있을까? 옛사람들에게 하늘은 결코 무심하지 않은 존재였다. 중국 한나라의 사상가 동중서董仲舒는 이렇게 말했다.

> 나라가 도道를 잃으려 하면 하늘은 먼저 재해를 일으켜 경고합니다. 그런데도 스스로 반성할 줄 모르면 다시 괴이한 현상을 일으켜 위협합니다. 그럼에도 불구하고 고칠 줄 모르면, 이때 비로소 크나큰 파괴가 엄습합니다. 즉 하늘의 마음은 군주가 인애仁愛하여 그러한 혼란을 그치게 하길 원하는 데 있다는 것입니다. 완전히 무도한 세상이 아니라면, 하늘은 어떻게든지 이 세상을 도와 온전히 하길 원하는데, 인간이 해야 될 일이란 노력하는 것밖에 없습니다.
> ─《한서漢書》〈동중서전〉'현량대책'

조선 시대 이이가 과거 시험 답안으로 제출한 '천도책天道策'에도 이 같은 사상이 드러난다.

> 별의 상서는 아무 때나 나타나는 것이 아니거니와, 별의 변괴도 또한 아무 때나 나오지 않습니다. 상서로운 별은 반드시 밝은 시대에 나타나고, 요사스런 혜성은 반드시 쇠한 세상에만 나타납니다. 우순虞舜의 시대가 문명해지자 좋은 별이 나타났고, 춘추의 시대가 혼란해지자 혜성이 나타났습니다.

이렇게 율곡은 천체의 자연 현상을 역사와, 그것도 밝은 시대와 쇠한 세상이라는 일종의 도덕적 판단과 결부지어 판단했었다.

어난 장식성과 섬세한 묘사, 신의 솜씨에 견줄만한 제작 기법 등은 전 세계, 전 시대를 통틀어 유일무의하다.

이런 고려 불화를 40년 전만 해도 많은 학자가 중국 불화로 잘못 알고 있었다. 오히려 외국인이 그 가치를 제대로 알아봤다. 더욱 안타까운 일은 대다수의 고려 불화가 외국에 소장되어 있기 때문에, 고려 불화의 세계를 이렇게 책을 통해서 혹은 TV 화면을 통해서 간접적으로밖에 접할 수 없다는 사실이다. 그 진정한 가치를 이해하지 못하는 사람에게는 아무리 귀중한 것도 무의미해진다. 오랜 세월 우리에게 고려 불화가 바로 그러했다.

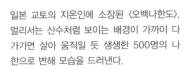

일본 교토의 지온인에 소장된 〈오백나한도〉. 멀리서는 산수처럼 보이는 배경이 가까이 다가가면 살아 움직일 듯 생생한 500명의 나한으로 변해 모습을 드러낸다.

05 고려 시대의 타임캡슐, 청자운반선

2004년 군산 앞바다 십이동파도 해저에서
고려 시대 배 한 척이 발견됐다.
8000여 점의 청자와 함께 고려 사람들의
꿈과 희망을 싣고 항해하던 청자운반선!
900년 전 푸른 바닷물에 잠든 고려 시대가 깨어난다.

십이동파도 바다 밑 보물선

누구나 한번쯤 바다 밑에 가라앉은 보물선 이야기를 들어봤을 것이다.
모래사장에서 바늘 찾기보다 더 힘들지만, 성공하면 엄청난 보물을 건져
올려 부자가 될 수 있다는 꿈! 대부분 한바탕 떠들썩한 소동으로 끝나지
만, 실제로 보물을 건져 올리는 데 성공한 경우도 있다.

　1713년 7월 24일에 허리케인을 만나 플로리다 반도 근해에 침몰한 열
한 척의 스페인 배에는 막대한 금은보화가 실려 있었다. 그로부터 280년
이 지난 1993년 7월에 보물선 탐사단이 다이아몬드 441개 등 200만 달러
상당의 보물을 건져 올렸다. 1985년 5월에는 1752년 남중국해에서 침몰
한 네덜란드 동인도회사 소속의 상선 겔더말센 호가 발견됐다. 금괴 120
개와 16만 점의 중국 도자기가 실려 있었고, 이는 경매를 통해 1500만 달
러에 팔렸다.

　아직 보물 인양에 성공한 적은 없지만 우리나라에도 보물선 이야기
가 많이 있다. 1905년 러일전쟁 당시 울릉도 근해에 침몰한 러시아 군함

바다 밑에 가라앉은 배는 중요한 역사적 보물로서 가치를 지니기도 한다. 이처럼 바다나 강, 호수 등에 가라앉은 유적·유물을 발굴하여 당시의 문화상을 복원하는 학문이 바로 수중고고학이다.

돈스코이 호에 막대한 보물이 실려 있다는 소문이 가장 유명하다. 돈스코이 호는 쓰시마 섬 앞바다에서 침몰 직전인 회계함會計艦 나히모프 호에 있던 금괴를 옮겨 싣고 도주 중이었다고 한다. 한편 나히모프 호는 1980년 일본해양개발회사가 쓰시마 앞 해저에서 발견했다. 나히모프 호에서 백금괴를 건져올렸지만, 러시아가 소유권을 주장하자 외교 분쟁을 피하기 위해 작업을 중단하기도 했다.

1895년 7월 청일전쟁 때 일본 해군의 공격을 받아 인천 옹진군 덕적면 울도 남쪽 2킬로미터 앞바다에 가라앉은 청나라 군함 고승호도 보물선 전설의 단골이나. 이 배에는 은괴 600톤이 실려 있었다고 한다. 2001년 8월에 은화와 은괴 몇 개가 침몰 해저에서 발견됐지만 더 이상의 발굴 성과는 없었다.

그 밖에도, 1945년 5월 중국 상하이를 출발한 일본 731부대 병원선에

갈매기여
작은쌍섬
똥섬
사자섬
가마우지여
벌린여
큰쌍섬
아랫쌍여
윗쌍여
소금도
흑도
발굴지점 →
장자도
(등대섬)
북도
병풍도
남여
널럭여

금괴 100톤이 실려 있었는데 전북 군산시 옥도면 말도 부근에서 침몰했다는 이야기, 1945년 6월 장항제련소에서 금 9톤과 은 30톤을 싣고 출발한 화물선이 전북 군산시 비안도 부근에서 공습으로 짐몰했다는 소문 등이 있다.

보물선이라고 하면 일확천금을 노리는 투기심이나 흥미진진한 모험을 떠올리기 쉽지만, 오래 전에 침몰한 배는 그 자체로 고고학과 역사학의 매우 귀중한 자료다.

잘 보전된 침몰 고선박은 조선造船 기술, 항해 기술 같은 과학기술은 물론이고 교통, 무역, 상공업, 생활 풍속, 예술, 사상 등을 고스란히 담고 있기 때문이다. 우리가 살펴볼 십이동파도 해저에서 발견된 배가 바로 그런 경우다. 고고학자와 역사학자에게 진정한 보물은 보물선에 실린 물건의 환전 가치가 아니라 그 학문적 가치다.

전라북도 군산에서 서쪽으로 약 30킬로미터 떨어진 십이동파도. 이곳에서 지난 2004년 국립해양유물전시관 수중발굴팀이 바다 밑에 침몰해 있던 고려 선박을 인양했다. 난파된 배와 함께 수많은 고려 시대 유물이 쏟아져 나왔다. 무엇보다 한 배 안에서 동시대의 유물이 다양하게 발견됐다는 사실이 매우 중요하다. 이와 같은 일괄 유물은 한 시대의 생활상을 종합적으로 조망할 수 있는 좋은 자료이기 때문이다.

침몰선을 발견한 사람은 십이동파도 근처 바다 밑에서 키조개를 캐던 잠수부다. 잠수부의 신고를 받고 급히 수중발굴팀이 구성됐다. 우선 유물을 확인하기 위해 긴급 탐사에 나선 수중발굴팀은 해저 16미터 지점에서 놀라운 광경과 만났다. 개펄 여기저기에 헤아릴 수 없이 많은 도자기 파편들이 흩어져 있었던 것. 먼 옛날 청자를 가득 싣고 항해하던 배가 이곳에서 침몰했음이 분명했다. 오랜 세월 탓에 일부는 파손됐지만 많은 양이 온전하게 남아 있었다. 처음 선적된 모습 그대로 보존돼 있는 청자들도 많았다.

침몰선을 확인했지만 곧바로 발굴에 들어가진 않았다. 유물의 훼손을 방지하고 발굴 이후 정확한 연구를 진행하기 위해 철저한 사전 준비가 필요하기 때문이다. 발굴팀은 청자 유물의 상태를 확인하고 한 달여의 준비 끝에 본격적인 발굴에 들어갔다. 발굴팀은 청자가 묻혀 있는 지역을 사방 2미터씩 모두 마흔여덟 구역으로 나누고, 구역마다 번호를 지정했다. 유물의 정확한 위치를 확인하기 위해서 매몰 상태를 기록하고 수중 카메라 촬영도 함께 이뤄졌다.

모두 8800여 점의 유물 가운데 가장 큰 비중을 차지하는 것은 역시 청자다. 12세기에 만들어졌으리라 추정되는 고려청자가 무려 8000점 이상이며, 그 외에 배 안에서 선원들이 사용한 것으로 보이는 생활 유물들도 다양하게 나왔다.

십이동파도에서 발굴된 청자는 대부분 대접이나 접시 같은 식기류인데, 특히 꽃잎 모양의 접시는 수중에서는 최초로 발굴됐다. 당시 청자들을 배에 실었던 모습도 고스란히 남아 있다. 청자를 종류별로 차곡차곡

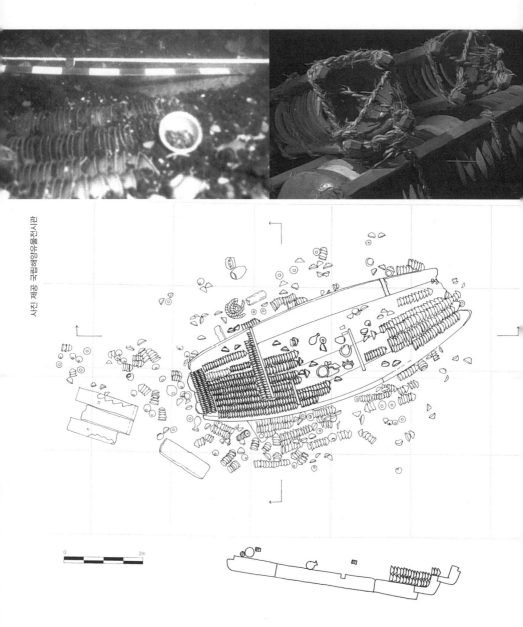

발굴팀이 촬영한 십이동파도 청자 유물(위 왼쪽)과 유물 노출 상태 스케치(아래). 선적된 상태 그대로 발견된 십이동파도 발굴에서 얻은 단서로 추정해본 고려 시대 청자 적재 모습(위 오른쪽).

쌓은 뒤 나무막대와 새끼줄을 이용해 단단히 묶었던 듯하다. 이렇게 청자 선적에 사용된 각종 유물들도 함께 발굴됨으로써 고려청자의 적재 방법을 파악할 수 있었다.

뻘에 묻힌 청자들을 하나하나 건져 올리자, 그 사이에서 거대한 나무 기둥이 드러났다. 청자를 싣고 가던 배, 청자운반선이다. 그동안 여러 차례의 수중발굴이 있었지만 고선박이 발견된 적은 흔치 않다. 나무로 만들어져 오랜 세월을 견디기 어렵기 때문이다. 선체의 온전한 인양과 복원을 위해 발굴팀은 유물의 상태를 신중하게 확인했다. 그 결과 아무도 손대지 않은 상태, 침몰 당시 그대로의 유물임이 밝혀졌다.

되살아나는 고려 배

우리나라에서 수중발굴이 시작된 것은 1976년이지만, 당시만 해도 전문적인 기술이나 장비가 없어 발굴 과정 대부분을 해군의 도움에 기대야 했다. 그러다 보니 수중발굴에서 가장 중요한 발굴 현장 상태 기록도 해군이 주도했다. 고고학자들은 해군 잠수부가 건져 올린 유물을 선상에서 정리하는 데 만족해야 했다. 그러나 최근에는 유물의 매몰 상태를 확인하고 발굴 작업 과정을 기록하는 일을 모두 고고학 전문가가 하고 있다. 이를 통해 더욱 체계적인 연구와 복원 작업이 가능해진 것은 물론이다.

십이동파도 발굴은 고고학 전문가들의 주도로 이뤄진 한국 최초의 본격 수중발굴이었다. 발굴의 전 과정을 자세하게 기록으로 남긴 일도, 선박 인양 장면을 생생한 영상으로 기록한 일도 십이동파도 발굴이 처음이었다. 우리나라 수중고고학 역사에 한 획을 긋는 사건이기도 했던 십이동파도 발굴은 2003년 10월에 시작해 2004년까지 이어졌다. 십이동파도 앞바다에서 건져 올린 청자만 해도 무려 8118점에 달한다. 우리 고고

우리나라의 수중발굴은 1976년 신안선을 시작으로 2003년까지 여덟 건의 발굴이 진행됐다.

학 역사상 최초로 전문가가 탐사와 인양, 유물 보존에 이르는 모든 작업에 참여해 가장 체계적이고 과학적인 발굴이라는 평가를 받았으며, 900년 전 배를 온전하게 인양한 것도 중요한 성과로 꼽힌다.

1983년 발견된 완도선과 1995년의 목포 달리도선, 2005년에 전남 신안에서 발굴된 안좌도선도 고려 선박이다. 그런데 십이동파도선은 선체의 기본 구조가 상당 부분 남아 있어 당시의 해상 활동 모습은 물론 고려 시대 선박의 구조와 발전 과정을 더욱 자세히 밝혀준다.

고선박을 인양하는 일은 수중발굴에서 가장 까다로운 작업이다. 가장 먼저 진흙을 걷어내야 한다. 뻘에 박힌 선체를 꺼내기 위해서다. 특수장비인 에어리프트를 사용해 강한 압력으로 뻘을 빨아들였다. 침몰한 후 오랜 세월이 지나면서 선체 윗부분은 거의 유실되었지만 뻘에 묻힌 아랫부분은 비교적 온전하게 남아 있었다.

그러나 허약해진 선체의 손상을 막기 위해서는 해체 인양이 불가피했다. 선체 구조에서 중요한 부재인 만곡종통재彎曲縱通材를 가장 먼저 분리했다. 만곡종통재는 배의 바닥판과 옆면 외판을 연결해주는 구실을 하는 ㄴ자형 부재다. 해체 작업은 각 선체편의 이음새에 나무 쐐기를 박은 뒤, 분리하는 방식으로 이뤄졌다. 이렇게 조심스럽게 작업을 계속하기를 여섯 시간. 발굴팀은 드디어 첫 번째 선체를 수면 위로 끌어올리는 데 성공했다. 900년 전 침몰한 고려 선박이 마침내 세상의 빛을 보는 순

《고려도경》이 전하는 고려의 선박

1123년 고려를 방문한 송나라 사신 서긍이 고려에서 보고 듣고 겪은 일을 기록한 《고려도경高麗圖經》에는, 고려 선박에 관한 기록이 나온다. 해안 경비를 담당했던 순라선의 기록이다.

> 돛대 하나를 세우고 위에는 누각이 없으며, 노와 키를 두었을 뿐이다. (…) 모두 깃발을 꽂았고 뱃사람과 병사들이 다 푸른 옷을 입었으며, 나팔과 징을 울리며 온다.

관리들이 승선하는 일종의 공무 집행용 선박인 관선官船은 이렇게 기록했다.

> 위에는 띠를 덮었고 아래에는 문을 냈다. 주위에 난간을 두로고 가로지른 나무를 서로 꿴 다음, 치켜 올려서 누각을 만들었는데 윗면이 밑바닥보다 넓다. (…) 앞에는 닻줄이 있고, 위에는 큰 돛대를 세워 20여 폭의 천으로 만든 돛을 드리웠다.

사신단 가운데 정사, 부사 등이 타는 송방松舫은 아래와 같이 스케치했다.

> 군산도(고군산도)의 배다. 선수와 선미가 다 곧고, 가운데에 선실 다섯 칸이 마련돼 있으며 위는 띠로 덮었다. 앞뒤에 작은 방이 둘 있는데, 평상을 놓고 발을 드리웠다. 중간이 트인 방 두 칸에는 비단 보료를 깔았는데 가장 화려하다.

마지막으로 사신단의 중하위급 관리들이 타는 막선幕船에 대한 묘사

> 위는 푸른 포로 지붕을 삼고, 아래는 장대로 기둥을 대신하였으며, 네 귀퉁이에는 각각 채색 끈을 매었다.

서긍은 고려의 배가 간략하고 정교하지 않다고 썼지만, 그는 근해를 항해하는 배만 기록했다. 비교적 먼 바다를 항해하는 고려 무역선을 자세히 관찰한 적은 없었던 듯하다.

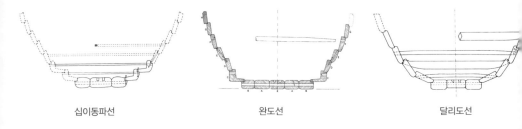

| 십이동파선 | 완도선 | 달리도선 |

십이동파도선은 만곡종통재가 2단으로, 1단인 완도선이나 나타나지 않는 달리도선에 비해 초기 선박이다. 만곡종통재는 배의 바닥판과 옆면 외판을 연결하는 부분으로 배의 건조 시기를 추정하는 데 중요하다.

간이었다.

십이동파도에서 발굴된 두 개의 만곡종통재는 배가 만들어진 시기를 추정하는 데 중요한 근거다. 우리나라 전통 선박인 한선에서 만곡종통재는 매우 중요한 부속재다. 십이동파도선에서는 2단, 좀 더 후기에 만들어진 완도선에서는 1단이 쓰였고 13세기 이후 만들어진 것으로 보이는 달리도선에서는 만곡종통재가 나타나지 않는다. 이로 미루어 십이동파도선은 고려 초기 선박으로 추정된다. 십이동파도선에서 발굴된 만곡종통재를 통해 고려 선박의 발달 과정을 밝힐 수 있었다.

이번 발굴에는 다른 고려 선박이 인양되었을 때는 볼 수 없었던 새로운 유물이 인양되는 성과도 있었다. 뱃머리에 사용된 것으로 추정되는 판재다. 가로 110센티미터, 세로 165센티미터, 두께 11센티미터로, 세 편의 판재를 세로로 짜 맞춘 구조다. 이것은 우리 전통 한선의 뱃머리 구조를 밝히는 데 상당히 중요하다. 그리고 칡넝쿨로 만든 밧줄도 상당량이 나왔다. 이 밧줄은 닻을 고정하는 데 쓰인 것으로, 고려 시대 닻줄이 확인된 일은 처음이다.

인양이 끝난 뒤 해양유물전시관으로 옮겨진 선체 유물은 곧바로 보존 처리에 들어갔다. 나무 표면에 붙어 있는 이물질을 제거하고 특수 약품을 사용해 조직을 견고하게 만드는 작업이다.

일반 목재도 대기 중에 오래 노출되면 뒤틀리거나 수축되고 깨지는 현상이 일어난다. 십이동파도선은 오랜 세월 바닷물에 잠겨 있었기 때문에 일반 목재에 비해 수분 함유율이 46배 이상, 강도는 10분의 1에 불과했다. 더 이상의 손상을 막기 위한 보존 처리가 필수적이다. 보존 처리와 함께 복원 작업도 진행됐다.

복원된 가상의 십이동파도선을 타고 살펴보자. 길이는 15미터, 넓이는 2.5미터로 비교적 날씬하게 보인다. 바닥 부분을 살펴보니 전통 한선의 고유한 특징이 그대로 나타난다. 나무판 여러 개를 이어 붙여 평평하게 만든 바닥 형태, 이른바 평저형平底型이다. 1983년 발견된 완도선도 평저형 바닥이다(《HD 역사스페셜 3》 3장 참고).

이에 비해 신안선은 중국 무역선이라 바닥이 V자형으로 뾰족하다. 썰물과 밀물의 교차가 심하고 수심이 낮

(위) 십이동파도 발굴에서 처음 건져 올린 뱃머리 판재.
(가운데) 인양한 고선박을 보존 처리하는 모습.
(아래) 전통 한선의 고유한 특징인 평저형 바닥. 복원하면서 버팀대로 끼운 나무막대 사이로 가룡목이 보인다.

십이동파도 해저에서 발굴된 유물로 복원한 12세기 고려 선박. 오래 항해를 하자면 갑판 위에 선원들이 쉴 수 있는 움막과 밥 짓는 공간도 있었을 것이다.

은 편인 한반도 연안을 항해하는 데는 첨저형尖底型보다 배가 물에 잠기는 깊이가 비교적 얕은 평저형 선박이 적합하다.

배 바닥에서 전통 한선의 또 다른 특징인, 배의 양쪽이 벌어지지 않게 버팀목 역할을 하는 가룡목을 볼 수 있다. 가룡목은 양쪽 외판을 지탱해주는 버팀목이면서 취사장이나 창고로 쓰이는 공간을 나누는 구실도 한다. 횡량橫梁 혹은 게룡(멍에형 게룡)이라고도 부른다.

돌로 만든 닻장도 보인다. 닻장은 닻줄을 매도록 닻과 수직으로 가로박은 긴 물체를 말한다. 길이가 130센티미터에 이르는 닻장에는 닻줄을 감았던 흔적도 고스란히 남아 있다. 닻이 바다 밑바닥 깊이 묻히게 하는 구실을 했을 것이다. 이러한 돌닻장은 고려 시대 선박에서 처음으로 확인된 것이다.

돌닻장 복원도.

배에서 내려 배의 앞면과 뒷면을 보니, 여러 개의 나무로 평평하게 앞면과 뒷면을 막아 놓았다. 다시 배에 올라 살펴보니 돛대 구멍이 하나 나 있다. 돛을 하나만 달았던 모양이다. 갑판 위로는 닻줄을 감아올리는 호롱이 보인다. 이제 닻줄을 감아올리고 바다를 향해 나아가는 일만 남았다. 과연 어디를 향했을까? 십이동파도선에 실려 있던 화물을 단서로 찾아가보자.

십이동파도선의 화물, 청자

우리는 청자하면 비색翡色 청자를 떠올린다. 이런 청자는 투명한 비색에 상감象嵌을 새겨넣고 문양도 섬세하며 형태가 아름답다. 하지만 모든 청자가 다 그런 것은 아니다. 십이동파도에서 발굴된 청자들은 비색이 아니라 탁한 녹색이나 갈색 빛이다. 표면 처리는 거칠고 별다른 문양도 없다. 이 청자들은 언제 만들어진 것일까? 청자 찻잔의 아랫부분 해무리굽에 단서가 있다.

초기 청자의 해무리굽은 상당히 넓은 편인데, 시간이 지나면서 점차 좁아진다. 십이동파도 청자의 해무리굽은 초기 청자에 비해 좁다. 일종의 변형 해무리굽이라 할 이런 형태는 대략 11세기 후반부터 12세기 초반 사이에 제작되었다. 결국 십이동파도 청자는 1100년을 전후로 한 시기에 생산·공급됐다고 추정된다.

철저한 신분제 사회였던 고려에서는 신분에 따라 사용하는 도자기나 공예품의 질에 차이가 있었다. 최상품 비색 청자는 왕실이나 귀족 가문에서만 사용할 수 있었다. 베개, 벼루, 연적, 각종 식기류에 이르기까지 다품종 소량 생산으로 왕실과 귀족 가문에 공급했던 것이다.

이에 비해 십이동파도에서 나온 청자의 대부분이 접시, 항아리 같은 식기류다. 청자가 신분을 대변했던 고려 시대, 이렇게 비색 청자보다 품질이 떨어지는 청자는 누가 사용했을까?

청자의 해무리굽은 점차 굽의 두께가 좁아진다. 십이동파도의 청자(왼쪽)는 일종의 변형 해무리굽으로 초기 청자(오른쪽)에 비해 좁다.

1994년 경기도 용인시 좌항리에서 발굴된 고려 시대 돌덧널무덤[石槨墓]. 지방 귀족이 묻혔으리라 추정되는 이 무덤에서 두 점의 청자가 부장품으로 출토됐다. 거의 완전한 형태를 유지하고 있는 이 청자는 십이동파도 유물과 비슷하다. 이런 청자가 지방 부유층이나 관리, 낮은 계급의 귀족에게 주로 공급되었음을 알 수 있다. 오늘날로 치면 중상류층에 해당하는데, 여기에 승려도 포함된다.

전라남도 순천의 송광사는 고려 시대 국사國師를 16명이나 배출한 명승지名僧地다. 1987년 이곳에선 다량의 청자 파편이 발굴됐다. 고급스런 비색 청자류가 대부분이었지만 대접과 접시, 항아리 같은 식기류나 저장용기는 품질이 낮은 청자도 많았다. 청자 외에도 일반적인 고려 토기도 발견되고, 연질토기나 경질토기도 발견됐다. 이처럼 다양한 품질의 그릇이 함께 나오는 것은, 신분 차이는 물론 용도에 따라 다른 종류의 그릇을 사용했기 때문이다. 사찰에서도 신분이 높은 승려는 고급 청자를 사용하고, 낮은 신분의 승려에게 또는 사찰 살림에 필요한 식기와 저장용기로는 낮은 품질의 청자나 토기가 주어졌다.

중국에서 청자가 처음 도입되어 만들어질 때는 청자의 품질 차이가 크지 않았다. 그러나 청자가 왕실과 귀족, 지방 관리, 사찰 등에 폭넓게 쓰이고 수요도 다양해지면서 그 품질이 분화했다. 12세기를 전후로 다양한 청자가 만들어진 것은, 특히 중국에서 들어온 차茶 문화의 유행과 밀접한 관련이 있다. 청자 찻잔의 수요가 크게 늘어나면서 대량 생산이 요청되었다.

십이동파도 청자에는 그러한 대량 생산의 흔적이 남아 있다. 바닥에 붙어 있는 하얀 점토 자국, 즉 내화토耐火土 흔적이 바로 그것이다. 대량으로 청자를 생산하기 위해서는 그릇을 포개 굽는다. 이때 서로 붙지 않도록 열에 강한 흙인 내화토를 바르는데 이것이 그릇 바닥에 남아 생긴 흔적이다. 이에 비해 비색 청자는 갑발이라는 보호 용기에 넣어 하나씩 굽는다. 점점 늘어나는 청자 수요를 충족하기 위한 대량 생산 방식으로 만들어진 십이동파도 청자는 변화해가던 고려의 청자 문화를 고스란히 보여준다.

물론 청자가 대량 생산되었다 해도 일반 서민까지 청자를 사용할 수 있었던 것은 아니다. 대다수 백성은 목기나 토기를 사용했고, 청자는 극히 한정된 계층만이 쓸 수 있는 고급품이었다.

십이동파도선은 어디에서 청자를 싣고 출발했을까? 아마도 생산지에서 출발했을 테니 고려 시대 주요 청자 생산지 가운데 한 곳이리

청자사자유개향로. 다양한 색과 질감, 용도를 가진 청자 가운데 비색 청자는 귀족들이 사용하던 고급품이었다. 《고려도경》에는 "사자 모양 향로가 고려 비색 가운데 가장 뛰어나다"라는 기록이 있다.

중국에서 차 문화가 들어오면서 청자 찻잔의 수요가 크게 늘어났다. 12세기를 전후로 하여 청자가 대량 생산된 것은 바로 이런 이유 때문이기도 했다.

라. 오늘날에도 청자 생산지로 유명한 전라남도 강진군에는 고려 시대부터 수많은 가마터가 조성돼 있었다. 강진 청자자료박물관에는 이곳에서 발굴된 가마터를 원형 그대로 보존해 놓기도 했다. 강진에서는 어떤 청자가 만들어졌을까?

작은 청자 조각에 새겨진 글자에서 강진 가마터의 성격을 알 수 있다. 바로 '상尙'이라는 글자. 이것은 고려 시대 왕실에 약을 지어 올리던 관청인 상약국尙藥局을 뜻한다. 즉 강진은 왕실이나 귀족, 관청에서 쓰는 최상품 청자를 만드는 곳이었다. 청자비룡형주자(靑磁飛龍形注子, 국보 61호) 같은 국보급 청자의 대부분이 강진 가마터에서 만들어졌다. 국가의 일정한 통제 아래 디자인과 질을 유지하며 최고급 청자를 생산했던 것이다.

최고급 청자와 품질이 떨어지는 청자의 차이는 무엇보다도 재료에서 비롯된다. 자기를 만드는 재료인 태토胎土는 높은 열을 가하면 성분에 따라 표면 상태가 분명하게 달라진다. 강진 청자에 비해 표면이 거친 십이동파도선 청자에는 원료를 정제하지 않아 태토에 굵은 석영 입자가 그대로 남아 있다. 이러한 특징으로 미루어 십이동파도선 청자의 생산지는 강진이 아닌 다른 곳이다.

서해 끝자락에 위치한 전라남도 해남은 강진에 버금가는 규모의 고려청자 가마터가 발견된 곳이다. 지금은 간척 사업을 거쳐 논으로 바뀌었지만 옛날에는 해안가에 100기가 넘는 청자 가마가 있었다.

해안에서 떨어진 산속에서도 많은 가마터가 발견됐다. 이곳의 청자 파편은 언뜻 보기에도 강진 청자보다 질이 떨어진다. 빛깔도 녹색에 가깝고 식기류가 대부분이다. 해남 일대 가마터의 청자 유물은 모양이나 빛깔이 십이동파도 유물과 비슷하다. 해남 가마가 청자 생산 시기도 11~12세기 무렵으로 십이동파도 청자의 제작 시기에 해당한다. 더구나 십이동파도에서는 다양한 청자와 함께 검은색 자기인 흑유黑釉도 상당량 나왔는데, 고려 가마터 가운데 청자와 흑유를 함께 생산한 곳은 오직 해남뿐이다.

정리하면 이렇다. 고려 시대 해남은 비색 청자보다 한 단계 낮은 품질의 청자를 대량으로 생산하는 대규모 청자 생산지였고, 십이동파도 청자운반선은 바로 해남에서 출발했다. 왕이든 귀족이든 최고급 도자기 외에도 다양한 용도와 다양한 품질의 도자기가 필요했다고 볼 때 강진이 생산한 최고급 도자기는 고려의 최상위 지배층이 사실상 독점했으며, 해

낮은 품질의 생활 청자는 포개 굽는 반면, 고급품인 비색 청자는 보호 용기인 갑발에 넣어 하나씩 굽는다. 십이동파도에서 건져올린 청자에는 내화토 흔적이 보인다. 대량 생산을 했다는 증거다.

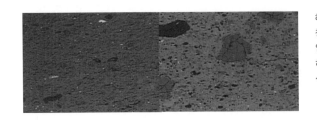

해남 청자(오른쪽)는 강진 청자(왼쪽)에 비해 석영 입자가 굵다. 원료를 정제하지 않은 저품질 대량 생산 청자이기 때문이다.

남 생산 도자기는 최상위 및 중상류 지배층이 두루 사용했으리라.

고려 시대에는 강진과 해남 외에도 여러 지역에 가마터가 분포해 있었다. 이들은 대부분 해안을 따라 위치했는데, 개경으로의 운송 편의 때문이었다. 생산된 청자의 대부분이 개경에서 소비되었으므로, 전라남도 해남에서 대량의 청자를 싣고 떠난 십이동파도 청자운반선도 개경을 향하고 있었을 것이다.

수중발굴, 바다에서 역사를 건지다

바다, 강, 호수와 같은 수중에 묻혀 있는 고대 유물을 발굴해 잃어버린 역사를 되살리는 수중고고학은 우리나라에서 최근에야 본격적으로 시작된 셈이다. 다른 나라에서는 어떤 수중발굴이 이루어졌을까? 수중고고학은 지상 고고학에 비해 발굴 과정이 까다롭고 장비도 많이 필요하기 때문에 그 역사가 짧은 편이다. 전문 고고학자에 의한 최초의 수중발굴은 1960년 터키 동남해안에서 이뤄졌다. 미국의 해양 고고학자 드록모튼Throckmorton이 켈리도니아 만 울루부룬 앞바다에서 기원전 13세기경의 청동기 시대 난파선을 건져냈다.

무려 3400년 전에 만들어진, 지금까지 발견된 고대 선박 가운데 가장 오래된 배인 울루부룬 난파선에서는 청동으로 만든 도끼와 창촉 같은 무

상약국약합   청자비룡형주자   청자칠보투각향로

강진 청자

해남 청자   십이동파도 청자

강진 가마터는 고려 왕실이나 귀족 등이 쓰던 최상품 청자를 만들었다. 고려 왕실의 약국 관청인 '상약국' 글자가 새겨진 약합과 청자비룡형주자 등 국보급 청자는 대부분 강진 가마터에서 만들어졌다. 해남 가마터에서 발굴된 청자 유물은 모양과 빛깔이 십이동파도 유물과 비슷하다.

기, 구리 원자재인 케프티 등 수많은 유물이 쏟아져 나왔다. 케프티는 청동기 시대 사이프러스에서 지중해 일대로 수출됐던 주요 무역 상품으로, 울루부룬 난파선이 발굴되면서 기원전 13세기 지중해 무역이 밝혀졌다.

지름 15센티미터, 두께 6센티미터의 불투명한 유리 원반들도 발견됐는데, 이 유물은 청동기 시대 지중해 일대의 유리 무역에 관해 증언해준다. 그 유리 원반들은 이집트의 유리병에 쓰인 청색 유리, 미케네의 메달에 쓰인 유리와 같은 시대의 것으로, 가나안 지역 사람들이 유리 원자재를 지중해 여러 곳에 팔았다는 증거다.

울루부룬 난파선에서는 펼치고 접을 수 있는 나무 글판도 발견됐다. 기원전 9세기 무렵 호메로스가 쓴 《일리아드》에 나오는 글씨가 지워지지 않도록 밀랍을 입히고 하나로 접었다가 펼 수 있는 나무 글판의 실물이 발견된 것. 책의 역사, 커뮤니케이션의 역사에서 매우 중요한 의미를 지니는 유물이 아닐 수 없다.

울루부룬 난파선 발굴을 시작으로 세계 곳곳에서 많은 수중발굴이 이뤄졌다. 카리브 해의 섬나라 자메이카에서는 1692년 6월 7일 엄청난 해일로 항구 도시 포트로얄이 물에 잠기는 사건이 있었다. 가라앉은 이 도시를 1966년에 발굴하면서 회중시계 하나를 찾았다. 오랜 세월이 흐르는 동안 시계 바늘은 사라졌지만 방사선 실험을 통해 시계 바늘의 마지막 위치를 알아본 결과, 해일이 닥친 시각이 11시 43분이었음이 밝혀지기도 했다.

한편 1962년 스웨덴에서 발굴된 17세기 군함 바사 호에서는 수많은 대포는 물론, 금도금을 한 700여 개의 조각상이 발견됐다. 당시 가장 화려하고 큰 군함이었다는 바사 호는 1628년 출항하자마자 침몰해서 300년 동안 바다에 잠겨 있어야 했다. 발굴된 바사 호와 그 유물은 17세기 유럽의 군사 문화와 항해 전통 더 나아가 그 시대 예술과 생활상을 생생하게 증언한다.

　수중발굴이라면 1985년에 이루어진 타이타닉 호 발굴도 빼놓을 수 없다. 해저 3900미터 지점에서 발굴된 6000점의 유물을 통해 최고의 화려함을 자랑했던 타이타닉 호의 모습을 고스란히 되살릴 수 있게 되었고, 영화 〈타이타닉〉도 이를 바탕으로 제작됐다. 타이타닉 호의 발굴로 침몰 원인이 단순히 빙산과의 충돌뿐 아니라 선체를 만든 철판이 너무 약했기 때문이라고 규명했다.

험한 바닷길, 청자운반선의 최후

그렇다면 군산 앞바다에서 발견된 고려의 청자운반선이 바다에 가라앉던 순간에는 어떤 상황이 벌어졌던 것일까? 수많은 청자를 배 안 가득 싣고서 전라남도 해남을 출발했던 이 배는 왜 십이동파도 앞바다에서 침몰했을까? 우선 해남을 출발한 청자운반선이 개경으로 가기 위해 어떤 항로를 따라갔는지 파악해보자. 그러려면 전국 각지에서 걷은 세곡稅穀을 싣고 개경으로 향했던 조운선漕運船의 항해 루트를 살펴야 한다. 도자기, 소금, 나무, 기타 다양한 물품을 수도로 운반하는 배들의 항해 루트는 세

지금까지 인양된 고대 선박 가운데 가장 오래된 울루부룬 난파선 유물. 청동 도끼·창촉과 구리 원자재인 케프티(왼쪽). 펼치고 접을 수 있는 나무 글판(오른쪽).

곡 운반선과 다르지 않았다.

청자운반선들도 다른 배들과 마찬가지로 조운로를 이용했고, 실제로 해저에서 고려청자가 발견된 지점은 대부분 조운로와 일치한다. 십이동파도 청자선 역시 조운로를 따라 개경으로 향하고 있었을 것이다. 그러나 서남해안의 연안 뱃길은 만만치 않은 항로다. 수심이 낮고 해안선이 복잡해 뱃길에 익숙한 사람이 아니면 안전하게 운항하기 어렵다. 뿐만 아니라 빠른 해류와 암초 등 위험이 곳곳에 도사리고 있다.

태안반도 서쪽 끝 안흥량安興梁은 서해 연안 항로에서 가장 험한 지역으로 꼽힌다. 유난히 풍랑이 심하고 암초가 많아 고려 시대는 물론 조선 시대에도 수없이 많은 침몰 사고가 일어났다. 수많은 배들이 이곳을 통과하다 난파했기 때문에 여기를 '난행량難行梁'이라 일컬었지만, 무사 통행을 기원하는 뜻에서 근처 지령산에 '파도를 잠재우는 절'이라는 뜻의 안파사安波寺를 짓고 난행량을 안흥량이라 고쳐 불렀다.

세곡을 운반하는 조운선이 반드시 지나야 하는 길목의 사정이 이렇다는 것은 국가 재정에 중대한 위협 요인이 아닐 수 없다. 결국 고려 조정은 이 지역을 안전하게 지나가기 위한 근본적인 대책을 마련했다. 그것은 바로 운하였다. 12세기 중엽 고려 조정은 내시 정습명鄭襲明을 보내 이곳에 운하를 뚫게 했다. 운하 건설을 시도한 지역은 태안반도의 길목에 해당한다. 남쪽 천수만과 북쪽 가로림만 사이에 운하를 뚫어 안전한 길을 확보하려는 계획이었다.

이렇게 곳곳에 위험 지역이 산재해 있는 서해 연안 항로를 따라가던 십이동파도 청자운반선은 군산 앞바다에 들어서 십이동파도 부근에서 침몰하고 말았다. 배가 발견된 지점은 정상적인 항로에서 20킬로미터나 벗어나 있다. 침몰 당일 십이동파도선에는 무슨 일이 있었던 것일까? 십이동파도와 같은 위도에 있는 전라북도 군산에는 풍력발전소가 있을 정

청자선 운송로와 십이동파도선 침몰 지점

— 청자 운송로
● 고려 시대 주요 가마터
× 십이동파도선 침몰 지점

도로 유난히 바람이 많다. 선박 출항이 금지될 정도로 바람이 거센 날이
연중 40일이 넘을 정도다.

군산 앞바다를 지나고 있던 십이동파도선이 이런 풍랑을 만났다면
속수무책이 아니었을까. 선체가 작아 바람이 부는 대로 휩쓸리게 된다.
연안을 따라 항해하다가 갑자기 풍랑이 거세지면, 평저선은 파도에 밀려
항로에서 벗어나기 쉽다. 오늘날 동력선을 타고서도 군산에서 십이동파
도까지는 한 시간이 넘게 걸린다. 그 정도 거리를 밀려났다면 매우 거센
풍랑을 만난 게 분명하다.

더구나 이곳 바다에는 곳곳에 암초가 솟아 있다. 십이동파도선이 발
견된 주변에서 십이동파도선 외에 다른 선체 잔해들도 많이 발견된다.
오래된 선박이 아니라 현대 목선이다. 배가 암초에 부딪혀 생긴 잔해다.
열두 개의 섬이 반달형으로 흩어져 있는 십이동파도 일대는 섬들이 거센
해류를 막아주어 바다가 잔잔한 편이다. 그런데 십이동파도 청자운반선
이 침몰한 지점 주변에는 수없이 많은 암반이 펼쳐져 있다. 수면 위로 보

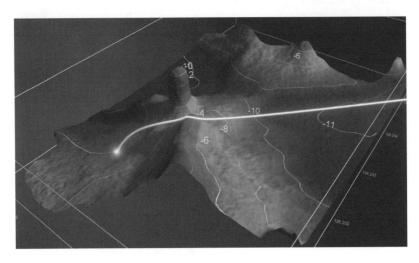

청자운반선의 항해 경로를 추정해본 디지털 해저 지형도. 십이동파도선은 암초를 몇 미터 지난 지점에서 침몰했다. 암초에 부딪혀 파손된 뒤 서서히 침몰하면서 해류의 방향에 따라 좀 더 떠밀려 간 때문이다.

이지 않는 암초도 많은 편이다.

풍랑에 밀려 십이동파도 해역에 들어 온 청자운반선은, 작은 쌍섬과 큰 쌍섬 남쪽에 육안으로 보이는 암초 지대가 있으니 그곳을 피하려 했을 것이다. 그러자면 쌍섬 왼쪽으로 방향을 잡아 등대섬 오른쪽과 윗 쌍여 및 아랫 쌍여 사이를 통과해야 한다. 십이동파도선의 직접적인 침몰 원인이 암초일까? 수중 탐사장비를 동원해 해저 지형을 탐사해보니, 눈에 보이는 암초의 서쪽 바다 밑 전체가 암반 벨트였다.

십이동파도 청자운반선이 침몰한 곳은 진행 방향으로 볼 때 암초가 있는 곳을 몇 미터 지나간 지점이었다. 오늘날의 배들도 암초에 부딪혀 전복되면 대개 배가 바로 그 자리에 가라앉는 것이 아니라 나선형을 그리면서 바다 밑으로 침몰한다. 그렇다면 십이동파도선이 암초에 부딪힌 뒤 발견된 위치까지 밀려갔을 가능성도 충분하다.

풍랑에 밀려 낯선 바다에서 다시 항로를 찾기 위해 애쓰던 배는, 눈

판옥선에 관하여

조선 전기에 군선으로 쓰인 맹선猛船은 본래 조운선으로, 무겁고 느렸다. 이를 보완해 조선 명종 10년에 판옥선板屋船을 만들었다. 판옥선은 맹선과 달리 전투 전용 배로 왜구의 침입에 대비하기 위해 개발했다. 판옥선의 기본 골격은 맹선과 비슷하지만, 크기가 더 크고 배의 네 귀퉁이에 기둥을 세우고 사면을 막은 뒤 그 위를 덮어 갑판을 2층으로 만들었다.

2층 구조의 판옥선에서는 노가 상갑판과 하갑판 사이에 위치해, 노를 젓는 사람이 적군의 공격을 피해 마음 놓고 노를 저을 수 있었다. 판옥 안에는 병사들도 숨어 활과 총포를 쏘았다. 상갑판의 병사도 높고 넓은 자리에서 노 젓는 사람의 방해를 받지 않고 싸우는 이점이 있었다. 선체가 커 노 한 자루에 다섯 명의 노잡이를 배치해도 될 정도였다. 노를 젓는 사람이 늘어나면 배의 속도가 빨라지고 방향 전환도 쉬워진다. 또한 높이 올린 판옥 때문에 배에 접근하여 뛰어오르는 전술을 방비防備하기도 좋았다.

구조가 튼튼한 데다 단단한 소나무로 만들어 대형 화포를 쏴도 반동이 심하지 않아 안정적이었다. 바닥이 평평해 급히 방향을 바꿔도 흔들리지 않았다. 수심이 낮고 섬과 암초가 많으며 해안선이 복잡한 우리 서해와 남해에 적합했다. 배의 길이는 30미터에 달했고, 노 젓는 사람을 포함하여 150~200명이 승선할 수 있었다.

그러나 판옥을 올린 탓에 무게 중심이 높아 바람에 취약했다. 소나무가 단단하지만 무거운 재료인 데다 승선 인원이 많아 무거웠다. 게다가 평저선이기까지 했으니 아무리 여러 사람의 힘으로 노를 저어도 기동력이 떨어지는 편이었다. 육지에서 가까운 수심이 얕은 바다에서는 유리하지만, 먼 바다

에서는 불리했다. 그러나 조선 수군은 연안에서 적선을 맞아 싸우는 방어적 전술을 주로 구사했기 때문에, 판옥선의 단점이 실제 전투에서 크게 불리한 요소로 작용하지는 않았다.

우리는 이순신 장군하면 거북선을 떠올리지만 당시 조선 수군의 주력은 판옥선이었다. 대형 총통을 발사하거나 적선과 충돌하여 부숴버리는 데 더 없이 적합한 전선이 바로 판옥선이었다. 왜군은 검과 창을 가지고 적선에 올라 일대일 백병전을 벌이는 전술을 구사했는데, 비교적 먼 거리에서 화포로 공격하고 빠지는 조선 수군의 전술을 당해내기 힘들었다. 이순신 장군과 조선 수군이 구사한 이 전술은 근대 해군의 원거리 포격전의 효시라 할 수 있다.

서울 광화문에 서 있는 이순신 장군 동상 밑에는 거북선 청동 축소 모형이 자리 잡고 있다. 돌격선인 거북선의 역할도 결코 무시할 수 없지만, 조선 수군의 주 전력이었던 판옥선도 축소 모형으로 제작되어 거북선 모형 옆에 자리했다면 더욱 좋지 않을까.

에 보이는 암초를 피해 방향을 잡았다. 그런데 이곳엔 수면 위로 보이지 않는 암반 지대가 넓게 분포해 있었고, 여기 부딪친 배는 침몰하고 말았다. 900년 전 풍랑이 거셌던 어느 날, 수천 점의 청자를 싣고 해남을 떠났던 고려의 배는 목적지 개경에 도착하지 못하고 가라앉았다.

바다 밑에 잠긴 꿈

고려의 대표적인 문화유산으로 꼽히는 청자가 흔히 알려진 것보다 훨씬 더 다양하게 존재하고 있었다는 사실, 비색의 고급 청자만이 아니라 보다 많은 사람이 널리 사용하는 생활 청자가 존재했다는 사실. 청자가 어떤 경로로 운반됐으며, 청자를 실어 나르던 고려의 배는 어떤 모습이었고, 청자를 선적하는 방식은 어땠는지.

난파당한 지 900년 만에 우리 앞에 되돌아온 십이동파도 청자운반선은 어떤 문헌에서도 확인하기 힘든 많은 사실을 증언해준다. 그러나 십이동파도선은 학문적 질문에서 더 나아가 우리의 상상력을 다양하게 자극한다.

십이동파도선에는 어떤 사람들이 승선했을까? 배를 부리는 선원만 탔을까? 해남의 가마에서 일하는 도공도 한 사람 타지 않았을까? 일종의 물품 관리인 구실을 하는 하급 관리가 타지는 않았을까? 예성강 포구에서 십이동파도선이 도착하기를 기다리던 사람은 누구였을까? 무사히 예성강 포구에 도착했다면 청자는 어디로 어떻게 운반됐을까? 그리고 어떻게 누구에게 유통됐을까?

그날 그 험한 바다에서 배가 침몰할 때 선원들은 어떻게 됐을까? 천신만고 끝에 가까운 섬에 도착하여 다른 배에 구출되었을까? 아니면 배와 함께 모두 바다에 가라앉아 불귀의 객이 되어 버리고 말았을까? 통상적인 항로에서 멀리 벗어나 있는 지점인데다 요즘처럼 발달된 구명 장비를 갖추고 있지도 않았을 터이니, 아마도 그들은 가라앉은 배와 운명을 같이 했으리라. 그 배에 탔던 고려인 한 사람 한 사람의 꿈과 사연까지 함께 바다 밑에 잠들어버렸다.

06 김부식의 《삼국사기》는 사대주의 역사서인가?

《삼국사기》는 사대주의 신봉자가 쓴 왜곡된 역사서인가?
조선 시대부터 오늘날까지 계속된 《삼국사기》 비판의 진실은?
황제의 기록인 '본기'로 삼국을 조망한 김부식과
우리 민족 최초의 정사正史인 《삼국사기》.
오랜 오해를 벗고 올바른 위상을 되찾는다.

김부식과 《삼국사기》의 진실은 무엇인가

민족의 흥망성쇠는 매양 그 사상의 방향에 달린 것이며 사상 방향이
혹 좌로도, 혹 우로도 향함은 매양 어떤 사건의 영향을 입는 것이다.
그러면 조선 근세에 종교나 학술이나 정치나 풍속이 사대주의의 노예
가 됨은 무슨 사건에 기인하는가? (…) 왜 공자를 높이며 이단을 배척
하라 하는가? (…) 어찌하여 비록 두통이 날지라도 갓과 망건을 벗지
아니하며 티눈이 있을지라도 버선을 신는 것이 예의였던가?

(…) 세상이 온통 잔약殘弱·쇠퇴·부자유의 길로 들어서게 된 것은
무엇 때문인가, 왕건의 창업 때문인가, 위화도의 회군 때문인가, 임진
왜란인가, 병자호란인가, 사색당파인가, 양반과 평민의 계급 때문인
가? (…) 무슨 사건이 앞에서 말한 종교·학술·정치·풍속 각 방면에
노예성을 낳았는가? 나는 한마디로 대답하기를 고려 인종 13년 묘청妙
淸이 김부식에게 패함이 그 원인이라고 한다.

(…) 묘청의 서경 천도 운동을 역대 사가史家들이 다만 왕의 군대와 반란의 무리를 친 전쟁으로 알았을 뿐이었으나 이는 근시안적 관찰이다. 그 실상은 곧 낭불 양가(郎佛兩家, 한민족 고유의 사상인 낭가郎家 사상과 불교 사상을 이르는 말)대 유가儒家의 싸움이며, 국풍파國風派 대 한학파漢學派의 싸움이며, 독립당獨立黨 대 사대당事大黨의 싸움이며, 진취 사상 대

김부식은 신라 왕실의 후예로, 고려 인종 때의 문신이자 학자다. 묘청의 난을 진압하고 《삼국사기》를 편찬하는 데 있어 체재를 만들고 사론을 썼다.

보수 사상의 싸움이니, 묘청은 곧 전자의 대표요 김부식은 곧 후자의 대표였던 것이다.

이 전쟁에서 묘청 등이 패하고 김부식이 승리하였으므로 조선사朝鮮史가 사대적 · 보수적 · 속박적 사상, 즉 유교 사상에 정복되고 말았거니와 만일 이와 반대로 김부식이 패하고 묘청 등이 이겼더라면 조선사가 독립적 · 진취적 방면으로 진전하였을 것이니 이 전쟁을 어찌 일천년래一千年來 제일대사건第一大事件이라 하지 아니하랴.

이상은 단재 신채호가 1925년 〈동아일보〉에 게재한 '조선 역사상 일천년래 제일대사건'이라는 글의 일부다. 일제강점기 독립 운동가이자 민족주의 사학자였던 단재 신채호는 민족정신의 회복과 확립이라는 시대적 과제에 더없이 투철하고자 했다. 그는 묘청이 김부식(金富軾,

일제강점기의 독립운동가·역사학자인 신채호. 고조선사와 묘청의 난 등에 대한 새로운 해석을 내놓았으며 민족사관과 근대사학의 기초를 세웠다. 〈조선일보〉에 연재하던 '조선사'를 묶어 《조선상고사》를 펴냈다.

1075~1151)에게 패함으로써 이 땅에 사대주의가 자리 잡았다고 보았다. 김부식은 누구인가? 그는 《삼국사기三國史記》의 편찬자다. 김부식에 대한 비판은 《삼국사기》에 대한 비판으로 이어진다. 김부식이 사대주의 사서인 《삼국사기》를 남겨 민족의 주체적이고 자주적인 역사는 말살해버렸다는 주장이다.

　이러한 주장은 오늘날에도 맹위를 떨치고 있다. 김부식이 사료를 조작했다는 주장도 심심치 않게 제기되거니와, 인터넷에는 심지어 김부식을 민족 반역자로 규정하는 글까지 있다. 《삼국사기》는 사대주의자가 왜곡하여 기록한 역사서일까? 김부식과 《삼국사기》를 겨냥한 갖가지 비판의 근거는 정당한가? 우리는 김부식과 《삼국사기》를 어떻게 바라보아야 할 것인가?

김부식은 왜 《삼국사기》를 썼나?

《삼국사기》의 마지막 판각 작업은 1512년(조선 중종 5) 경주부에서 이루어졌다. 전체 50권

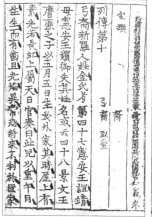
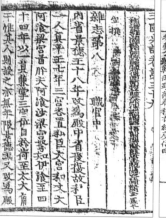
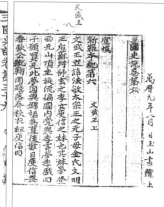

김부식 등이 고려 인종의 명을 받아 1145년에 편찬한 삼국시대의 정사. 현존하는 가장 오래된 책은 성암본(보물 722호, 13세기 말 간행, 성암고서박물관 소장, 왼쪽)이나 1책만이 전한다. 완질본은 조선 중종 때 경주부에서 판각한 것으로 이병익 개인 소장의 보물 723호(1512년 간행, 가운데)와 옥산서원 소장의 보물 525호(1573년 간행, 오른쪽)가 있다.

분량의 책을 만들기 위해서는 1000장 가량의 목판이 필요하다. 경주부사 이계복李繼福은 《삼국사기》를 점점 구하기 어려워지자 행여 《삼국사기》가 완전히 사라져 버리지 않을까 염려하여, 새로 인쇄해 펴내기로 하고 여러 고을에 나누어 판을 새기도록 했다. 지금 전해지는 《삼국사기》는 대부분 이때 새긴 목판으로 인쇄한 것이다. 그래서 같은 책 속에 여러 가지 글자꼴이 나타난다. 이때 목판으로 찍어낸 《삼국사기》 덕분에 조선의 유생들은 우리 역사를 잊지 않을 수 있었다.

보물 525호 옥산서원 소장 《삼국사기》는 현재 전해지는 완질본完帙本 두 별 중 하나이브로 매우 귀중한 유물이다. 이 옥산서원 《삼국사기》는 현재 보존 처리 중이다. 책은 보존 처리를 위해 모두 해체되어 한 장 한 장 펼쳐졌다. 500년 전 책으로 태어난 후 처음 해체된 것이다. 500년 동안 서원의 유생이 읽고 또 읽었을 《삼국사기》는 곳곳이 닳아 없어지고

옥산서원 소장의 《삼국사기》가 한창 보존 작업 중이다(왼쪽). 책을 해체하여 종이의 오염을 제거하고 약해지고 찢어진 부분은 한지의 결까지 살려 새 종이를 붙이는 세심한 작업이다. 보존 처리를 위해 낱장으로 풀어놓은 《삼국사기》의 모습(오른쪽).

찢어졌다. 풀어헤쳐진 《삼국사기》는 세월이 흐르면서 오염된 부분을 깨끗하게 처리하고 한지의 올 하나하나를 살려 붙이는 세심한 복원 처리를 거치게 된다. 사료가 적은 삼국 시대를 알려주는 최초의 관찬사서官撰史書로 매우 소중히 다루어지고 있는 《삼국사기》. 이 책은 고려 시대에도 매우 가치 있는 책이었다.

《삼국사기》에는 김부식을 포함하여 모두 열한 명의 편찬 관련자 이름이 기록돼 있다. 최산보崔山甫, 이온문李溫文, 허홍재許洪材, 서안정徐安貞, 박동계朴東桂, 이황중李黃中, 최우보崔祐甫, 김영온金永溫, 김충효金忠孝, 정습명鄭襲明 등이다. 이 가운데 글자 교정을 담당했던 최우보의 묘지명墓誌銘을 국립중앙박물관에서 만날 수 있다. 이 묘지명은 편찬 관련자들이 《삼국사기》 저술에 대해 어떤 태도를 가지고 있었는지 잘 말해준다. 묘지명에는 "김부식이 명을 받아 《삼국사기》를 저술했고 나(최우보)는 교정을 보면서 여러 가지 문제를 찾아 바로잡는 공을 세웠다"고 기록돼 있다. 최우보는 편찬 작업에 참가한 일을 그의 일생에서 매우 자랑스러웠던 기억으로 무덤 속까지 가져갔던 것이다.

묘지명의 기록은 또 하나의 사실을 알려준다. 《삼국사기》 편찬은 김부식의 개인적인 관심으로 시작된 일이 아니었다. 당시 고려는 앞 왕조의 역사를 정리해 둘 필요가 있었고, 인종과 김부식은 그 시대적 요청을 따랐다. 또한 인종을 전후한 12세기, 고려의 무르익은 문화적 감각이 아니었다면 《삼국사기》는 편찬될 수 없었다. 《삼국사기》는 그 사회의 요청과 문화적 수준을 반영한 시대적 산물이다. 김부식은 총괄 서문에 해당하는 '《삼국사기》 올리는 글進三國史記表'에 인종의 명령을 기록했다. 이 명령은 김부식 자신의 뜻이기도 했다.

> 지금 학사대부學士大夫들은 모두 오경五經과 제자諸子의 책과 진한秦漢 역대의 역사서에는 혹 널리 통하여 상세히 말하는 사람이 있으나, 도리어 우리나라의 사실史實에 대해서는 망연茫然하여 그 처음과 시작을 잘 알지 못하니 심히 통탄할 일이다. 신라, 고구려, 백제가 나라를 세우고 서로 정립하여 능히 예의로서 중국과 교통한 까닭에 중국 역사서에 모두 열전이 있으나, 중국의 일은 상세히, 외국의 일은 간략하게 써놓았으니 우리에 관하여는 자세히 실리지 않은 경우가 많다.
>
> 또한 우리 《고기古記》에는 문자가 거칠고 잘못되거나 사적史蹟이 빠져 없어진 데가 많기 때문에, 군후君侯의 선악이나 신하의 충사忠邪나 국가의 안위나 인민의 사정 등을 잘 밝혀 후대에 교훈으로 삼기 힘들다. 이에 마땅히 나라의 역사를 기록하고 이를 만세에 남겨 교훈으로 삼으려 한다.

이처럼 《삼국사기》는 저술 의도에서부터 사대주의와는 상관이 없었다. 오히려 인종과 김부식은 우리 역사에 대한 관심을 고조시키려는 자주적인 목적에서 《삼국사기》를 편찬했다. 물론 《삼국사기》가 사대주의에 물든 역사서라는 비난에 전혀 근거가 없는 것만은 아니다. 당나라에 멸망당한 백제에 대해 김부식은 이렇게 말한다. "큰 나라에 죄를 얻었으니 망하는 게 당연하다." 또한 신라가 독자 연호를 사용한 일을 비난하기도 했다. 그러나 《삼국사기》에는 결코 사대적 내용만 있는 게 아니다.

《삼국사기》 비판의 허실

당나라 황제 태종이 죽은 데 대해 김부식은 이렇게 말한다. "동방을 폐허로 만들어 즐기려다, 죽어서야 그만두었다." 김부식은 중국 역사에서 불세출의 명군名君으로 칭송받는 당 태종을 전쟁을 즐기다 죽어서야 그만둔 침략 군주로 비난하는 것이다. 이처럼 사대적이라는 생각이 들다가도 어떤 구절을 보면 객관적이고 자주적이기까지 하다. 그렇다면 《삼국사기》는 어떤 사서일까? 《삼국사기》에 대한 다양한 비판을 살펴보자.

조선 시대, 《삼국사기》는 전혀 다른 방향의 비난을 받는다. 김부식이 사대적인 입장에서 역사를 서술하지 않아 불경하다는 비판이 제기된 것. 《삼국사기》는 조선 시대 성리학자에게는 비현실적으로 보이는 생각까지도 포함하고 있어서 그리고 조선 당대보다 덜 모화慕華적이고 덜 사대적이라는 이유로 비난받았다.

조선 시대에도 고려의 《삼국사기》처럼 국가에서 편찬한 관찬 사서에 해당하는 《동국통감東國通鑑》이 있다. 《동국통감》은 삼국의 역사를 다시 쓰면서 김부식의 《삼국사기》를 '국사國史'라 높이 칭하지만, 그 내용에는 여러 문제가 있다고 지적한다. 조선 초기의 대표적인 유학자 권근權近도 《동국사략東國史略》에서 "《삼국사기》는 장황해서 읽으면 잠이 생각나고 허황된 거짓이 섞여 있으며 불경하다"고 혹평하면서, 유교적 사고방식이 철저하지 못함을 지적한다. 조선 후기 실학자 안정복安鼎福은 《삼국사기》가 자료를 폭넓게 택하여 참고하지 않았을 뿐 아니라 기록도 부정

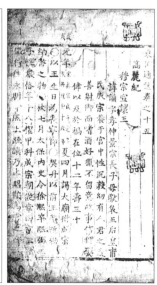

《동국사략》(왼쪽)은 조선 초 전 시대의 역사를 정리하고 통치 이념을 정립하는 과정에서 나온 관찬 사서로서, 1402년(태종 2)에 왕명을 받아 권근, 하륜 등이 편찬에 참여했다.

《동국통감》(오른쪽)은 서거정徐居正 등이 편찬한 단군조선에서 고려 시대까지의 역사서다. 조선 세조 때 시작하여 성종 때 완성했다. 《삼국사기》 이후의 사서를 수집해 만들었으며 그 사론을 계승하였다.

확하다고 비판했다.

그리고 일제강점기가 되면 민족의 주권이 외세에 유린당하는 현실에서 단재 신채호를 비롯한 많은 민족주의 역사학자들이, 《삼국사기》가 갖고 있는 중국 중심적 세계관에 이의를 제기했다. 현대의 역사학자들도 지나치게 신라 중심으로 편찬되었고 발해를 간과했으며, 역사관이 유교 정치 이념에 매몰돼 있고, 농민이나 피지배층에 대한 서술이 미비하다는 등 다양한 비판을 내놓았다. 이렇듯 《삼국사기》에 대한 비판은 시대마다 그 방향과 논조가 달라진다. 비판하는 사람이 처해 있는 상황과 사관과 시대 배경에 따라 비판끼리도 상충하는 형편이 되어버렸다.

사실 《삼국사기》에 대한 가장 심각한 비판은 《삼국사기》의 내용 자체에 대한 불신이다. 쓰다 소기치津田左右吉 같은 일제 식민사학자들은 《삼국사기》의 초기 기록을 전혀 믿을 수 없다고 주장했다. 이들은 주로 《일본서기日本書紀》의 기록을 근거로 《삼국사기》를 비판했다. 이를테면 백제의 경우 근초고왕 때가 되어야 비로소 《삼국사기》의 기록을 신뢰할 수

쓰다 소키치(왼쪽)는 일본 제국주의 시대의 역사학자로 와세다대 교수를 지냈다. 그의 《삼국사기》 초기 사료 불신론은 식민사학의 시발점이 되었다.
쓰에마쓰 야스카즈는 임나일본부설에 근거를 두고 신라 왕명과 연대가 조작된 것이라고 주장했다. 사진은 그의 저서인 《신라사의 문제들》(오른쪽).

있다고 주장했고, 쓰에마쓰 야스카즈末松保和 같은 이는 신라 초기의 왕명마저 조작된 것이며 초기의 연대는 믿을 수 없다고 주장했다.

불행하게도 이런 주장은 우리 역사학계에도 많은 영향을 미쳤다. 일본 역사학자들에게 영향을 받은 우리 원로 사학자들은 《삼국사기》의 초기 기록을 거의 불신했다. 그러나 《삼국사기》 초기 기록을 불신하고서는 우리 고대사를 설정할 길이 없다. 비록 고려 인종 때인 1145년에 완성됐지만 김부식은 고대 사료들을 근거로 하여 저술했다. 지금은 전하지 않는 고대의 기록을 대신해 고구려, 백제, 신라가 수도 중심의 소규모 국가에서 정복 사업을 벌여 왕권과 고대 국가 체제를 확립하고 성장해가는 과정을 확인시켜주는 소중한 문헌인 것이다.

그렇다면 다시 《삼국사기》가 사대주의 역사서라는 비판으로 돌아와 보자. 사대주의를 국어사전은 이렇게 정의한다. "주체성 없이 세력이 큰 나라나 세력권에 붙어 그 존립을 유지하려는 주의." 만일 김부식이 사대주의자라면, 그가 사대하고자 했던 큰 나라나 세력권은 어디인가?

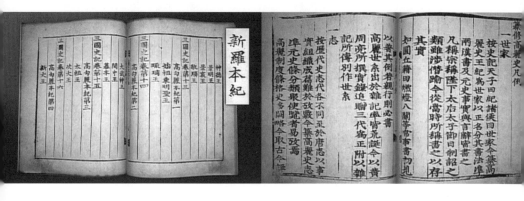

《삼국사기》는 고구려·백제·신라의 역사를 '본기'로 기록했다(왼쪽). 기전체의 사서 형식에서 본기는 황제의 역사, 세가는 제후의 역사를 뜻한다. 조선 시대의 《고려사》(오른쪽)가 고려 역사를 '세가'로 기록한 것과 비교할 때 《삼국사기》의 역사 인식은 매우 자주적이었다.

김부식은 《삼국사기》를 편찬하면서 중국 측 자료를 많이 이용했지만, 고구려와 수나라, 당나라의 싸움에서 고구려가 승리한 것을 기쁜 마음으로 기술한다. 더구나 〈고구려본기〉에서 '우리 군사', '우리 사신' 등의 표현을 쓴다. 고구려와 중국의 전쟁을 기술하는 대목에서는 사대성을 찾기 힘들다. 중국을 사대의 대상이 아니라 적으로 여기고 기술하는 게 오히려 명백하다.

《삼국사기》는 구성에서부터 자국중심적 시각을 노골적으로 드러내고 있다. 신라본기, 고구려본기, 백제본기란 제목이 바로 그 예다. 사마천의 《사기》로 대표되는 기전체 사서에서 본기本紀는 황제의 기록, 세가世家는 제후의 기록이며, 중국 주변 민족에 관한 기록은 전傳이다. 김부식이 신라, 고구려, 백제의 역대 왕의 사적을 황제의 역사인 본기로 기록했다는 사실은, 그의 자주적 역사 인식을 잘 보여준다.

조선 시대 편찬된 《고려사》는 어떨까? 본기는 없고 세가만 있다. 《고려사》 범례는 "본기는 천자의 역사이므로 《고려사》는 제후의 역사인 세가로 구성한다"고 밝히고 있다. 《삼국사기》와 매우 다른 태도다. 《동국

"매년 반드시 중국의 연호를 먼저 적어 존중한다. 신라가 자주 연호를 사용해 중국을 감히 흉내냈으므로 삭제한다." 《동국통감》 '범례'에 나오는 대목이다.

통감)은 《고려사》보다 더 심한 사대적 태도를 보인다. 매년 반드시 중국 연호를 먼저 적어 중국에 대한 존중심을 표현했다. 더구나 신라의 독자 연호는 표시하지 않았다.

그런데 김부식은 비록 신라의 독자 연호 사용을 비난했으나 정작 그 연호를 모두 기록해놓았다. 삼국의 기사記事에 중국 연호를 먼저 표시하는 일도 없었다. 그는 〈고구려본기〉의 사론에서 고구려가 작은 나라로서 중국과 싸워 자신을 지켜낸 사실을 매우 높게 평가한다. 뿐만 아니라 중국 사서가 자국의 불리함을 숨겼다고 비판한다. 사대주의자에게서는 나오기 힘든 주장이다.

이미 보았듯이 신채호는 묘청이 김부식에게 패함으로써 우리 역사가 사대주의로 흐르게 되었다고 말했다. 김부식이 사대주의자라면 도대체 그 사대의 대상은 어느 나라란 말인가? 고려보다 문화 수준이 떨어지는 여진족이 세운 금나라였을까? 그게 아니라면 문화 수준이 높은 송나라일까? 송나라는 여진족에게 밀린 나머지 고려에 사신을 보내 도움을 요청하는 형편이었다. 그러나 고려는 송나라의 요청을 거절했다. 고려는 현실적으로 송나라를 사대의 대상으로 삼을 하등의 이유가 없었다.

혼란한 국제 정세를 읽으니

인종 4년(1126) 나 김부식은 북송으로 떠났다. 두 번째 사신 길이었다. 목적은 흠종欽宗 황제의 즉위를 축하하는 것이었다. 나는 이미 송나라에 잘 알려져 있었다. 2년 전 송나라에서 편찬된 서긍徐兢의 《고려도경》에 나를 그린 인물화와 함께 나에 관한 비교적 자세한 소개 글이 실렸기 때문이다(《HD역사스페셜 3》 7장 참조).

> 김부식은 장대한 체구에 얼굴은 검고 눈이 튀어나왔다. 여러 학문에 두루 통달하고 기억력도 탁월하여 글을 잘 짓고 역사를 잘 알아 학사學士들에게 신망을 얻는 데 그보다 앞선 사람이 없었다. 그의 아우 김부철 또한 시詩를 잘한다는 명성이 있다. 일찍이 그들 형제의 이름 지은 뜻을 넌지시 물어 보았는데, 소식蘇軾과 소철蘇轍을 사모하였기 때문이라 한다.
> ─《고려도경》〈인물편〉

그러나 송나라 조정은 나를 막았다. 황성인 개봉에는 들어가지도 못하고 여덟 달을 기다리다 귀국하고 말았다. 문인 관료를 중용하고 문화와 경제를 바탕으로 번성하던 송나라는 거란의 요나라와 여진족이 세운 금나라의 위협을 받고 있었다. 그래서 고려와 연합해 이들에 대응하려고 노력했다. 이러한 사정으로 송나라는 고려 사신이 도착하면 환대했다. 소동파가 고려 사신에 대한 과도한 접대를 비판하는 글을 남길 정도였다. 그렇다면 왜 나의 입경을 막았는가?!

내가 송나라의 정보를 금나라에 유출시킬 가능성을 우려했기 때문이다. 이때 북송은 금나라에 압도당해 거의 멸망 직전이었고, 주변 나라들은 북송과 정상적인 외교 활동을 하기 힘든 지경이었다. 송나라의 상황

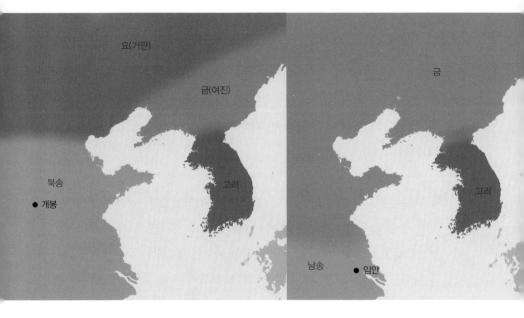

12세기 중국은 매우 혼란한 상황이었다. 송나라는 금나라의 확장에 밀려 거의 멸망 직전이었다. 개봉에 수도를 둔 북송은 휘종과 흠종의 실정 끝에 금나라에 멸망당했다. 송나라는 남쪽으로 쫓겨와 임안에 수도를 정했는데 이를 남송이라 한다.

은 나를 금나라의 세작(細作, 간첩)으로 의심할 만큼 급박했던 것이다.

관리의 부패와 황제의 무능으로 국력은 기울고 사직이 금나라의 공격에 무너져가고 있었건만, 송나라 휘종徽宗은 서화와 시문과 도교에 심취해 있었다. 퇴위 후 스스로 도군태상황제道君太上皇帝라 칭할 정도였다. 도군은 옥황상제와 함께 도교의 최고신이다. 각지에서 반란이 일어나고 민심은 어지러워졌다. 금나라가 급속하게 팽창하고 있었지만 이를 막아내기 위한 군사적인 노력 대신 신神의 힘으로 외적을 물리치기를 바랐다.

내가 도착했던 흠종 원년에 금나라가 송을 침공했다. 휘종은 아들 흠종에게 제위를 넘겨주고 남쪽으로 피했고, 흠종도 별다른 대책을 세우지 못하고 개봉을 포위한 금나라를 돈으로 회유할 생각만 했다. 뿐만 아니라 병부상서 손부孫傅는 도성의 방어를 도교 도사에게 맡기자는 제안까지 했다. 이 때 곽경郭京이라는 도사가 자신이 도술을 부려 육갑신병六甲神兵을 부르기만 하면 쉽게 금나라 군대를 물리칠 수 있다 주장했다. 흠종은 기뻐하며 그를 불러들였다.

도사 곽경은 출생일시가 육갑에 맞는 7777명의 백성을 선발하여 육갑신병을 구성한 뒤 성문을 활짝 열고 출병했지만 이길 리만무했다. 결국 금나라 군대가 성문으로 진입하여 별다른 저항도 받지 않고 도성을 점령해버렸다. 흠종과 휘종을 비롯한 수천 명의 황족과 대신들이 포로로 잡혀 금나라로 끌려갔고 북송은 멸망하고 말았다. 금나라 태종은 흠종에게는 중혼후重昏侯, 그 아버지 휘종에게는 혼덕공昏德公이라는 칭호를 내려주었으니 모두 정신이 혼미한 사람, 제 정신이 아닌 사람이라는 모욕적인 칭호였다.

송 휘종 조길(趙佶, 위). 서화와 시문 그리고 도교에 심취하여 나라를 돌보지 않았다. 송 흠종 조환(趙桓,아래). 휘종의 아들로 역시 도교 신비주의에 빠져 도사 곽경에게 도성의 경비를 맡기기까지 했다. 북송을 멸망시킨 금 태종은 휘종에게는 혼덕공, 흠종에게는 중혼후라는 칭호를 내렸는데 모두 제 정신이 아닌 사람이라는 모욕이었다.

북송이 망하고 두 명의 황제가 모두 금나라로 끌려가자 나는 아무런 소득 없이 고려로 돌아올 수밖에 없었다. 나는 북송이라는 문화 국가가 이렇게 허망하게 멸망해가는 과정을 지켜보았다. 바뀐 국제 정세 속에서 고려가 취해야 할 방향은 무엇인가? 그것은 현실주의 노선이었다.

사대주의가 아니라 현실주의

내가 송나라에서 돌아올 무렵, 고려 조정에는 송나라를 도와 금나라를 정벌하자 주장하는 이들이 있었다. 바로 묘청과 정지상鄭知常 등 금국정 벌론자들이었다. 그들은 풍수지리와 음양오행설로 임금의 마음을 움직여 금나라 정벌과 서경 천도, 칭제건원(稱帝建元, 황제의 자리에 오르고 독자 연호를 사용하는 일) 등을 주장하고 나섰다. 송나라의 멸망을 목격하고 돌아온 나는 그들의 주장에 동조할 수 없었다. 국제 정세를 무시하면서 신흥 강국 금나라와 전쟁을 벌이자는 것은 나라를 멸망에 이르게 할지도 모르는 위험한 주장이라고 판단했다.

내가 귀국하기 직전 고려 조정에서 정지상과 김안金安 등이 임금에게 아뢰기를 "때를 놓쳐서는 안 됩니다. 출병하여 송나라 군을 응접해 큰 공을 이루고 주상의 공덕이 중국 역사에 길이 남도록 하소서"라 했다. 이야말로 임금의 판단력을 흐리게 하는 불충이 아니고 또 무엇이겠는가. 정말로 우리 고려가 금나라를 공격했다면 송나라와 같은 운명을 맞이했을 것이다.

당시 고려는 한 해 전에 일어난 이자겸의 난으로 개경 궁궐이 모두 불탄 혼란한 상황이었다. 나라가 뒤숭숭한 상황에서 묘청 일파는 서경으로 천도하기를 주장했다. 서경(西京, 오늘날의 평양)에 왕의 기운이 있으니 서경으로 천도하면 자손대대로 복을 누리게 된다고 주장하며 왕의 측근과 대신들을 설득하려 했다. 1128년에는 서경의 임원역林原驛에 풍수지리에서 말하는 '대화세大花勢'가 있어 명당 중의 명당이니 그곳에 대화궁大花宮을 세우면 천하를 아우를 수 있고, 금나라가 예물을 바치며 항복해 오고, 서른여섯 개 나라가 고려에 조공하여 신하가 될 거라고 주장했다.

마침내 서경에 궁궐을 짓게 되자 묘청은 궁궐터에서 군사들에게 횃불과 촛불을 들게 하고 흰 삼베 끈을 잡아당기며 태일옥장보법太一玉帳步

현실과 이념의 미묘한 줄다리기, 조공과 책봉

진나라와 한나라 이후 중국 역대 왕조는 황제 국가의 이념을 실현하고자 했다. 황제·국가의 이념이란 무엇인가? 간단히 말해서 황제가 전 세계를 지배한다는 것이다. 하늘 아래 최고 지배자는 황제 단 한 사람이어야 하고, 온 세상 사람이 황제의 지배를 받는 것이다. 그러나 이념은 이념이고, 현실은 현실이다. 중국의 황제가 지배하지 못하는 곳이 얼마나 많은가? 고구려, 백제, 신라, 왜倭가 모두 그러했고, 북방 유목민도 그러했다.

실제로 구현하기 힘든 황제 국가의 이념을 명분상으로나마 충족시켜주는 것이 바로 책봉 즉, 중국 황제가 주변 국가의 왕에게 벼슬을 내리는 것이다. 이를테면 고구려 고국원왕은 전연前燕 황제에게 '영주제군사營州諸軍事 정동대장군征東大將軍 영주자사營州刺史'로 임명됐고, 장수왕은 북위北魏 황제에게 '도독요해제군사都督遼海諸軍事 정동장군征東將軍 영호동이중랑장領護東夷中郎將 요동군개국공遼東郡開國公 고구려왕高句麗王'으로 임명되었다.

이를 두고 오늘날 중국의 학자들은 고구려가 중국의 지방 정권이라는 주장까지 서슴지 않지만, 책봉 관계가 어디까지나 국가 간 교섭과 외교 관계에 불과하다는 사실을 애써 눈감은 억지 주장에 불과하다. 중국 왕조와 주변 국가들은 책봉 관계를 통해 중국 중심의 동아시아 국제 질서, 바꿔 말하면 황제 국가의 이념을 명분상으로 충족시켜주는 질서를 대체로 유지했다. 수나라와 당나라가 고구려를 침공한 것은 중국 중심적 동아시아 질서를 유지하는 데 고구려가 큰 방해 요인이라고 판단했기 때문이다.

여기에서 우리는 자주와 사대의 문제를 생각해볼 수 있다. 사대에 비해 자주가 훨씬 더 폼도 나고 좋아 보인다. 사대주의자라는 말은 오명汚名으로 들린다. 그러나 사대주의를 바꿔 말하면 현실주의. 중국 중심적 동아시아 질서라는 현실과 황제 국가라는 이념을 융통성 있게 변주해가며 생존과 실리를 챙기는 것, 이것이 바로 책봉 관계다. 자주와 사대는 옳고 그름의 문제이기보다는 생존과 번영의 차원에서 냉철하게 판단해야 할 '지극히 현실적인' 문제다.

묘청이 태일옥장보법을 행하는 모습을 재현한 그림이다. 묘청은 대화궁 터잡기 공사에 앞서 우리나라 자생 풍수의 시조인 도선道詵의 맥을 자신이 이었다며 도참비술을 행했다고 한다.

法이라는 도참비술圖讖秘術을 행했다. 정지상은 묘청이 성인聖人이기 때문에 그에게 국정의 모든 것을 물어 결정하자 주장했으니, 개경의 많은 대신이 정지상과 묘청 일파에 반감을 갖기 시작했다.

임금이 서경으로 행차하는 도중 비바람으로 사람이 놀라 다치고 말이 죽는 일이 생겼지만 묘청은 뻔뻔스럽게도 이렇게 말했다.

> 내가 일찍이 오늘 비바람이 있을 줄 알고 우사雨師와 풍백風伯에게 왕의 행차가 있으니 비바람을 내리지 말라고 해 그렇게 하기로 허락한 바 있었다. 그런데 오늘 이들이 이렇듯 식언食言하니 매우 가증스럽도다.

묘청 일파가 길지吉地라고 주장한 곳에 지은 대화궁이 30여 차례나 벼락을 맞자 대신들의 반발은 더욱 심해졌다. 묘청 일파는 서경 천도가 여의치 않자 기름을 넣은 떡을 대동강에 던지고 떡 속의 기름이 조금씩 대동강에 흘러나오도록 하고, 이를 용이 침을 토해놓은 상스러운 징조라 주장하는 조작극을 벌이기까지 했다. 그러나 이를 의심한 대신들이 강바닥을 조사해 조작임을 밝혀내고 말았다. 이렇게 서경 천도론이 힘을 잃어가자 급기야 묘청은 1135년 서경에서 반란을 일으켰다.

묘청의 반란군은 서북 지방 여러 고을의 군대를 평양에 집결시키고 국호를 대위국大爲國, 연호를 천개天開라 선포하고 그 군대를 천견충의군天遣忠義軍이라 칭하며 개경으로 진격할 뜻을 밝혔다. 묘청은 임금에게 서경으로 와서 황제로 등극하기를 청했지만, 임금은 나를 평서원수平西元帥로 임명하여 묘청의 난을 진압하게 했다. 나는 출정에 앞서 개경에 남아 있던 묘청 일파인 정지상, 김안, 백수한白壽翰 등을 궁 밖으로 불러내 참수하고 임금에게는 사후에 재가를 얻었다.

묘청 일파 가운데 승산이 없음을 간파한 자들이 묘청의 목을 베어 항복의 뜻을 표시하고 죄를 용서해줄 것을 청했지만, 조정에서는 그들의 죄를 엄히 물으려 했고, 이에 반란이 다시 시작되어 1년간 계속됐다. 그러나 1136년 관군의 총공격으로 반란군 지도부가 전사하고 반란은 막을 내렸다.

어떤 이는 말한다. 황제 국가를 선포하고 독자적인 연호를 사용해야한다는 칭제건원론과 중국의 지배자가 된 금나라를 정벌하자는 금국정벌론이 자주적이라고. 나는 그런 사람에게 이렇게 말하고 싶다. 건원하여 황제로 칭호하자는 주장은 금나라를 분노하게 하여 장차 고려를 전란에 휩싸이게 만드는 처사이며, 그 틈을 타서 자기 붕당이 아닌 사람을 처치하고 방자히 반역을 하려는 의도일 뿐이다!

칭제건원은 국가를 위한 것이 아니라 파당의 이익을 위한 것이다. 묘청은 국가의 통합을 저해하는 분열주의자에 불과하다. 북송의 지배층이 금나라를 가벼이 여기고 도교 신비주의에 빠져 결국 패망의 길을 걸은 역사를 보라. 묘청 일파가 계속 득세한다면 바로 우리 고려의 운명이 그리 되지 않겠는가.

나는 어떤 일이 있어도 임금과 국가를 지켜야 한다고 굳게 결심했다. 그래서 《삼국사기》 열전에 나오는 예순아홉 명 가운데 스물두 명이 국가를 위해 목숨을 바친 인물이다. 임금과 국가를 위해 목숨 바쳐 충성한 이들은 길이 칭송받아 마땅하다.

혹 내 이런 생각을 그대가 민족주의를 내세우며 비난할지 모르겠다. 그러나 나는 민족이라는 개념 자체가 없었던 시대를 살았다. 나를 민족주의의 이름으로 판단하려 하지 말라. 나는 내 나라 고려와 고려의 임금을 위한 최선을 생각했을 따름이다. 나는 사대주의자도, 민족주의자도 아닌, 고려의 현실에 충실하고자 했던 현실주의자다.

괴이하여 믿지 못할 일은 삭제하라

나는 묘청의 난을 진압한 후 임기를 1년 남겨둔 상태에서 재상宰相직에서 스스로 물러났다. 임금(인종)께서는 나에게 《삼국사기》 편찬을 명했고, 나는 10여 명의 관료와 함께 《고기》와 중국 사료 등을 참고하여 1145년 12월에 《삼국사기》 50권을 완성했다. 《삼국사기》는 내 생각으로 만든 역사가 결코 아니며, 어디까지나 옛날의 기록, 즉 《고기》를 바탕으로 집필한 것이다. 여기에 내 생각을 사론史論의 형식, 즉 역사를 논평하는 형식으로 덧붙였다.

유교적 역사관에 입각하여 철저한 국가관을 강조하고, 국가가 멸망에 이르게 되는 사건을 각별히 경계하고자 했다. 또한 미신적이고 꾸며진 이야기로 보이는 내용은 줄이고 실제의 역사적 사실이라 판단한 기록만 남기려 애썼다. 나의 이런 역사 서술 방식을 비난하는 사람이 있다는 사실도 안다. 나는 그런 비난이 부당하다고 생각한다.

옛날 기록을 어떻게 《삼국사기》에 인용했던가? 나는 《삼국사기》〈잡지〉 제4조에 동명왕의 어머니 유화부인의 신묘가 만들어진 기록이 《고기》에 있다고 기록했다.

역사의 라이벌, 김부식과 정지상

그 누가 귀신같은 붓을 잡고서 / 강물 위에 을 자를 그려놓았나.

정지상이 불과 일곱 살 때 썼다는 시다. 물 위의 오리가 을乙 자처럼 생겼고, 그 뜻이 새라는 데 착안한 절묘한 시다. 정지상은 어릴 때부터 문명文名을 날린 당대 최고의 문인이었다. 묘청과 김부식을 역사의 라이벌로 꼽곤 하지만, 정지상과 김부식도 문명으로 앞서거니 뒤서거니 했던 라이벌 관계였다.

절에서 독경 소리 끝나자 / 하늘빛이 유리처럼 맑아졌어라.

정지상이 지은 시구다. 독경 소리를 듣고 있자니 답답하던 마음이 풀리고, 흐리던 하늘도 내 마음처럼 맑아졌다는 뜻이다. 김부식이 이 시구를 좋아하여 자신에게 달라 간곡히 부탁했지만 정지상은 거절했다. 자존심에 큰 상처를 입었음 직하다. 정지상을 참하고 묘청의 난도 진압한 다음, 어느 날 김부식은 봄을 주제로 시를 지었다.

버들 빛 천 개의 실이 푸르고 / 복사꽃 만 점의 꽃이 붉다.

봄날 무성한 버들가지에 푸르게 물이 오르고 복사꽃도 붉게 핀 정경을 노래했다. 김부식은 만족스러웠다. 그런데 갑자기 정지상의 귀신이 나타나 뺨을 철썩 때리는 게 아닌가. "천 개니 만 점이니 하다니. 네가 버들가지와 복사꽃의 수효를 세어보기라도 했단 말이냐? 버들 빛 실마다 푸르고, 복사꽃 점점이 붉어라. 이렇게 고치란 말이다!" 과연 시의 운치가 더 나아보였다. 후대에 정지상과 김부식의 관계를 감안하여 지어낸 이야기지만, 당대의 여론을 반영한다. 《고려사》와 《고려사절요》는 이렇게 전하다

사람들이 말하기를, 김부식은 본래 정지상과 문인으로서 명성이 같았으므로 불만이 쌓였더니, 묘청의 난에 내응하였다 하여 그를 죽였다.

동명왕 14년 가을 왕의 어머니 유화가 동부여에서 돌아가시니 그 왕 금와가 태후의 예로 장사지내고 드디어 신묘를 세웠다.

十四年 秋八月 王母柳花薨於東扶餘 其王金蛙以太后禮葬之 遂立神廟

나는 이 《고기》의 기록을 〈고구려본기〉 동명왕 14년 기사에도 글자 하나 다르지 않게 실었다. 내가 1000년 전의 일을 기록할 수 있었던 것은 바로 《고기》가 있었기 때문이다.

나보다 후대의 문인인 이규보라는 이가 〈동명왕편東明王篇〉에서 "《구삼국사舊三國史》를 구해서 보니 《삼국사기》와 내용이 달랐다"고 썼다. 그가 《삼국사기》에는 없다고 지목한 내용은 다음과 같은 것들이다.

해모수가 다섯 마리 용이 끄는 수레를 타고 따르는 사람 100여 명은 고니를 타고 하늘을 날았다.

身乘五龍軌 從者百餘人 騎鵠紛襜襹

말채찍으로 땅을 그으니 구리집이 갑자기 생겨나고, 하백이 잉어로 변하니 해모수가 수달로 변했고 (…) 꿩이 되어 날아가니 매로 변해 쫓아갔다. (…) 사슴이 되어 달아나면 승냥이가 되어 쫓았다.

馬撾一畫地 銅室欻然峙 (…) 河伯化作鯉 王尋變爲獺 (…) 翩然化爲雉 王又化神鷹 (…) 彼爲鹿而走 我爲豺而趨

나는 누군가 꾸며냈거나 역사적 사실이 아닌 것으로 보이는 부분은 《삼국사기》에 넣지 않았다. 이런 허무맹랑한 이야기를 어떻게 역사서에 실을 수 있겠는가. 일찍이 공자께서는 괴력난신怪力亂神, 즉 합리적으로 설명하기 어려운 불가사의한 존재나 기이한 현상에 대해서는 말씀하지 않으셨다. 나는 공자의 그런 태도와 정신을 뼛속 깊이 체득한 사람이라 자부한다.

다른 한편으로 나는 묘청을 필두로 한 서경 천도파가 음양비술과 풍수지리 등으로 자신들의 주장을 정당화하려한 데 깊은 반감을 가졌다. 합리적으로 이해하기 힘든 이야기는 되도록 역사에서 배제해야 한다는 나의 신념에는 그들

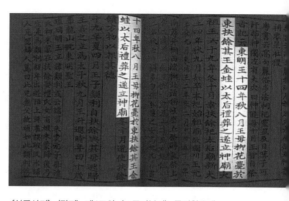

《삼국사기》〈잡지〉제4조와〈고구려본기〉동명왕조에 나오는 유화부인의 죽음에 관련된 기록이다. 두 기록이 토씨 하나 틀리지 않다.

의 행태에 대한 반감도 하나의 요인으로 작용했다는 걸 부인하지 않겠다. 혹세무민惑世誣民이란 말이 있다. 요상하고 기이한 이야기를 널리 퍼뜨리며 세상을 어지럽히고 백성을 미혹하게 하여 속이는 자들을 나는 더없이 미워한다.

후대의 학자 최남선(崔南善, 1890~1957)은 자신이 쓴 《삼국유사해제三國遺事解題》에서 내가 신비로운 이야기를 채택하지 않았음을 비판하기도 한다. 그가 이렇게 말했던가?

유교로써 괴이한 것은 말살하고, 천하게 보이는 것은 변개變改를 서슴지 않아, 자구字句에 맞춰 늘이고 줄이고 깎아내고 첨가하고, 취사取捨와 전재剪裁를 예사로 했다.

그 사람 참 매섭기도 하다. 내가 《삼국사기》에서 설화적인 내용을 많이 뺀 것은 어디까지나 역사적 사실만을 바르게 기록해야 한다는, 역사

가로서 지극히 당연한 책임 의식에서 비롯된 취사선택이었다. 상식적으로 믿기 어려운 전설과 설화가 마치 실재實在한 일처럼 기록되어서는 안 된다. 게다가 나는 전설이나 설화를 무조건 배제하지도 않았다.

사론史論 가운데 "신라 옛 이야기에 '금궤가 하늘에서 내려왔으므로 성을 김씨로 했다'는 이야기는 괴이해서 믿지 못하지만, 그 전승이 오래되었기에 삭제하지 않고 기록했다"고 쓴 대목을 읽어보라. 미신적인 사료도 그 역사적 가치를 따져 가치 있다고 판단하면 버리지 않았다. 사료가 역사적으로 어떤 의미를 지닐 수 있는지 정확히 판단하는 것이야말로 역사가의 올바른 태도가 아니겠는가? 나는 역사가의 본분에 충실하려 노력했다.

어찌 역사에 경중을 매기랴

나는 《삼국사기》에 신라에 관한 내용을 가장 많이 실었다. 또한 국력이 가장 미약했던 신라가 고구려보다 먼저 건국되었다고 기록했다. 이에 대한 비판이 있다는 것도 잘 안다. 《삼국사기》에 고구려가 705년 동안 존속했다고 기록했는데 중국 사서 《신당서新唐書》에는 고구려가 900년 간 존속했다는 주장이 기록되어 있기도 하다.

이를 두고 내가 경주 출신이기 때문에 《삼국사기》를 신라 중심으로 기술했다고 주장하는 이가 있다. 심지어 고구려 역사를 고의로 삭제하지 않았나 의심하는 사람마저 있다. 신라의 역사를 높이기 위해 고구려의 초기 역사 200년을 삭제했다니. 터무니없는 억측이다.

당나라로 건너가 죽은 고구려 유민 고자高慈의 묘지명을 보여주고 싶다. 그 묘지명에는 고구려 건국에서 멸망까지가 708년이었다고 기록돼 있다. 중국 기록보다 《삼국사기》에 가깝지 않은가. 나는 의도적으로 고

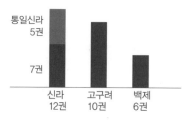

통일신라
5권

7권

신라	고구려	백제
12권	10권	6권

《삼국사기》〈본기〉 권수

(왼쪽) 당나라에서 죽은 고구려 유민 고자의 묘지명. 고구려의 존속 기간을 708년으로 기록하고 있다. 《신당서》의 900년보다 《삼국사기》의 705년에 더욱 근접한 수치다.
(오른쪽) 통일신라 역사를 제외하면 삼국 가운데 신라의 서술이 가장 적다.

구려 초기 역사를 삭제하지 않았다. 어디까지나 문헌과 자료에 바탕을 두어 판단했을 뿐이다.

신라 기록이 가장 많다는 점도 그렇다. 신라는 통일신라 시대를 포함하고 있기 때문에 전체 분량으로 보면 신라사가 많지만, 삼국 통일 이전의 역사만 따지면 오히려 고구려 역사가 신라보다 많다. 잡지나 열전 부분에서도 삼국의 균형을 맞추려 노력했다.

고구려와 백제의 열전이 빈약함을 인정한다. 더구나 고구려 을파소乙巴素, 명림답부明臨答夫 열전 등은 본기 기록과 거의 같다. 그 까닭은 부족한 자료에도 불구하고 고구려의 열전을 만들어 넣으려 노력했기 때문이다. 《삼국사기》를 편찬하면서 나는 자료 부족 때문에 고심해야 했다. 〈잡지〉 부분에서 밝혀놓았듯이, "고구려와 백제에 관한 기록은 거의 다 사라져서 부득이 중국 쪽 문헌이나 옛 기록에서 찾아 적을 수밖에 없었다."

나는 신라 위주로 역사를 꾸미려 하지 않았으며, 오히려 국가의 멸망으로 사료가 사라진 고구려, 백제의 역사를 최대한 상세히 기록하고자 했다. 만일 고구려와 백제의 역사 기록이 충분히 남아 있었다면, 그 기록

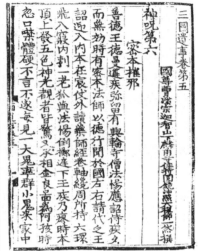

(왼쪽) 《삼국유사》를 쓴 보각국사 일연의 사리가 모셔진 부도탑. 일연이 주지로 있던 경상북도 군위군 고로면 인각사에 있다.
(오른쪽) 《삼국유사》 중의 한 페이지. 편찬자인 일연의 이름이 보인다.

을 바탕으로 더욱 충실하고 방대하게 고구려와 백제 부분을 집필했을 것이다. 역사를 기록하는 데 어찌 편벽됨이 있겠는가!

황제의 역사 '본기'에 서린 뜻

《삼국사기》가 완성된 후 140년, 인각사 주지인 일연一然이 《삼국유사三國遺事》를 편찬했다. 일연은 주로 설화와 전설, 그리고 사찰에 전해오는 자료에 의존해 《삼국사기》에 나오지 않는 다양한 이야기를 수집, 기록했다. 《삼국유사》는 《삼국사기》와 여러 면에서 비교된다. 이를테면 《삼국사기》가 사대적이라는 비난을 받는 것에 비해 《삼국유사》는 자주적인 역사관을 가졌다고 평가받는다.

《삼국사기》는 본격 역사서이나, 《삼국유사》는 불교사서, 설화집, 불교 신앙을 포함하는 역사 문헌, 잡록 또는 야사 성격의 역사서 등 학자에 따라 그 성격을 다양하게 규정한다. 실제 《삼국유사》는 그 모든 성격을 아우르는 저술이며, 저자가 관심을 지닌 주제와 자료를 선택적으로 수집·분류하여 정리한 자유로운 형식의 역사서라 하겠다. 역사가의 공식적인 기록에서 빠졌거나 자세히 밝히지 않은 이야기에 주안점을 두고 있다는 점도 큰 특징이다.

《삼국사기》와 《삼국유사》를 직접 비교하는 일은 사실상 무리이며, 각각의 고유한 가치를 평가해야 한다. 《삼국유사》에서 편찬자 일연은 《삼국사기》를 '삼국본사三國本史'로 지칭하고, 엄연한 본사, 즉 정사正史로 간주한다. 《삼국유사》는 《삼국사기》를 대전제로 깔고 있다는 사실에 주목해야 한다. 《삼국사기》는 삼국의 역사에서 줄기와 같고, 《삼국유사》는 그 줄기를 바탕으로 가능했던, 그리고 그것을 더욱 풍부하고 아름답게 만들어 주는 잎과 꽃 같은 기록인 셈이다.

《삼국유사》가 민족 자주적 역사서로 평가받는 데는 고조선의 역사를 기술하여 우리 역사로 자리 잡게 하는 데 기여했다는 점이 중요하다. 그에 비해 《삼국사기》에는 단군과 고조선의 역사가 빠져 있다. 김부식은 왜 고조선을 기술하지 않았을까? 김부식 최후의 변론을 들어보자.

《삼국사기》 연표 서문을 읽어보지 못했는가?

해동에 나라가 있었던 것은 유구하다. 그러나 기자箕子가 주나라 왕실에서 분봉分封될 때부터 위만衛滿이 십권한 한나라까지는 기록된 문사가 소략疏略하여 상세히 고증하기 어렵다. 삼국이 들어선 이후 시대부터 그 처음과 끝을 자세히 고찰할 수 있으니, 이렇게 연표를 꾸민다.

나는 삼국 이전의 역사를 부정한 일이 없다. 다만 서술 범위를 삼국 시대로 잡았을 뿐이다. 요컨대 《삼국사기》는 상고 시대 이후의 역사를 모두 포괄하는 게 아니라 어디까지나 단대사斷代史라는 것이다.

이를테면 사마천의 《사기》는 전설의 영역이라고 할 수 있는 삼황오제 三皇五帝 시대부터 사마천 당대인 한나라 무제武帝 시대까지 포괄한다. 이에 비해 반고班固의 《한서漢書》는 한나라를 세운 고조高祖부터 왕망王莽의 난에 이르는 전한前漢 시대 230년을 기록한 단대사다. 《삼국사기》는 《사기》의 명칭과 체제를 따르기는 했지만 어디까지나 '삼국의 사기', 즉 삼국 시대만을 다루는 단대사다.

중국 측 자료와 우리 측 자료의 내용이 상충할 때면 거의 예외 없이 우리 측 자료를 신뢰했다. 나를 사대주의자라 비난하지 말라. 나는 강한 나라와 무리한 전쟁을 벌이다가 나라가 멸망한 경우에 그 무모함을 비난했을 따름이다. 이것이 내가 사대주의자로 오해받는 이유일 터이나, 나는 여전히 전쟁을 막고 국가를 유지하려면 강한 이웃 나라와 외교적으로 문제를 해결해야 한다고 생각한다. 부족한 사료를 바탕 삼아 최대한 공정하게 역사서를 편찬하려 한 나는 천생 역사가다.

삼국의 역사를 제후국의 역사인 '세가'가 아닌, 황제국의 위상에 버금가는 독자적 역사 '본기'로 기록했음을 잊지 말라! 내가 만일 삼국의 역사를 세가로 기록했다면 후손인 그대들의 처지가 난감했으리라. 그대들이 사는 시대에 중원의 패권을 어느 나라가 장악하고 있는지는 모르겠으나, 그 나라가 만일 우리나라를 제후국이나 속국에 불과하다고 주장한다면 어찌하겠는가? 만일 그런 억지 주장을 한다면 나의 《삼국사기》를 펼쳐보라. 옛적에도 그러했고 우리 고려도 그러했듯 그대들이 사는 시대에도 세가가 아니라 당당히 본기를 기록해야 마땅하지 않겠는가.

07 목화씨 한 톨, 세상을 바꾸다

고려 말, 문익점이 붓두껍에 숨겨왔다는 목화씨.
그러나 훨씬 이전부터 한반도에 목화씨가 있었다는데?
온 나라 백성을 따뜻하게 입히고
동북아시아 무역 체계까지 변화시킨
한 톨의 조그만 씨앗, 그 놀라운 비밀을 밝힌다.

목화씨, 한반도에 들어오다

동사凍死. 얼어 죽는다는 말이다. 엄동설한에 집 없이 떠도는 사람이 동사하는 일은 요즘에도 가끔 있는데, 옛날에는 꽤 흔한 일이었다. 왜 얼어 죽는 사람이 그렇게 많았을까? 바로 옷 때문이다. 오늘날에는 다양한 재질의 방한복이 많이 나와 있기 때문에, 옷을 제대로 못 입어 동사하는 사람은 드물다. 그러나 옛날에는 추위를 막을 수 있는 옷이 귀했다. 구멍이 숭숭 난 삼베옷은 오늘날 시원하게 입는 여름옷이지만, 옛날에는 바로 그 삼베옷을 입고 겨울을 나야 했던 것이다.

부드럽고 포근한 솜을 넣어 만든 옷이 일반화된 때는 조선 시대로, 그 이전 우리 조상들은 (비단옷을 입을 수 있는 지배층을 제외하면) 추운 겨울 동사의 위험에 늘 노출돼 있었다 해도 지나치지 않다. 가공을 거치기 전, 목화나무에서 갓 딴 솜 안에는 씨앗이 들어 있다. 아주 작고 딱딱한 씨앗. 바로 이 씨앗 한 톨이 이 땅에 들어오면서 사람들의 생활이 크게 바뀌기 시작했다.

(왼쪽) 아욱과 목화속의 한해살이풀인 목화의 씨앗. 목화는 약 60cm 정도 자라고 잔털이 있으며 가을에 꽃이 핀다. 씨는 검은색인데 흰 솜으로 덮여 있다. 이 솜으로 실을 만들어 짠 옷감이 바로 무명 혹은 목면이라 불리는 천이다.
(오른쪽) 목화씨를 들여온 사람으로 유명한 고려 말의 문신 삼우당 문익점. 목화의 반출을 금지하던 원나라 정부 몰래 붓두껍 속에 목화씨를 숨겨 들여왔다는 드라마틱한 이야기가 전한다.

목화씨는 삼우당三憂堂 문익점(文益漸, 1329~1398)이 들여왔다고 알려져 있다. 고려 말인 1363년(공민왕 12) 원나라에 사신으로 갔다가 붓두껍 속에 몰래 목화씨를 들여온 사람, 그래서 역사상 최고의 산업 스파이라는 농담까지 있다. 문익점이 들여온 목화씨가 재배에 성공해 대중화되면서 당시 사회는 일대 변혁을 겪었다. 목화씨 한 톨이 일으킨 혁명적 변화의 모습을 추적하는 첫걸음으로, 먼저 경남 산청군 신안면에 있는 도천서원道川書院을 가보자.

도천서원은 문익점을 기리기 위해 왕명으로 세운 사당이다. 조선의 왕들은 줄곧 문익점의 공을 기억하고 치하했던 모양이다. 1410년(태종 10)에 그 고향 진양(晉陽, 오늘날 진주)에 사당을 세우고 사당에 딸린 전답을 주어 제사하게 했고, 1440년(세종 22)에는 영의정으로 추증되었다. 1461년(세조 7)에 산청군에 또 사당을 세웠는데, 임진왜란 때 불에 타 중건했다. 그리고 1787년(정조 11) 도천서원이라는 당호로 편액을 하사받았다. 이 서원의 사당 앞에서 매월 초하룻날 제사가 거행된다. 문익점의 후손 남평 문씨南平文氏 문중이 올리는 제사다.

(왼쪽) 문익점을 기리는 사당 도천서원. 세조가 세우고 정조가 편액을 내렸다.
(오른쪽) 매월 초하룻날 문익점의 후손 남평 문씨 문중은 도천서원의 사당에서 제사를 올린다. 제사상에 목화솜이 올려진 것이 눈길을 끈다.

사료에서 문익점은 어떻게 전해질까?

태조 7년(1398) 6월 중에 전 좌사의대부左司議大夫 문익점이 세상을 떠났다. 문익점은 갑진년에 진주에 도착하여 가져온 씨앗 반을 본 고을 사람 정천익鄭天益에게 주어 기르게 하였는데 오직 하나만 살았다. 천익이 가을에 씨를 따니 100여 개나 되었다. 해마다 더 심어서 정미년 봄에 그 씨를 향리 사람들에게 나누어주고 심어 기르게 하였는데 익점 자신이 심은 것은 모두 꽃이 피지 아니하였다. 원나라 승려 홍원弘願이 천익의 집에 머무르면서 실 뽑고 베 짜는 기술을 가르쳤는데, 천익이 그 집 여종에게 가르쳐서 베 한 필을 만드니, 마을에 전하여 10년이 못되어 온 나라에 퍼졌다.

—《태조실록》

문익점을 기억하는 이유

그런데 과연 목화씨는 문익점이 최초로 들여온 것일까? 직물 연구가들

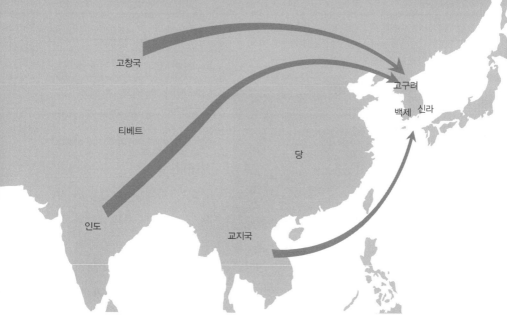

목화씨는 문익점이 최초로 전했을까? 고구려와 신라에서 면포를 생산했다는 기록이 남아 있는 것으로 보아 고려 이전에 이미 목화가 전래되었을 가능성이 크다. 중앙아시아 지역과 활발히 교류했던 삼국 시대에 그곳의 목화가 전해졌으나 토양과 기후가 맞지 않아 대량 생산하지 못한 것으로 보인다.

은 고려 이전에 이미 목화가 들어왔다고 주장한다. 당나라 때 역사서 《한 원翰苑》에는 고구려가 백첩포白疊布라는 면직물을 생산했다고 기록돼 있 다. 당시 중국 사람들은 목화에 대한 지식이 없어 중앙아시아 지역, 특히 고창국高昌國의 목화를 보고 나무에 누에고치가 달려 있다고 여길 정도 였다. 삼국 시대, 중국은 아직 목화가 대중화되기 전이었다. 고구려에서 만들었다는 백첩포의 원료가 고구려에서 자체 재배한 목화인지, 아니면 중앙아시아 지역에서 들여 온 목화인지는 알 수 없다. 그 밖에 《삼국사 기》 신라 경문왕 조條에 869년 7월 다른 여러 물품들과 함께 백첩포 마흔 필을 당나라에 보냈다는 기록도 있다.

이러한 기록들로 미루어 볼 때, 목화는 이미 고려 이전 삼국 시대에 여러 경로를 통해 한반도에 들어와 있었을 가능성이 크다. 삼국 시대에

경남 산청군의 사적 108호 목면시배유지. 문익점은 목화씨를 들여와 장인 정천익과 함께 이곳에서 재배하기 시작했다.

는 직접 혹은 간접적으로 중앙아시아 지역과 활발히 교류했고, 그런 와중에 그 지역의 목화가 들어왔을 것이다. 그러나 중앙아시아 지역의 목화는 아열대성 기후에 맞는 것이어서, 우리나라의 토양과 기후에는 적합하지 않다. 따라서 중앙아시아의 목화 종자를 들여와 재배했다 하더라도 대량 생산하기는 힘들었을 것이다.

고려 시대에도 문익점이 아닌 다른 경로로 목화씨가 들어왔을 가능성을 보여주는 기록이 남아 있다. 고려 말 대문호 이색이 3년에 걸친 원나라 유학 시절을 회상하는 시를 지었는데, 원나라 학자 섭공소가 모시 뿌리를 원했으며, 그 대가로 목화씨를 주겠다고 했다는 내용이 나온다.

(……)
나에게 모시 뿌리를 보내준다면 丐我苧根煩海賈
그대에게 목화 열매를 보내겠소 送君綿實托鄕人
(……)
—〈영목면포詠木綿布〉,《목은시고牧隱詩稿》권 10에서

이색은 한산韓山 이씨, 즉 모시로 유명한 바로 그 한산(충남 서천군 한산면)이 본관이다. 섭공소는 이색에게 고향 한산에서 모시 뿌리를 가져와 자신에게 주면, 목화씨를 주겠다고 제의했던 것이다. 이는 문익점이 아니더라도 목화의 특징이나 중요성을 알고 있는 사람들이 있었으며, 그런 사람을 통해 목화씨가 들어왔을 가능성이 있다는 의미다.

그렇다면 왜 오늘날 최초의 목화 전래자로 문익점을 꼽는단 말인가? 문익점의 일대기를 기록한 《삼우당실기三憂堂實記》를 보자. 《태조실록》과 마찬가지로 처음 목화씨를 들여와 심었으나 다 말라죽고 한 그루만 살았다는 기록이 있다. 경남 산청군 단성면 사월리에는 사적 108호로 지정돼 있는 '목면시배유지木棉始培遺址'가 있다. 문익점은 장인 정천익과 함께 자신의 출생지인 이곳에서 처음으로 목화를 재배했다. 10여 개의 목화씨를 나누어 심었지만 다 말라죽고 정천익이 심은 한 그루만 살아남았다. 이것을 가꾸기를 3년, 드디어 마을 사람들에게 씨앗을 나누어 줄 정도가 되었다고 한다.

씨앗은 얻었으나 여전히 난제가 남아 있었다. 목화에서 딴 솜을 어떻게 이용해야 할지 몰랐던 것이다. 기록에 보면 처음에는 사람들이 손으로 목화씨를 뽑았다고 한다. 목화에서 딴 솜으로 목면을 만드는 기술과 기구가 없으면, 목화 재배에 성공했다고 해도 별 소용이 없다. 앞서 살펴본 《태조실록》에 의하면 문익점의 장인 정천익은 원나라 승려 홍원의 도움으로 목화 관련 기구를 만들었다. 문익점과 정천익은 솜에서 씨앗을 빼는 씨아와 실을 잣는 물레를 만들어 보급했던 것이다. 한 톨의 씨앗에서 천신만고 끝에 피어난 목화꽃이 온 나라에 전파되는 데는 목화씨를 들여온 문익점과 그것을 재배하고 보급한 정천익의 노력이 있었다.

문익점 이전에도 다른 누군가가 목화씨를 들여왔을 수 있다. 목화 재배를 시도한 사람도 있었을 테고, 한 송이라도 목화꽃을 피우는 데 성공한 사람도 있었을지 모른다. 그럼에도 오늘날 우리가 문익점을 각별히 기억하는 까닭은, 목화를 널리 보급했고 대량 생산할 수 있도록 했기 때

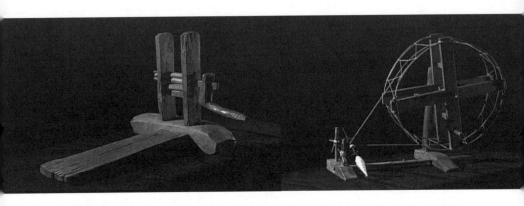

(왼쪽) 목화에서 갓 딴 솜에는 씨앗이 들어 있는데, 이 씨앗을 빼내는 기구가 바로 '씨아' 다. 손잡이를 돌리면서 가로막대 두 개 사이로 솜을 밀어넣으면 좁은 막대 틈을 빠져나가지 못한 씨앗과 솜이 분리된다.

(오른쪽) 실을 잣는 기구인 '물레' 다. 한 손에 솜을 쥐고 다른 손으로 손잡이를 돌린다. 솜이 손가락 사이를 빠져나가면서 비벼지고 꼬여서 실이 되어 물레의 바퀴를 거쳐 실타래에 감긴다.

문이다. 어린이를 위한 위인전에 나오는 문익점 이야기를 읽어보면, 대부분 목화씨를 몰래 들여 온 일에 주안점을 둔다. 그 일이 워낙 흥미진진하고 극적이기 때문일 것이다. 그러나 더욱 중요한 사실은 목화씨를 들여온 일이 아니라, 목화의 재배에 성공하고 씨아와 물레를 만들어 널리 확산시킨 일이다.

백성을 따스히 입히는 천, 목면

목화가 들어와 본격적으로 보급되기 이전 우리 조상들이 입었던 옷의 옷감은 무엇이었을까? 촉감이 부드럽고 윤택이 나는 고급 옷감으로 누에고치에서 나온 명주, 즉 비단이 있었다. 그리고 통풍이 잘 돼 오늘날에도 여름 옷감으로 인기가 높은 모시, 촉감이 거칠기는 하지만 천이 질겨서 가장 널리 쓰이던 삼베도 있다. 목화가 들어와 면포를 만들기 전 우리 조

문익점의 정치적 선택

《고려사》〈열전〉 문익점 편에는 이런 기록이 나온다.

> 문익점은 진주 강성현 사람인데 고려의 사명을 받들어 원나라에 갔다가 덕흥군德
> 興君에 부附하였다가 덕흥군이 패하므로 돌아왔는데, 목면의 종자를 얻어 와서 그
> 장인 정천익에게 부탁하여 심게 하였다. 거의 다 말라죽고 한 포기만 살아 3년
> 만에 크게 번식되었다. 씨 뽑는 기구와 실 빼는 기구도 모두 천익이 창제하였다.

당시 고려는 공민왕이 반원反元 개혁 정치를 펼치던 시기다. 이에 원나라는
공민왕을 폐위시키고 충숙왕의 동생 덕흥군을 새 왕으로 세우려 했다. 덕흥군
은 원나라가 내어준 군사 1만을 거느리고 고려로 향했다. 이때 문익점은 사신
으로 원나라에 가 있었다. '덕흥군에 부했다'는 《고려사》의 기록은 당시 문익
점이 덕흥군 편에 가담했다는 뜻이다. 그러나 덕흥군은 패했고, 덕흥군 편을
들었던 고려 관리들은 처벌을 각오해야 했다. 귀국한 문익점은 다행히 큰 처벌
을 받지는 않았지만 관직에서 쫓겨나 고향으로 내려갔다. 그곳에서 장인 정천
익과 목화를 재배했던 것이다.

원나라에 머무르던 문익점을 비롯한 사신 일행으로서는 목숨을 부지하기
위해서라도 원나라 조정의 뜻을 따르지 않을 수 없었던 게 아닐까. 말하자면
선택의 여지가 없었던 게 아닐지. 그렇게 따지면 그의 정치적 선택은 나름대로
합리적이었다. 원나라는 늘 자신들의 말을 잘 들을 것 같은 고려 왕족을 왕으
로 세우곤 했으니, 문익점으로서는 전례를 보건대 덕흥군 편을 드는 쪽이 좋다
고 판단했을 법하다.

그런데 문익점이 덕흥군에 저항했다거나, 덕흥군을 왕위에 올리려는 원나
라 조정의 뜻에 반대하다가 원나라의 강남 지방으로 귀양을 갔다는 이야기도
전해진다. 그러나 이는 후세에 만들어진 이야기다. 문익점은 목화씨를 들여와
재배에 성공하고 널리 보급시킨 것만으로도 충분히 위대한 인물로 칭송받아
마땅하다. 그런 문익점을 정치적으로도 결점이 없는(후대의 관점에서 볼 때) 인물
로 보려는 데서, 사실과 다른 이야기가 만들어진 게 아닐까.

(왼쪽) 수덕사에 소장된 고려 직물 '인자황수파어용문라印雌黃水波魚龍紋羅'. 불상 안에서 나온 복장 유물이다. 자황이라는 금빛 안료로 섬세한 문양을 찍었다.
(오른쪽) 빛을 비추자 그림자로 천 자체의 무늬가 나타난다. 봉황과 나비, 꽃 등을 그린 화려한 무늬다. 고려의 수준 높은 직조 기술을 엿볼 수 있다.

상들은 주로 삼베를 이용해 옷을 만들어 입었다. 드물게는 동물의 가죽을 이용한 모피도 있었지만, 서민들은 비교적 값이 싼 삼베를 많이 이용했다.

천년 고찰 수덕사에는 매우 소중한 고려 시대 직물 유물 한 점이 보관돼 있다. 불상의 몸 안에서 나온 복장腹藏 유물로, 만지면 금방이라도 바스라질듯 얇고 작은 천 조각이다. 천에 역광을 비추면 자황雌黃이라는 금빛 염료로 찍은 섬세한 문양이 나타난다. 천 한가운데 파도를 타는 네 마리 용이 보인다. 가장자리에는 꽃과 나비가 날고, 천의 양쪽 끝에는 구슬 모양의 문양도 뚜렷한, 매우 화려하고 섬세한 고려 최고의 직물이다. 더 놀라운 것은 금빛의 화려한 문양뿐만 아니라, 천 자체에도 문양이 있다는 것이다. 빛을 위에서 비추자 천 자체의 문양이 그림자로 나타난다. 봉황이 꽃 속을 노니는 문양이다. 최고 수준의 직조 기술을 보여주는 이 천은 고려의 왕족과 귀족 계층들이 사용했던 것이다.

또 하나 고려의 수준 높은 직물 기술을 보여주는 유물을 살펴보자. 이 역시 복장 유물인데, 반소매 겉옷인 답호다. 얼핏 보기엔 삼베처럼 보이지만, 세로인 날실은 비단, 가로인 씨실은 모시로 짠 최고급 의상이다.

(왼쪽) 조선 시대 불상에서 나온 솜과 솜고치. 불상에서 솜이 나왔다는 사실은 그만큼 목화의 위상이 높아졌음을 의미한다. 목화가 대중화되면서 백성들은 매서운 추위를 이겨낼 수 있게 되었다. 경전, 약품 등과 함께 불상에 넣어 경배했던 것도 당연한 일이 아닐까.

(오른쪽) 전자현미경으로 살펴본 삼베와 목면의 측면·단면 사진. 긴 섬유가닥이 보이는 삼베에 비해 목면은 짧은 섬유가 꼬여 있고 그 사이에 빈틈이 많다. 이런 빈 공간의 공기가 보온 효과를 높여주는 것이다. 섬유의 단면도를 보면 목면 섬유가 훨씬 많은 공기층을 갖고 있다.

역시 고려 귀족이 사용했던 의복이었다.

그렇다면 고려 시대 서민의 의생활은 어땠을까? 고려의 서민들은 주로 삼베옷을 입었다. 삼베를 만드는 과정은 어려웠다. 일일이 삼 껍질을 손으로 벗기고 그것을 얇게 찢어 실을 만들었다. 이는 예나 지금이나 똑같은 방식이다. 이 삼 껍질을 길게 꼬아서 실을 만든다.

이렇게 만든 실을 잘 말린 후 천을 짰다. 삼베는 전국 어디서나 생산이 가능하고 또 매우 질겨 가장 대중적인 옷감이었다. 그러나 삼베옷으로는 추위를 막기 힘들었다. 성종 시대에는 북방의 병사들이 삼베옷으로는 추위를 견디기 어려우니 왕실의 목면을 나누어주자는 상소가 나올 정도였다. 겨울용 안감으로 닥종이나 짐승의 털, 풀잎 등을 넣어 해결하기도 했지만, 기본적으로 삼베옷을 가지고서는 보온 효과를 보기 힘들었다. 문익점이 널리 퍼뜨린 목화는 이 문제를 단번에 해결했다.

삼베와 목화로 만든 목면은 어떤 차이가 있을까? 섬유 연구가의 실험에 따르면 삼베가 목면보다 두 배 질기고, 목면이 삼베보다 두 배 부드럽다. 두 옷감의 보온성은 어떨까? 전자현미경으로 섬유구조를 관찰했다. 먼저 삼베의 측면을 보면 길게 찢어 만든 섬유가닥이 보이는데, 빈 공간이 거의 없다. 반면 목면은 짧은 섬유가닥이 많이 보이고 이들 틈에는 빈 공간이 많다. 이 공간의 공기층이 보온 효과를 가지는 것이다. 실 자체에서도 목면 수많은 공기층을 보유하고 있다.

목면은 조선 시대에 들어오면서 그 위상이 달라진다. 조선 불상의 복장 유물에서 솜과 솜고치가 나오기 시작한 것. 씨앗을 그대로 가진 솜과 실을 뽑기 전 단계의 솜고치, 이는 무엇을 의미할까? 쌀, 소금, 목화를 가리켜 세 가지 하얀 물건, 즉 삼백三白이라 부르는데, 곧 이 세 가지가 사람들의 삶에서 없어서는 안 될 중요한 물건이라는 뜻이다. 불상 안에 넣을 정도로 목화와 목면이 소중한 경배의 대상으로 위상이 높아졌다.

그 밖에도 목면이 조선 시대 서민의 생활에 깊이 파고들었음을 알려주는 유물이 많다. 조선 시대 무덤에서는 솜 유물이 상당수 발견되는데, 관 속의 시신을 보호하는 이불을 역광에 비춰보면 그 안에 솜이 들어 있는 걸 확인할 수 있다. 조선 초기의 솜바지에 이어 솜 모자까지 등장했다. 옷감 사이에 솜을 넣고 그것이 움직이지 않도록 한 땀 한 땀 바느질한 누비의 등장으로, 목면과 솜은 의복 생활의 중심이 되었다. 누비옷은 보온성이 뛰어날 뿐만 아니라 시각적으로도 매우 아름답다. 실용적이면서도 아름다운 누비 의상을 통해 조선의 의생활은 더욱 풍요롭고 다양해졌다.

목면의 확산, 일상을 바꾸다

조선 최고의 풍속화가 김홍도의 《단원풍속도첩》 가운데 〈자리짜기〉란 그림이 있다. 자리를 짜는 남자 뒤로 물레 돌리는 여인이 보인다. 한 손으로 물레를 돌리면서 다른 한 손으로는 솜고치를 들고 있다. 솜고치를 꼬

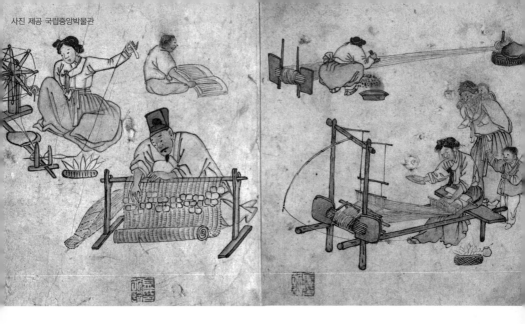

(왼쪽) 단원 김홍도의 〈자리짜기〉. 자리를 짜는 남자 뒤에 물레를 돌리며 실을 잣는 여인이 보인다. 한 손으로 물레를 돌리고 다른 손에는 솜고치를 쥐고 있다.
(오른쪽) 보물 527호인 《단원풍속도첩》 가운데 하나인 〈길쌈〉이다. 베틀에 앉아 베를 짜는 아낙네와 그것을 구경하는 할머니와 아이들의 모습이 보인다. 베 짜기는 여인들의 중요한 임무 중 하나였다. 베 짜는 여인 뒤에는 실에 풀을 먹이는 모습도 보인다.

아가면서 실을 만들었던 것이다. 《단원풍속도첩》의 다른 그림 〈길쌈〉에는 그렇게 만든 실을 이용해 베틀로 베를 짜는 장면도 있고, 실에 풀을 먹이는 장면도 있다. 베 짜기는 당시 온 가족의 관심사였다. 베 짜기를 길쌈이라고도 하는데, 우리 옛 여인네들의 힘겨운 노동과 신명이 함께 담겨 있다. 무명을 만드는 과정은 얼핏 보아도 간단하지 않다.

목면을 만들기 위해서는 먼저 솜에서 씨앗을 분리해야 한다. 이때 사용하는 기구가 바로 씨아다. 씨앗이 분리된 솜을 이번에는 활을 이용해 꼼꼼히 타야 한다. 이 작업에 따라 실의 굵기가 달라진다. 이렇게 한껏 보풀러진 솜을 일정한 크기로 말아서 고치로 만든다. 이 고치를 물레에 걸고 실을 뽑아낸다. 솜고치를 엄지와 검지로 쥐고 물레를 돌리면 솜이

손가락 사이에서 비벼지고 꼬아져서 빠져나간다. 솜고치가 손가락을 통과하면서 가는 실이 되는 것이다. 드디어 실타래가 만들어지면 본격적인 길쌈에 들어간다. 날실을 베틀에 걸어놓고 날실 사이로 실타래가 들어있는 북을 통과시킨다. 그런 다음 바디로 날실과 씨실을 교차시키면서 베를 짠다. 이렇게 긴 작업을 거쳐 목면이 완성된다.

그렇다면 이 목면을 이용한 고려 서민의 의복은 어땠을까? 이를 추정해 볼 수 있는 무덤이 경남 밀양에 있다. 고려 말 문신인 송은松隱 박익朴翊의 무덤(사적 459호)이다. 지난 2000년 태풍으로 도굴 흔적이 발견되면서 발굴이 이루어졌다.

발굴 도중 놀랍게도 고려 시대의 생활상을 그대로 엿볼 수 있는 벽화가 발견되었다. 벽화는 무덤 내부 3면에 그려져 있었다. 남쪽 벽에서는 말과 마부의 그림이 발견되었고 동쪽 벽에는 독특한 머리 모양과 긴 윗도리를 입은 여자 시종들의 모습이 그려져 있었으며 서쪽 벽 역시 여자 시종과 함께 모자를 쓴 남자 시종들의 모습이 생생하게 그려져 있었다. 고려 시대 서민의 의복 생활을 짐작케 해주는 그림은 매우 드물기 때문에 이 벽화의 가치는 더욱

나주는 품질 좋은 무명을 생산하는 곳으로 예부터 유명했다. 나주에 사는 중요무형문화재 28호인 무명장 노진남 장인이 씨앗 빼기부터 베 짜기까지 무명을 만드는 전 과정을 보여준다. 위부터 씨앗 빼기, 솜 타기, 솜고치 만들기, 실 잣기, 베 짜기.

(위 왼쪽) 경상남도 밀양의 송은 박익 무덤. 무덤 내부 3면에 고려 시대 생활상을 묘사한 벽화가 그려져 있다.

(위 오른쪽부터 시계방향으로) 남벽에는 말과 말고삐를 쥔 마부가, 동벽에는 여자 시종들의 모습이, 서벽에는 여자 시종과 함께 남자 시종들의 모습이 그려져 있다. 이 벽화를 통해 고려 시대 서민의 의복이 어떠했는지 알 수 있다.

(아래 왼쪽부터) 박익 무덤 벽화에서 나타난 고려 의복을 디지털 영상으로 복원했다. 마부, 남자시종, 여자시종.

중요하다.

이 벽화를 보면 남성이 둥근 깃의 포를 입고 있는데, 소매 폭이 좁고 말타기에 편리하도록 허리 아래 트임이 있다. 이는 원나라의 영향을 받은 것으로 보인다. 옷감은 삼베나 모시가 아니라 목면인 듯하다.

벽화를 근거로 고려 복식 전문가의 도움을 받아 당시의 의복을 복원해보기로 했다. 벽화에 그려진 의상의 특징을 그대로 살려 먼저 밑그림을 그린 다음 이를 디지털 자료화한다. 이렇게 해서 고려 마부의 복장을 입체 영상으로 복원했다. 윗도리가 긴 특징을 가진 평민 여성의 복장과 남자 시종의 의상도 생생하게 살아났다. 목화가 들어온 이후 고려 서민은 따뜻하면서도 실용적인 의복을 입을 수 있었다.

경북 안동의 삼태사묘三太師廟는 안동 지방의 고려 개국 공신들을 모신 사당이다. 이곳에는 고려 말, 목면의 또 다른 쓰임새를 알 수 있는 중요한 유물 한 점이 남아 있다. 고려 말의 것으로 추정되는 가죽신이다. 신발의 겉감은 가죽이고 안감은 삼베다. 그리고 신의 맨 윗단은 목면으로 잇대어 놓았다. 고려 말을 거쳐 조선 전기로 이어지면서 많은 목면 유물들이 나타나기 시작하는데, 두루마기의 일종으로 겨드랑이에 주름을 잡았다 하여 액주음腋注音이라 불리는 옷 역시 목면으로 만들어졌다. 목면으로 만든 적삼은 가장 대중적인 옷이었다. 솜을 넣은 솜버선도 조선 초기에 등장한다.

목면의 용도는 여기에 그치지 않는다. 서울 육군사관학교 안에 있는 육군박물관에서는 목면으로 만든 군수품도 볼 수 있다. 갑옷을 비롯하여 군사용 천막, 각종 깃발 그리고 화포의 심지까지…. 목면으로 갑옷을 만들게 되자 화살과 총탄을 막는 기능이 향상됐다. 고종 때 대원군의 명으로 만든 방탄복은 목면 서른 겹을 붙여 만들었고, 대원군이 직접 실험했다고 전해진다. 그뿐 아니라 범선의 돛에도 목면이 이용되었다. 목면 돛

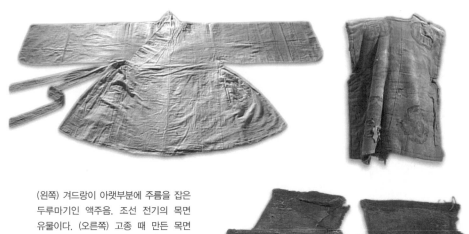

(왼쪽) 겨드랑이 아랫부분에 주름을 잡은 두루마기인 액주음. 조선 전기의 목면 유물이다. (오른쪽) 고종 때 만든 목면 갑옷, 면갑綿甲이다. 무명천 서른 겹을 덧대어 만들었다. (아래) 안동 삼태사묘에서 나온 가죽신. 신의 맨 윗단이 목면이다.

역시 대나 풀을 엮어 만든 이전 시대의 돛에 비해 튼튼해 1960~1970년대까지도 널리 사용되었다. 이처럼 목면은 고려 말부터 실생활에서 널리 다양하게 이용되었다.

의복 혁명을 넘어 산업혁명으로

의복 혁명을 일으킨 목화에 대한 세계인들의 인식은 어땠을까? 목화는 평균 기온이 섭씨 15도 이상인 고온다습한 기후에서 잘 자라는 열대 식물로, 기원전 2500년 인도에서 처음 재배됐다고 한다. 또한 기원전 2300년 페루에서 재배되었다는 기록노 있다. 중국에는 송나라 말, 원나라 초에 들어왔는데 시기적으로 우리나라와 크게 차이나지 않는다.

그런데 목화에 대한 세계인의 인식이 재미있다. 독일에서는 실을 뽑을 수 있는 목화가 나무에 열리는 것을 보고는 양이 나무에 열려 있다고

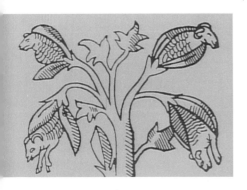

목화를 처음 접한 세계인의 표현이 매우 재미있다. 누에고치가 나무에 달려 있다고 여겼던 고대 중국인처럼 유럽 사람들은 양이 나무에 열렸다고 생각했다. 양털에서 실을 얻었던 그들에겐 그럴 법하다.

표현했다. 양털에서 실을 뽑던 그들의 눈에는 목화가 그렇게 보였던 모양이다. 중국에서는 누에고치가 나무에 열렸다고도 했다. 세계사의 한 획을 그은 서양의 산업혁명은 증기기관의 발달로 시작되어 증기기관을 이용해 실을 뽑는 방적 기술이 발달하면서 완성되었다. 새로운 개념의 실과 옷감은 사람들의 생활에 막대한 영향을 미치기 마련이며, 목화의 도입과 재배는 고려와 조선에서 또 하나의 산업혁명을 일으켰다고 해도 지나친 말이 아니다.

고려 말 의복 혁명을 일으킨 무명베는 단순한 옷감 이상의 의미가 있다. 고려 말에 들어와 조선 초기부터 대중화된 무명은 광물, 소금과 함께 조선의 3대 기간산업이 되었고, 특히 그 가운데 무명은 조선의 경제 기반을 근본적으로 바꿔 놓았다. 고려 말, 원나라의 수탈이 극에 달했을 때 그 피해는 고스란히 농민들 차지였다. 고려 농민은 유랑민이 되거나 노비로 전락했다. 견디다 못해 반란을 일으킨 농민도 부지기수였다. 원나라의 간섭을 받지 않고 개혁 정책을 펼치려던 공민왕에게 가장 시급한 국정 과제는 바로 피폐해진 농가 경제의 재건이었다. 농가 경제가 살아나면 국가 재정도 좋아지기 때문이다.

이때 등장한 인물이 바로 문익점이다. 그가 가져온 목화씨는 국가 경제 회복의 중요한 원동력이 되었다. 《고려사》에는 목화와 관련된 흥미있는 기록이 있다. 당시 혼인할 때 비단 이불을 혼수품으로 준비하는 풍속이 있었다. 그런데 서민 중에는 비단 이불을 마련하지 못해 혼례가 늦

《농상집요》는 중국 최초의 관찬 농서로, 원나라 조정에서 농업 진흥을 위하여 펴냈다. 고려 말 이암이 들여왔는데, 솜에서 씨앗을 빼는 장면과 활로 솜을 타는 그림이 실려 있다.

어지는 경우가 많았다. 그러자 공양왕은 혼례에 비단 대신 목면을 사용하라는 어명을 내린다. 이암(李嵒, 1297~1364)이 원나라에서 수입한 농서 《농상집요農桑輯要》에 목화 재배를 장려하는 내용이 들어 있어, 당시 목화 재배를 권장하기 위한 다양한 노력의 일단을 보여준다.

이러한 노력이 성과를 거둬 목화는 들어온 지 10년도 지나지 않아 온 나라에 퍼지게 되었다. 목화는 어떻게 이토록 짧은 시간에 널리 보급되었을까? 목화가 보급되기 전 널리 사용되던 삼베는 남성 노동력이 많이 필요한 옷감이다. 대마를 베고 찌는 과정은 남자의 몫이었다. 또한 실을 만들고 베를 짜는 전 과정이 손으로 이루어졌다. 일일이 손으로 실을 만들어야 하는 삼베에 비해, 씨아와 물레를 비롯한 기구를 사용하는 목면의 생산성은 매우 높았다. 같은 시간을 투여했을 때 목면은 삼베에 비해 다섯 배나 생산성이 높았던 것. 더구나 유휴 여성 노동력을 이용할 수 있다는 점도 장점이었다.

조선 시대 들어오면서 국가는 더욱 적극적으로 목화 재배를 권장했다. 국가적으로 문익점의 공을 높이 평가하고 그를 드높이는 사업을 진

세종은 문익점에게 백성을 부유하게 한 사람이라는 뜻의 부민후라는 시호를 내렸다. 문익점이 살던 고택에는 '부민각'이라는 건물이 아직 남아 있다.

행한 일도 그 일환이었다. 목화를 가장 적극적으로 권장한 왕은 세종이었다. 세종은 문익점에게 부민후 富民侯, 즉 백성을 부유하게 한 사람이라는 의미의 시호를 내리기도 했다. 그리고 기후가 맞지 않아 재배가 힘든 함경도 지방까지 목화를 재배하도록 적극 권장했다. 이런 노력으로 《세종실록》〈지리지〉를 보면 목화는 이미 세종 때 조선의 거의 모든 지역에서 재배되고 있다. 삼베에 비해 노동생산성이 월등히 높은 목화를 통해 농가 경제를 회복시키려는 국가적 요구에 부합했기에 목화는 짧은 시간에 전국적으로 재배될 수 있었다.

동아시아 무역의 주인공

고려와 조선 전기를 거쳐 조선 후기로 접어들면서, 상평통보常平通寶가 널리 사용되기 시작했다. 상평통보는 17세기부터 사용되기 시작하여 약 200여 년 조선 후기의 경제를 이끌었던 화폐다. 그런데 상평통보 이전, 아직 화폐가 전국적으로 유통되기 전에는 무엇이 화폐를 대신했을까? 바로 무명이다. 무명은 너비 약 33센티미터, 길이 약 16미터를 한 필 단위로 하여 일종의 물품 화폐이자 교환 수단으로서 조선 경제의 근간을 이루었다.

고려 말 조선 초기의 대표적인 화폐는 삼베, 즉 마포麻布였다. 이것이

전근대 사회에서 옷의 의미

'옷이 날개'라는 말이 있다. 어떤 옷을 입느냐에 따라 사람이 달라 보이는 일은 왕왕·있지 않은가. 제법 말끔하게 정장을 차려 입은 사람과 남루한 옷을 되는 대로 걸친 사람이 있을 때, 두 사람에 대한 사전 정보가 하나도 없는 상황이라면, 아마도 대부분 정장을 잘 차려 입은 사람에게 호감을 가지지 않을까? 이처럼 옷의 구실은 단지 몸을 가리고 보호하며 추위를 막아주는 데 그치지 않는다.

요즘에도 그러할진대, 좋은 옷이 무척 귀했던 옛날, 옷은 사람의 신분과 지위를 나타내는 표식 그 자체, 아니 신분과 지위 그 자체였다고 해도 지나치지 않다. 이를테면 신라 흥덕왕 때 제정된 복식금제服飾禁制는 각 계급과 귀천에 따라 사용할 수 있는 직물과 치장은 물론, 입을 수 있는 복식의 종류까지 정해 놓은 법이다. 또한 고대 국가에서는 관복의 색을 정하는 것이 중앙집권의 강화와 불가분의 관계였다. 관리의 직급에 따라 복식의 색을 달리함으로써, 중앙집권체제의 질서와 서열을 분명하게 했다.

조선 세조 2년에 양성지가 올린 상소에도 이런 내용이 나온다.

> 복색의 제정은 상하를 분별하려는 것이니, 풍속을 한결같이 하는 것을 엄하게 하지 않을 수 없습니다. 공복의 제도에 따라 당상관 이상을 한 색으로 하고, 6품 이상을 한 색으로 하고, 유품원, 성중관, 의관자제를 한 색으로 하고, 제위 군사를 한 색으로 하고, 경중과 외방의 양인, 이서를 한 색으로 하고……

각자의 취향에 따라 개성을 살릴 수 있는 옷을 자유롭게 택하여 입을 수 있는(물론 옷값이 문제가 되겠지만) 요즘 태어나 다행이라고 할까. 왕실이나 귀족 같은 지배 계층의 평균 수명이 일반 백성보다 길었던 것은, 영양 상태의 차이도 차이지만 입는 옷의 차이도 하나의 요인이 아니었을지. 매섭게 추운 겨울을 보온성이 좋은 옷을 입고 날 수 있었던 지배 계층에 비해, 일반 백성은 얇고 성긴 옷을 입고 버텨야 했으니까.

점차 면포로 대체되기 시작했다. 세종 27년(1445)의 기록을 보면 "마포 대신 면포(綿布, 무명)를 화폐로 사용한다"는 기록이 나온다. 15세기 중반부터 민간에서는 물론 국가 세금 체제에서도 중심 위치를 차지하게 되었던 것이다. 《경국대전經國大典》에는 면포의 규격을 정해두었는데 길이 약 16미터, 폭 약 33센티미터를 한 필로 하고, 실 80가닥을 1승升으로 하여 5승포를 정포正布로 규정하고 있다.

그렇다면 이 면포는 시장에서 어떻게 통용되었을까? 면포는 생산량이나 쌀과의 교환 비율에 따라 시세가 달라졌다. 약간의 차이는 있지만 조선 전기는 면포 한 필에 쌀 두 말, 후기는 한 필에 쌀 한 말로 거래되었다. 거스름돈이 필요할 경우에는 면포를 잘라서 사용했다. 그러나 국가에서 정한 5승 면포는 당시로서는 고액 화폐였다. 그래서 민간에서는 그보다 성긴 3승 면포가 저가 화폐로서 주로 이용되었다.

면포는 국제적으로도 활발히 거래되었다. 여진에서 말을 수입할 때 면포를 지불했다. 여진의 상등 말 한 필에 면포 마흔다섯 필, 중등 말에는 면포 마흔 필, 하등 말에는 스무 필을 지불했다. 일본과의 무역에서도 면포는 중요한 기능을 담당했다. 조선은 면포를 수출하는 대신 은이나 동 등의 광물과 염색재료인 소목蘇木을 수입했다. 쓰시마 섬은 조선과 일본의 중개무역 기지였는데 1490년 쓰시마 도주는 일본에는 비단과 삼베는 있으나 면포는 없으니 모든 무역 금액을 조선의 면포로 지불해달라고 요구하기도 했다.

한편 조선은 개국 초기에 화포 개발 등 국방력 강화에 힘을 썼다. 그런데 화포 제작에 가장 필요한 것이 바로 동銅이었다. 일본이 가장 선호하는 면포를 수출하고 일본에서 동을 수입했다. 이런 배경으로 면포 수출이 폭발적으로 늘어났다. 세종 초기 2200여 필이던 수출량이 성종 대에 이르면 50만 필에 이르게 되는 것이다. 이렇게 조선의 면포가 엄청나

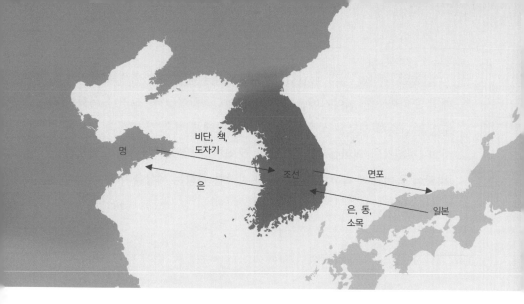

면포는 조선의 대표적 수출품이자 한중일 삼국 무역의 주요 매개품목이었다. 조선은 일본에 면포를 수출하고 은을 수입했으며, 다시 이 은으로 중국의 비단과 도자기 등을 수입했던 것이다.

게 일본으로 수출된 배경은 무엇일까? 당시 일본은 전국 시대로 접어들면서 군수 물자용 면포 수요가 급증했다. 군선의 돛, 깃발, 화승총 심지 등의 제작에 목면이 필요했기 때문이다.

당시 조선의 수입품 중 가장 눈길을 끄는 물건이 소목이다. 소목은 붉은색 염색재료로, 기존에 쓰이던 재배가 까다롭고 염료 채취 과정도 복잡한 홍화를 대체했다. 면포의 생산이 늘면서 조선의 경제는 풍요로워졌다. 그러자 꾸밈에 대한 욕구가 생겨나고, 좀 더 화려한 의복을 만들기 위해 소목을 수입했다.

면포는 중국과의 무역에서도 그 진가를 발휘했다. 목면을 수출하고 일본으로부터 은을 획득한 조선은 이를 지불 수단으로 삼아 중국에서 비단, 도자기, 책, 약재 등을 수입했다. 조선의 목면은 한·중·일을 연결하는 삼각무역의 주역이었던 셈이다. 작은 목화씨 한 톨에서 시작된 목면은 조선의 농가 경제를 회복시키고 동북아시아 무역 체제까지 바꿨다.

그동안 우리는 목화에 담긴 큰 의미보다 문익점이 목화씨를 들여올 때의 드라마틱한 이야기에만 관심이 있었던 게 아닐까. 그러나 목화씨 도입은 단순히 새로운 식물이 하나 더 이 땅에 들어온 것 이상의 중요한 사회·경제적인 의미를 지니고 있다. 문익점의 탁월한 선택과 노력으로 이 땅에 들어와 본격적으로 재배되기 시작한 목화는 세상을 바꾼 혁명의 시작이었다.

08 고려의 네오 테크놀러지, 화약과 함포

100척의 배로 다섯 배의 왜구를 격퇴한 진포대첩.
승리의 비결은 배에 장착한 화포, 즉 함포였다.
최무선은 해상 공격에 활용하고자 화약 제조에 매달렸다.
그가 만든 고려 화포의 위력은 어땠을까?
세계 최초의 함포가 되살아난다.

세계 최초 함포해전, 진포대첩

얼마 전 이순신 장군의 일대기를 그린 TV 역사 드라마가 한창 인기를 끌었다. 시청자들은 특히 왜선을 박살내며 승리를 거두는 해전 장면에 감탄했다. 수적으로 열세인 조선 수군이 연전연승할 수 있었던 이유는 이순신 장군의 뛰어난 작전 외에 우수한 화포火砲를 해전에서 효과적으로 운용했기 때문이기도 하다. 한산대첩, 명량대첩, 노량대첩, 옥포대첩 등 조선 수군의 빛나는 승전 뒤에는 바로 화포가 있었다.

조선 수군의 우수한 화포와 그 화포를 실전에서 운용하는 능력이 하루아침에 생겨났을까? 물론 화포를 개량하고 많이 만든 일, 실전 운용 능력을 철저한 계획과 훈련을 통해 배양한 일은 이순신 장군의 공로다. 그러나 역사를 거슬러 올라가보면 더욱 근본적인 공을 세운 한 사람을 만나게 된다.

전라북도와 충청남도를 경계 짓는 금강, 그 하구둑에 자리한 군산 시민공원에는 진포대첩기념비鎭浦大捷記念碑가 있다. 진포대첩은 고려 우왕

(왼쪽) 최무선은 우리나라에서 처음으로 화약과 화약을 이용한 무기를 만든 사람이다. 1377년(우왕 3) 화통도감火筒都監이 설치되고 그 제조로 임명되면서 본격적으로 화약을 발전시켰다.
(오른쪽) 군산시 금강 하구둑에 위치한 시민공원의 진포대첩기념비.

6년(1380) 진포에 침입한 왜구를 심덕부沈德符, 나세羅世, 최무선 등이 이끄는 고려 수군이 물리쳐 크게 이긴 싸움이다. 이 진포대첩이야말로 이순신 장군의 승리를 가능케 한 단서를 품고 있다.

1350년부터 간헐적으로 고려의 서남 해안을 침범해 노략질을 일삼던 왜구가 1380년 함선 500척에 1만 명이 넘는 사상 최대 규모 병력을 이끌고 진포를 침략했다. 진포에 상륙한 왜구는 민가를 습격해 사람을 죽이고 곡식을 약탈했다. 고려 조정은 나세와 최무선이 이끄는 지원군을 급파했다. 배는 단 100척, 왜구에 비해 턱없이 적은 규모였다. 그러나 고려군의 공격이 시작되자 싸움은 싱겁게 끝났다. 고려 수군의 화공에 왜선 500척은 순식간에 불타올랐다. 이 진포대첩에서 왜구는 전멸했다.

왜구의 5분의 1에 불과한 병력으로 대승을 거둔 비결은 무엇일까? 바로 화포다. 이전까지 해전에서 주 무기는 활이었다. 화포는 사정거리가 활의 서너 배고 위력은 활보다 훨씬 크다. 먼 거리에서 더욱 강력한 공격을 퍼부을 수 있는 무기가 화포다. 적군의 공격이 닿지 않는 먼 거리에서 마음 놓고 공격할 있다면 그보다 더 효과적인 무기는 없다. 특히 치고 빠지기에 능숙한 왜구의 배를 잡는 데는 멀리서 화포를 쏘아 배를 격파하는 전술이 최선이다. 화포 공격을 당한 배가 불타기 시작하면 물로 뛰어들 수밖에 다른 방법이 없다.

최무선(崔茂宣, 1325~1395)은 화포를 개발하고 그것을 배에 실어 해전에 도입했다. 세계 최초의 함포艦砲였다. 함포의 등장은 해상 전술에 일대 혁명을 불러왔다. 화포는 기본적으로 육지 전투에서 쓰는 무기였으므로, 배에 장착해 쓴다는 개념 자체가 없었다. 역사상 유례가 없는 함포의 활약으로 고려 수군은 왜구를 상대로 완벽한 승리를 거두었다.

진포대첩은 세계 최초의 함포해전이었다. 서양 최초의 함포해전이 1571년 그리스의 레판토 항구 앞바다에서 에스파냐, 베네치아, 로마 교황의 기독교 연합 함대가 오스만 제국의 함대와 싸워 크게 이긴 레판토 해전이었으니, 그보다 무려 200년 가까이 앞섰다.

그런데 진포는 정확히 어디일까? 금강 하구둑이 있는 군산시는 진포가 지금의 군산 지역이라 주장한다. 그런데 금강을 사이에 두고 군산과 마주보고 있는 충청남도 서천군에 또 하나의 진포대첩기념비가 있다. 최무선 부도원수와 함께 진포대첩을 지휘한 총사령관, 나세 상원수를 기념하는 비석이다. 나세 장군은 원나라에서 고려로 귀화한 인물로, 홍건적과 왜구 토벌에서 많은 공을 세웠다. 나세 장군의 후손은 서천이 진포대첩 유적지라고 주장한다.

어느 쪽 주장이 맞는가? 군산과 서천 두 지역 모두 나름의 근거를 가지고 있다. 서천은 조선 숙종 때 안정복이 집필한 역사서 《동사강목東史綱目》을 근거로 내세운다. 《동사강목》은 진포를 "서천의 남쪽"이라 기록했다. 반면 《동사강목》보다 300년 먼저 편찬된 《고려사》는 진포를 지금의 군산 지역인 '임피臨陂'라 말한다.

임피에는 조창漕倉인 진성창鎭城倉이 있었다. 세곡을 모아 보관하고 이를 수도까지 운송하기 위해 수로水路 근처에 설치한 창고가 조창이다. 진성창은 고려의 주요 조창 가운데 하나로, 호남평야 일대의 쌀은 모두 여기에 모였다가 개경으로 향했다. 왜구가 눈독 들이는 건 불 보듯 뻔한 일이었다. 고려도 왜구를 대비하지 않을 수 없어 진성창 주변에 왜구의 침입에 대비한 토성을 쌓았다.

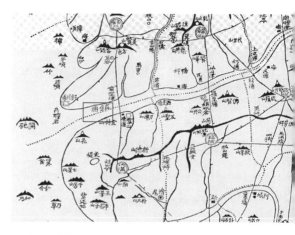

군산시와 서천군이 서로 진포대첩지를 자처하고 있다. 어느 곳이 진짜 격전지일까? 〈대동여지도〉의 16첩 5면을 보면 금강 하구 지역을 '진포'로 기록한 것을 알 수 있다. 금강을 경계로 북쪽이 오늘날의 서천군, 남쪽이 군산시이니 진포를 두 지역 중 어느 하나로 한정하기는 어렵다. 또한 당시 1만에 달하는 왜구의 병력을 생각하면 하구 양쪽 모두를 공략하려 했다고 생각해야 타당할 것이다.

진포가 어디인가를 둘러싸고 벌써 여러 해에 걸쳐 군산과 서천 지역이 논란 중이다. 그러나 두 지역 모두 금강 하구와 접하고 있기 때문에, 진포를 특정 지역으로 한정하기는 어렵다는 게 전문가의 의견이다. 500척에 달하는 왜구의 배가 들어왔으니, 한 척에 스무 명만 타더라도 1만 병력이 된다. 이런 대규모 선단의 병력이 금강 하구에 진입했다면, 군산이나 서천 중 어느 한 지역만 공략하기보다 하구 양쪽에 배를 대고 두 지역 모두 약탈을 하려 했다고 보는 편이 타당하다.

서천 지역에도 진포대첩의 유적이 남아 있다. 바다와 닿아 있는 강 하구를 통해 침입하는 외적을 막기 위해 만든 방어 진지인 장암진성長巖鎭城이다. 장암진성은 진포대첩 당시 성을 지키던 주둔군과 조정에서 급파한 지원군이 협공으로 왜구에 맞선 전초 기지였다. 왜구가 이 지역을 자주 침범해 공민왕 1367년에는 이순李珣을 보내 지키게 했다는 기록이 남아 있다. 결국 진포는 군산과 서천을 모두 포함하는 금강 하구 일대였다.

최무선 시대의 총통

최무선은 대장군大將軍, 이장군二將軍, 삼장군三將軍, 육화석포六花石砲, 화포火砲, 신포信砲, 화통火筒, 화전火箭, 철령전鐵翎箭 등 다양한 화약 무기를 만들었다. 그러나 아쉽게도 기록으로만 전할 뿐 유물이 없었다. 그런데 2004년, 한 골동품 수집가가 최무선이 활동하던 시기의 것으로 추정되는 총통을 입수한 사실이 알려졌다. 청동으로 제작된 길이 30.2센티미터, 지름 4.6센티미터인 총통의 표면에는 다음과 같은 명문이 새겨 있다. '홍무십팔년洪武十八年'.

홍무는 명나라 태조 주원장朱元璋의 연호로, 홍무 18년은 고려 우왕 11년이며 진포대첩 5년 후인 1385년이다. 또한 이 화포에는 '양광楊廣'이라는 글자도 새겨져 있는데, 고려 시대 경기와 충청 지역 일원에 설치된 행정지명이다. 이 명문대로라면 오늘날 남아 있는 총포 가운데 가장 오래된 것이며, 최무선이 만든 진포대첩 당시 화포의 실체를 밝힐 수 있는 결정적 단서가 된다. 과연 이 총통은 진포대첩 당시의 화포일까?

현재까지 공식적으로 확인된 우리나라에서 가장 오래된 화포는 경희대학교 박물관이 소장하고 있는 경희고소총통慶熙古小銃筒으로, 청동 합금으로 만들어진 길이 24센티미터의 소형 총통이다. 재질과 내부 구조로 볼 때 조선 세종 이전에 만들어졌다. 세종은 병기 개혁을 단행, 무기를 대대적으로 개선했다. 그 이후 만들어진 총통은 총구에서 약통藥筒에 이르는 굵기가 일정한 데 비해, 경희고소총통은 총구에서 약통으로 갈수록

고려 우왕 11년(1385)에 제작된 것으로 추정되는 총통. 고려 시대 화포는 기록만 전할 뿐 유물이 없었는데, 2004년 한 개인소장가가 입수했다. 진포대첩 5년 후에 제작되었으니 최무선이 만든 당대의 화포를 연구하는 좋은 자료다. 총통 표면에 홍무 18년이라고 새겨 있다.

좁아진다.

근대 이전의 총은 총신을 고정하는 모병冒柄, 화약을 담는 약통, 탄환이 발사되는 부리로 나뉜다. 조선 시대 세종의 병기 개혁 이후에는 격목激木이 추가된다. 격목은 코르크 마개처럼 생겼다. 코르크 마개로 병의 입구를 막는 것처럼 총열에 꼭 맞는 격목을 넣어 약실 입구를 밀봉한다. 화약이 연소하면 가스가 생기고, 그 가스가 폭발하면서 총통이 발사된다. 약실을 밀봉하는 목적은 가스의 유출을 막아 화약의 폭발력을 최대화하는 것이다.

격목이 있는 총통은 총열의 굵기가 일정하지만, 경희고소총통을 비롯한 고려 시대 총통은 격목이 없고 총열이 약통으로 갈수록 좁아진다. 왜 그럴까? 14세기 세계 모든 총통의 구조가 그러했다. 발사물이 탄환이 아니라 화살이었기 때문이다. 고려 총통에서 화살은 발사물이면서 동시에 격목이었다. 화살대 끝이 총열에 꼭 맞아 더 이상 들어가지 않을 때까지 꽉 끼우면 약실은 밀봉된다. 총열이 점점 좁아지는 구조는 화살대의

공식적으로 확인된 우리나라에서 가장 오래된 화포인 경희고소총통. 고려 말에서 조선 초 세종 대 이전에 만들어졌다.

굵기가 달라도 모두 총열에 꼭 맞도록 하기 위해서다.

그렇다면 홍무 18년 총통의 내부 구조는 어떨까? 총통을 실측해 내부 구조를 분석한 결과, 경희고소총통과 마찬가지로 부리에서 약실로 갈수록 좁아지는 구조다. 부리와 약실 사이에 격목도 없다. 이런 사실을 종합하면 홍무 18년 총통은 최무선이 제작해 진포대첩에 이용했던 고려 당대의 총통으로 추정할 수 있다.

600년만에 다시 불을 뿜다

홍무 18년 총통의 위력을 알아보기 위해 총통을 복원, 실제 발사 실험을 했다. 먼저, 설계도에 따라 나무를 깎아 총통 목형木型을 만든다. 목형을 모래에 찍어 흙본을 만들고, 흙본의 빈 공간에 청동 합금을 부어 주형을 떠낸다. 청동, 주석, 아연을 청동 화포의 일반적인 배합 비율에 따라 합금했다. 약통이 튼튼하고 화살을 박아 넣었을 때 틈이 없어야 한다. 또한 총구가 동그랗지 않으면 폭발할 때 가스가 새나가 화력이 줄어들기 때문

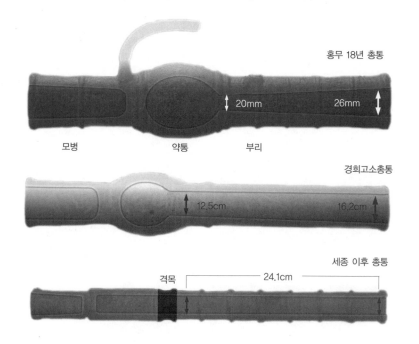

홍무 18년 총통

20mm   26mm

모병   약통   부리

경희고소총통

12.5cm   16.2cm

세종 이후 총통

격목   ⌐ 24.1cm ¬

홍부 18년 총통, 경희고소총통과 조선 세종 때 총통의 내부구조도. 모병, 약통, 부리로 이뤄진 구조는 비슷한데 세종 때 총통은 격목이 있어서 약통을 밀봉하는 역할을 했다. 홍무 18년 총통과 경희고소총통은 약통 쪽으로 갈수록 부리가 좁아지는데, 격목 없이 화살 끝 부분으로 약통 입구를 막았기 때문이다. 이는 고려 총통의 특징이다.

에 주의를 기울여야 한다.

이렇게 고려 시대 화포가 600년 만에 부활했다. 그 위력은 어느 정도일까? 도화선은 안전과 편의상 전기 뇌관으로 대체했고, 화약은 최무선 당시의 흑색 화약을 사용했다. 화약을 넣고 화살을 끼운다. 약실 입구가 완전히 밀봉되도록 화살을 단단히 박는 게 중요하다. 사상 최초로 복원된 14세기 고려 화쏘는 과연 제대로 발사될 것인가!

화살은 초속 30미터의 빠른 속도로 150미터 가량 날아가 45도 각도로 꽂혔다. 예상을 뛰어넘는 강력한 성능이다. 땅에 한 뼘 이상 깊이로 박혔으니, 사람이 이 화살을 맞으면 목숨을 잃거나 심각한 부상을 당할

홍무 18년 총통의 실제 위력을 알아보기 위해 복원 발사 실험을 했다. 1 설계도를 그린다. 2 설계도를 바탕으로 나무를 깎아 총통 목형을 만든다. 3 목형을 진흙에 눌러 흙본을 만든다. 4 흙본에 청동 합금을 부어 주형을 떠낸다. 5 주형을 물에 식혀 다듬는다. 6 복원한 총통에 도화선을 연결한다. 7 최무선 당시의 화약을 넣는다. 8 화살을 단단히 박아넣어 밀봉한다. 9 도화선에 불을 붙인다. 10 화약이 연소하면서 나오는 가스의 압력으로 화살이 발사된다.

게 틀림없다.

활을 쏘거나 가까이 접근해 칼로 전투를 치르는 데 익숙한 왜구들은 혼비백산하여 도망갔다. 심리적으로도 이 새로운 무기를 사용하는 고려군은 사기가 충천하고, 왜구는 두려움에 떨었을 터다. 화살이 굉음을 내며 엄청난 속도로 무수히 날아온다면 전진할 수 없을 정도로 두려움을 느끼게 된다. 진포대첩 당시 고려 수군이 사용할 함포는 세계 어디에서도 유래를 찾을 수 없는 강력한 무기였다.

진포대첩에서 사용된 화약무기는 이것만이 아니다. 달리는 불을 뜻하는 주화走火는 발사물에 약통을 매달아 도화선에 불을 붙이면 약통 안의 화약이 연소하면서 가스를 분출해 그 추진력으로 날아가는 일종의 로켓 무기다. 사정거리가 1킬로미터 이상이었다고 하니 무척 위협적이다. 주화는 조선 시대에 동시에 100발까지 쏠 수 있도록 개량돼 신기전神機箭이라는 이름으로 불리게 된다. 조선 시대 왜적과의 전투에서 큰 구실을 했던 신기전은 이미 고려 시대부터 사용되고 있었다.

그런데 이런 무기의 원천 기술은 화약이다. 당시 화약은 오늘날의 전략 무기에 버금가는 중요성을 지녀, 화약 제조 기술을 보유한 국가는 제조법을 철저히 비밀에 부쳤다. 최무선은 혼자 연구를 거듭하며 화약 제조 원천 기술을 알아내기 위해 고심해야 했다. 최무선은 어떻게 화약 제조법을 알아냈을까?

염초와 화약의 비밀을 찾아서

고려는 화약 무기를 언제부터 알고 있었을까? 1281년에 고려와 몽골 연합군의 일본 원정을 묘사한 그림 〈몽고습래회사〉를 살펴보자. 전투 상황을 사실적으로 묘사한 이 그림에 화약 무기가 나온다. 오늘날의 수류탄

주화는 달리는 불이라는 뜻으로, 화약을 연소하여 날아가는 로켓 창이었다. 조선 시대에 들어와 100발을 동시에 발사할 수 있도록 개량되었는데 이를 신기전이라 한다.

과 비슷한 철포鐵砲다. 사발 두 개를 포개놓은 모양의 철로 된 껍질에 화약을 넣고, 구멍을 뚫어 도화선을 장착한 무기다.

원나라 군의 화약 무기는 일본군에게 엄청난 피해와 충격을 줬다. 원나라 군을 통해 처음 화약을 접한 고려는 일본 원정 이후 화약 무기를 수입해 실전에 활용할 방책을 모색했다. 특히 왜구의 침입이 잦았던 공민왕 때 화약 무기를 이용해 국방력을 강화하려 했다. 중국에서 만든 화약과 화약 무기를 수입해 사용했지만, 수입에 의존하다보니 수량이 부족하여 전투에 본격적으로 사용하기 힘들었다.

고려에는 화약 제조 기술이 없었다. 명나라에 사신을 보내 왜구와 싸우기 위해 화약의 지원을 요청했지만 여의치 않았다. 명 태조 주원장朱元璋의 생각은 이러했다.

화약과 염초焰硝와 유황은 생산량이 많지만 수요 또한 많다. 그러니 어찌 중국에 있다 하여 다른 나라에 줄 수 있겠는가?

명나라는 고려의 화약 지원 요청을 사실상 거절했다. 최첨단 무기 기술인 화약 제조법과 화약 무기 기술을 다른 나라에 이전시켰다가, 그 나

라가 공격해 온다면 어떻게
할 것인가? 국가적인 기밀
사항으로 철저하게 관리하
는 게 당연하다.

당시 왜구는 고려의 국가
적인 재난이었다. 해안을 노
략질하던 왜구는 점차 내륙
까지 들어오기 시작해 한 해
에 수백 차례씩 피해를 입혔
다. 고려는 화약이 절실히
필요했다. 최무선은 왜구를
제압하는 데 화약이 가장 좋
은 대안임을 간파하고, 독자

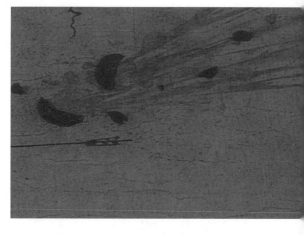

〈몽고습래회사〉에 나타난 원나라의 철포. 오늘날의 수류
탄과 비슷한 던지는 화약 무기다. 폭발할 때 발생하는
후폭풍과 화염에 의해 적을 살상하는 무기로 일본군에
막대한 피해를 주었다.

적으로 화약 제조법을 연구했다. 한편, 중국의 화약 기술자를 포섭했다.
염초 만드는 방법을 터득하는 데 원나라 사람 이원李元의 도움을 많이 받
았다고 한다.

최무선의 연구에서 가장 큰 난관은 바로 염초였다. 화약은 세 가지
재료 유황, 숯, 염초를 일정한 비율로 혼합해 만든다. 염초는 초석硝石이
라고도 하며 오늘날 질산칼륨KNO₃이라 하는 화학물질이다. 유황과 숯은
자연 상태에서 비교적 쉽게 얻을 수 있지만, 염초는 쉽게 얻을 수 없다.
염초를 만드는 방법을 최초로 개발한 이는 역시 중국인이다. 최무선은
염초를 어떻게 만들어냈을까?

최무선 당대의 화약을 복원해보자. 염초 제조법에 관한 고려 시대의
기록은 없다. 그래서 최무선 시대에서 200년이 지난 1635년 조선 인조
때 편찬된《신전자취염초방新傳煮取焰硝方》을 참고했다.

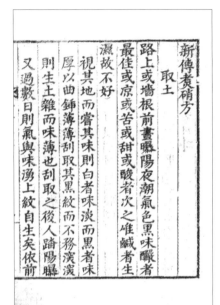

1698년(숙종 24) 역관 김지남이 쓴 《신전자취염초방》은 화약을 다루고 있는 우리나라 기록 중 가장 오래된 것이다. 《신전자초방》의 화약 제조 비율은 현대 화약과 비슷한데, 최무선이 만든 화약도 거의 동일할 것으로 추정된다.

염초의 기본 재료는 흙이다. 《신전자취염초방》은 염초의 재료로 마루 밑이나 담장 밑, 온돌 밑에 있는 흙을 제시하고 있다. 아궁이에 불을 땔 때 나오는 연기 속에는 이산화탄소가 많다. 따라서 온돌이나 아궁이에는 탄산염이 남게 된다. 아궁나 온돌 밑에서 수집한 흙을 재와 1대 1로 배합한 후 소변을 넣어 다시 섞는다. 섞은 재료 위에 말똥을 덮고 말똥이 마르면 태운다.

이렇게 하면 말똥이 서서히 타면서 온도가 일정하게 유지돼 화학반응이 일어나는 데 적합한 조건이 된다. 태운 가루를 물에 타서 거른 후 세 번 끓여 식힌다. 이 모든 과정을 거치면 용액의 결정체인 염초, 즉 질산칼륨이 추출된다. 그리고 염초와 숯, 황을 일정한 비율로 섞어 흑색 화약을 만든다.

재료의 추출 못지않게 중요한 것이 혼합 비율이다. 혼합 비율이 맞지 않으면 화약의 폭발 위력이 줄어들거나 아예 폭발이 일어나지 않을 수도 있다. 그러니 혼합 비율이야말로 화약을 만드는 사람에게 가장 중요한 비밀이다. 최무선 당대의 화약 혼합 비율은 전해지지 않는다. 최무선이 《화약수련법火藥修鍊法》, 《화포법火砲法》 등을 저술했다고 하지만 전하지 않고, 화약의 혼합 비율은 중요한 국가적 기밀 사항이어서 되도록 기록으로 남기지 않는 편이었다. 그에 관한 우리나라 최초의 기록은 1698년 조선 숙종 때 발간된 《신전자초방新傳煮硝方》이다.

이 책에 따르면 초석과 숯, 유황의 비율은 70:20:10이다. 이 비율은 현대 화약의 제조 비율과도 흡사하다. 학자들은 《신전자초방》의 기록이 최무선 당대로부터 내려온 비법이라 추정한다. 최무선은 무수한 실험과 실패 끝에 염초 제조법과 화약의 혼합 비율을 알아내 화약 국산화에 성공했다. 국산화에 성공하자 최무선은 1377년 조정에서 화통도감火筒都監이라는 기구의 설치를 허락받고 각종 화약 무기를 본격적으로 생산하기 시작했다.

최무선의 거듭되는 청을 고려 조정이 들어주었다는 것은, 화약 개발이 국가 안보에서 매우 중요한 의미를 지니는 국방 과학 프로젝트였다는 방증이다. 그로부터 몇 년 후 거둔 진포대첩의 승리는 이 프로젝트의 첫 결실이었다.

전쟁의 역사를 다시 쓴 화약 무기

화약은 중국에서 발명돼 이슬람 세계를 거쳐 유럽으로 전파됐다. 화약과 화포의 등장은 세계의 역사를 빠르게 변화시켰다. 1453년 오스만 제국의 왕 메메드 2세가 콘스탄티노플, 즉 오늘날 터키의 이스탄불을 점령할 때 역사상 가장 유명한 대포가 등장했다. 오스만 제국은 무게가 600킬로그램이 넘는 초대형 대포를 동원해 난공불락을 자랑하던 콘스탄티노플의 이중 성벽을 초토화시켰던 것이다.

유럽에서는 화포가 중세의 봉건 체제를 무너뜨리는 결정적 계기가됐다. 봉건 체제에서 영주는 높은 성곽을 두르고 그 안에 거주하면서 자신의 영지를 다스린다. 높고 단단한 성벽을 무너뜨리거나 뚫기는 힘들

(위) 중세 성벽을 공격하는 대포. 대포의 등장으로 중세 봉건 영주들의 성벽이 무너지면서 봉건 체제도 무너져갔다. 화약과 화포의 발달은 세계의 역사를 더욱 빠르게 변화시켰다.

(아래) 단약을 제련하는 도사의 모습이다. 도교에서는 중금속을 불로장생약으로 여겨 그것으로 단약을 만드는 연구를 많이 했다. 이 과정에서 우연히 유황과 숯, 초석을 섞으면 폭발력이 생긴다는 것을 알게 되고, 화약이 만들어졌다.

다. 더구나 폭이 넓은 방어용 도랑[垓子]도 있었다. 결국 성 안으로 화살이나 돌을 날려 보내거나, 병사들이 큰 희생을 각오하고 사다리를 타고 올라 공격에 나서야 했다. 그런데 대포가 등장하면서 성벽과 성문을 비교적 쉽게 무너뜨릴 수 있었다. 봉건 영주의 성벽이 무너지자 봉건 체제 또한 무너져갔다.

화약의 종주국은 역시 중국이다. 중국은 7세기 당나라 때 화약을 처음 발명해 송나라 때부터 화약 무기를 본격적으로 실용화하기 시작했다. 북송北宋의 수도였던 카이펑시開封市에는 국가에서 운영하던 화약 공장인 화약작火藥作이 있었다. 화약작은 병기를 만드는 군기감軍器監의 산하 기구로 11세기부터 13세기까지 화약과 화약 무기의 생산을 담당했다. 북송 초기 화약작에서 일하는 기술자는 대략 100여 명이었지만, 중기인 현종 때는 1000명에 달했다. 그만큼 화약 생산이 활발해졌다.

화약은 도교의 연단술煉丹術에서 비롯됐다. 도교에서는 중금속을 불로장생약으로 생각하고, 중금속이 함유된 단약丹藥을 만드는 연구가 활발했다. 그런 연구와 실험 과정 중 우연히 유황과 숯, 초석을 일정 비율로 섞으면 폭발력을 지닌 물질을 얻을 수 있다는 사실을 알게 되었다. 영생하려는 꿈을 추구하다가 만들어진 화약은 송나라에 이르러 사람을 살상하는 무기로 개발됐다. 1044년 완성된 군사 기술서인 《무경총요武經總要》는 무기로서 화약 제조법을 기록한 중국에서 가장 오래된 문헌으로, 세 가지 화약 제조법이 기록돼 있다.

당시 화약 기술자는 화약 만드는 법을 모두 머릿속 기억으로만 간직하고 다른 사람에게는 비밀로 했다. 화약 제조 기술은 기술자에서 기술자로 비밀리에 전해지는, 즉 비전秘傳되는 지식이었다. 그러다가 송나라 조정이 증공량曾公亮, 정도丁度 등에게 《무경총요》를 편찬하게 명하면서 화약 제조 기술도 문헌 기록으로 남게 되었다.

화약 제조 기술은 다양한 화약 무기 개발로 이어졌다. 화살촉에 화약을 매달아 터뜨리는 가장 기본적인 화약 무기인 화전火箭, 폭탄의 하나로 성을 지키는 데 사용했던 진천뢰震天雷, 우리나라의 주화나 신기전과 비슷한 로켓 무기 등이 만들어졌다.

기록에 남아 있는 최초의 로켓 무기는 1312년 남나라 군대가 창 끝에 화약을 채운 대나무 통을 매달아 발사했다는 비화창飛火槍이다. 창의 앞부분에 매달아 놓은 대나무 통에 화약을 넣고 발사하면 통 속의 화약이 맹렬히 타면서 연소 가스를 뒤로 분출하는데 그 반작용으로 창이 앞으로

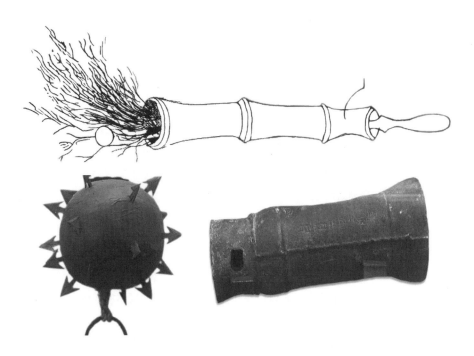

놀화창(위)은 1259년 남송에서 만든 최초의 총포나. 원통형 관에 탄환과 화약을 넣고 도화신으로 불을 붙여 탄환을 발사하는 총의 원리가 고스란히 담겨 있다.
진천뢰(아래 왼쪽). 금나라에서 처음 만들어져 남송으로 전해졌는데, 남송에서는 철화포鐵火砲라고 불렀다. 진천뢰라는 이름은 폭발시의 우레 같은 소리에서 유래했다.
대나무 통을 사용한 원시적 총포인 돌화창에서 본격적인 총포가 나타난 것은 원나라 때다. 현존하는 세계에서 가장 오래된 총포인 원나라 지순 3년 총통(아래 오른쪽).

날아가게 된다.

당시 송나라는 요나라와 금나라, 몽골 등 북방 기마 민족의 위협을 받고 있었다. 화약 무기는 보병 위주의 전술을 폈던 송나라가 북방 민족의 강력한 기마 전술에 대항하기 위해 채택한 신무기였다. 전쟁이 거듭되고 무기 개발도 본격화하는 가운데 획기적인 화약 무기가 개발됐다. 화약을 넣은 원통형 발사관에서 탄환을 발사하는 총포銃砲가 탄생했다. 송나라의 역사서 《송사宋史》에 따르면, 남송은 이종 황제 때인 1259년 안휘성安徽省 수춘부壽春府에서 최초의 총포인 돌화창突火槍을 만든다.

무엇을 넣어 발사했을까?

오늘날 대포와 총에 넣어 발사하는 포탄과 총탄은 공기 저항을 줄이고 목표물에 더 큰 타격을 가할 수 있도록 앞이 뾰족하다. 그러나 옛날 화포에 넣는 포환은 우리가 TV 사극이나 영화에서 봤듯 구형이었다. 쇠로 만든 것은 철환, 납으로 만든 것은 연환鉛丸이라 했고, 철환에 납을 씌워 만든 수철연의환水鐵鉛衣丸과 돌을 깎아 둥글게 만든 단석團石도 있다. 작은 돌을 많이 넣어 산탄 효과를 내기도 했다.

철환은 파괴력이 높고 만들기도 쉽지만, 너무 무거워 멀리 날아가지 못하고 화포의 포구 크기에 정확히 맞춰 가공하기도 힘들다. 연환은 철환보다 가벼워서 멀리 날아가고 살상력이 좋으며 가공하기 쉽다. 수철연의환은 철환과 연환의 장점을 두루 지니지만 만드는 과정이 까다롭다. 단석은 흔히 구할 수 있는 재료로 쉽게 만들 수 있다는 장점이 있다.

가장 특이한 발사체는 임진왜란 때 이장손李長孫이 개발한 것으로 알려져 있는 비진천뢰飛震天雷다. 20근(약 12킬로그램) 무게의 둥근 무쇠 안에 화약과 철편을 넣고 발화 장치와 화약선을 장착한 폭탄으로, 화약선의 길이에 따라 폭발 시간이 달라진다. 땅에 떨어진 후 폭발하는데, 폭발하면서 철편이 사방으로 날아가 적에게 타격을 가한다. 비진천뢰 이전에 몽골군과 고려군이 사용했던 진천뢰는 화포로 발사하지 않고 주로 손으로 던지는 폭탄이었다.

포환 외에 화살을 발사하는 경우도 많았다. 화살은 포환에 비해 정확도가 높고 여러 개를 한꺼번에 발사할 수 있다. 조선 전기의 대전大箭은 그 이름에 걸맞게 길이가 190센티미터에 달했고, 조선 후기에는 대장군전(265센티미터), 장군전(204센티미터), 차대전(144센티미터), 피령전(150센티미터) 등이 사용됐다. 화포로 발사하는 화살은 주로 바다에서 적선 파괴용으로 개발되었는데, 임진왜란에서 조선 수군의 효과적인 무기로 사용됐다.

돌화창은 기본적인 형태의 총포로, 굵은 대나무의 마디를 뚫어 총신을 삼고, 작은 구멍을 내 점화용 도화선을 넣었다. 화약과 탄환을 함께 섞어 넣고 도화선에 불을 붙이면, 통 끝에서 화염과 탄환이 함께 발사된다. 유효 사정 거리도 매우 짧고 발사 성공률도 높지 않았겠지만, 탄환이 발사될 때 나는 소리가 크고 화염까지 뿜어져 나오기 때문에 적에게 큰 위협이었을 것이다.

제국을 일으키고 또 무너뜨리고

대나무 통이 금속으로 바뀌면서 진정한 의미의 총포가 되었다. 총포가 본격적으로 발전한 때는 원나라 시대다. 원나라의 수도였던 베이징에는 송나라와 금나라의 기술을 흡수해 눈부신 발전을 이뤘던 원나라의 총통이 많이 남아 있다.

그 가운데 발견된 총포로는 세계에서 가장 오래된 것도 있다. 바로 원나라 지순 3년(1332)에 만들어진 총통으로, 길이 35.3센티미터, 포 입구 10.5센티미터, 무게 6.94킬로그램이다. 이 총통 표면에는 지순 3년이라는 글자와 함께 원나라 국경수비대가 300자루 이상의 총통으로 무장하고 있었음을 알려주는 문장이 새겨 있어 총통이 실전에 널리 사용되고 있었음을 알 수 있다.

금나라와 한인漢人의 화약 무기는 몽골에게는 더없이 귀중한 보물이었다. 몽골은 그런 무기를 개량하기도 하고 새로운 무기를 만들어 내기도 하면서 세계 정복 전쟁에 적극 활용했다. 그리고 총통은 유럽과 이슬람 세계에 전해져 이후 전쟁의 양상을 급속도로 변화시켰다. 역설적으로 원나라가 개발한 총통 제조 기술은 널리 퍼져 14세기 말 이미 원나라의 심장을 겨누고 있었다. 1368년 원나라는 막강한 화포로 무장한 명나라

주원장의 공격을 받고 무너졌다. 세계에서 가장 뛰어난 화약 무기를 개발하여 세계 정복의 꿈을 실현했던 원나라는 결국 자신이 개발한 무기로 멸망한 셈이다.

고려의 최무선이 처음 화포를 만든 게 1377년이니 현존하는 가장 오래된 총통보다 약 40여 년 뒤진다. 고려는 비록 화약 개발에서는 600년 이상 뒤졌지만, 화약 무기 개발에서는 놀랍도록 빠른 속도로 중국을 따라잡았다. 화포 사용이 본격화하는 14세기에 이르렀을 때 중국과 고려의 화약 무기는 대등한 수준이었다. 고려의 화약 무기는 그 종주국이라 할 중국에 결코 뒤지지 않는 수준을 자랑했다.

최무선은 왜구의 침입이 잦았던 영주, 오늘날의 경상북도 영천시에서 태어났다. 영천에 세워진 '최무선장군추모비'.

보딩 전술을 깨뜨려라

그런데 최무선이 개발한 고려 화포의 용도는 다른 나라 화포의 용도와 달랐다. 《신증동국여지승람》의 기록을 보면 최무선의 화약 무기는 '수전화공水戰火攻', 즉 수전에서 화공을 하기 위한 방책이었다. 최무선은 바다에서 적을 불로 공격하기 위해 화약을 만들었다. 왜 해전을 염두에 두고 화약을 만들었을까?

최무선은 오늘날 경북 영천시에서 태어났다. 왜구는 깊숙한 내륙 지역인 영천까지 수시로 침입했다. 영천 시내에는 왜구를 막기 위해 쌓은 읍성 터가 남아 있다. 왜구가 침입할 때마다 사람들이 피난을 떠나 마을

이 텅 비게 되자 마을을 지키기 위해 쌓은 성이다. 영천 지역에 전해 내려오는 이야기로는 한 해에 서른여섯 차례나 왜구가 침입한 적이 있을 만큼 피해가 심하여 주민들이 모두 나서 성을 쌓았기 때문에 빠르게 성이 완성되었다고 한다. 이렇게 최무선은 왜구에 유린당하는 고려의 현실을 체험하며 자랐다.

배를 타고 몰려와 노략질을 하고 빠르게 사라지는 왜구에게 고려군은 속수무책이었다. 고려군은 매복해 있다가 왜구가 상륙하면 활을 쏘아 공격했지만 그다지 효과적이지 못했다. 어린 최무선은 이런 의문을 품지 않았을까? '왜 우리 고려군은 왜구를 초반에 무찌르지 못하고 늘 백성들이 피해를 입은 후에야 싸우는 걸까?'

고려 조정도 같은 의문을 품고 대안을 모색했다. 그 대안은 바로 수군을 창설하고 군함을 보강해 왜구를 바다에서 제압하는 일종의 초전박살 전술이었다. 그러나 바다에서 왜구를 격퇴하기가 결코 쉬울 리 없다. 당시 왜구가 해전에서 주로 구사하는 전술은 배를 붙이고 적선에 올라타 싸우는 보딩boarding 전술이었다.

이 전술은 단병접전短兵接戰으로 이어지기 마련이다. 단병접전이란 칼이나 창 따위의 병기로 적과 직접 맞부딪쳐 싸우는 전투다. 그런데 문제는 고려군이 단병접전에서 왜구에 비해 뒤떨어져 있었다는 점이다. 고려군은 상대적으로 활을 쏘는 데는 능했지만 칼을 들고 일대일로 맞붙어 싸우는 데는 능숙하지 못했다. 그러니 고려군이 보딩 전술에 매우 취약했던 것은 당연한 일이다. 결국 적이 배에 올라타기 전에 공격해 격파할 수 있는 무기가 절실히 필요했다. 최무선은 고려군의 이런 약점을 정확히 알고 있었다. 그래서 그는 적선에 접근하지 않고도 적을 물리칠 수 있는 방법을 연구했다. 그 결과 군함에 화포를 장착하는 방법을 고안했다.

배에 올라타는 왜군 병사를 그린 〈몽고습래회사〉의 한 장면. 왜구는 배를 가까이 붙여 적선에 올라타서 백병전을 벌이는 보딩 전술을 주로 구사했다. 고려군은 왜구의 이 전술을 깨뜨리기 위해 배가 접근하기 전에 화포로 공격하는 전술을 고안했다.

고려 함선의 특징과 최무선의 선택

그러나 배 위에서 포를 쏘는 일은 고도의 전술적 능력이 요구된다. 움직이는 배 위에서, 역시 움직이는 목표물을 정확히 맞히려면 정교한 사격 기술이 필수적이다. 또한 파도로 인한 흔들림이 적어야 하는데, 그러려면 배의 구조가 중요하다.

함선의 안정성과 함포 사격의 정확성을 높이는 조선造船 공학은 오늘날에도 국가적인 보안 사항으로 취급될 만큼 중요한 기술이다. 일단 포탄을 가능한 멀리, 정확히 쏘기 위해서는 함포가 높은 곳에 위치해야 하기 때문에, 무거운 함포가 높은 곳에 있더라도 배가 뒤집어지지 않도록 안정성을 확보해야 한다. 또한 파도로 배가 흔들리면 포의 명중률이 떨어지므로, 잘 흔들리지 않는 구조를 갖추어야 하고 함포 사격 때 생기는 반동을 고려해 배를 튼튼하게 만들어야 한다.

14세기 고려인은 이런 문제를 어떻게 해결했을까? 2005년 전남 신안군 안좌면 금산리 해저에서 발굴된 안좌도선은 진포대첩 당시인 14세기 고려배로 추정되고 있다. 길이 14.5미터, 너비 6.1미터, 깊이 0.9미터로 지금까지 발굴된 우리 고선박 가운데 가장 크다. 선체 외에도 도자기와 도편, 숫돌, 옹기 조각, 밧줄 등이 함께 발굴됐는데, 강진 지역에서 만든 청자를 수도 개경까지 운반하던 청자 운반선으로 추정된다. 이 안좌도선은 건조된 지 600년이 지난 지금까지도 썩지 않을 정도로 견고하게 건조됐다.

우리나라 전통 함선은 두껍고 단단한 목재를 쓴다. 목재를 부착하고 연결하는 데는 쇠못이 아니라 나무못만 썼는데, 단단한 참나무로 만들어 부착 및 연결 상태가 튼튼하다. 여기에 멍에와 가룡을 써서 안정적인 일체형 구조를 갖추었다. 멍에는 배 위에 얹어 배의 대들보 구실을 하고 가룡은 멍에 아래 뱃전 삼판(배 밑 좌우에서 차례로 붙여 올린 외판)에 구멍을 뚫고 나무를 꿴 가로버팀대다.

서양 배를 앞에서 본 모양은 V자형인데 우리 전통 배는 U자형이다. 외판을 U자형으로 연결한 배의 문제점은 물의 압력 때문에 양쪽 외판이 안쪽으로 허물어져버리거나 바깥으로 벌어질 수 있다는 점이다. 멍에와 가룡은 바로 그런 문제점을 해결해 준다. 또한 이처럼 바닥이 평평한 평저형 구조는 조수간만의 차가 크고 수심이 깊지 않은 우리나라 연안에 적합하다.

평저형은 기동성이 떨어지는 대신 안정적이다. 때문에 함포 사격에 매우 적합하다. 함포 사격을 할 때 발생하는 반동이나 충격에도 크게 흔들리지 않는다. 더구나 균형을 잡기 위해 바닥에 돌을 깔아 무게 중심을 낮췄다. 이런 구조는 상단에 무거운 포를 장착하더라도 전체의 균형을 잡아 안정적으로 배를 운용할 수 있게 한다. 최무선은 일찍이 고려선의 구조가 함포를 싣기에 적합함을 파악하고 함선에 포를 싣기 위해 화포를 개발했다.

또한 일본 함선은 가볍고 빠르다. 그런 배를 공격하려면 기동성이 있어야 하지만 고려선은 기동성이 떨어진다. 결론은 다시 활보다 사거리가 길고 위력도 훨씬 더 큰 화포로 귀결된다. 재빠르게 달아나는 왜선을 향해 먼 거리에서 화포로 공격하는 전술이 가장 유망한 것이다.

역사의 향방을 결정하는 과학기술

최무선의 함포는 바다에서 왜구를 제압하며 전세를 단번에 역전시켰다. 함포를 가진 고려는 그동안 소극적 방어로 일관했던 데서 벗어나 공격 위주로 전략을 전환했다. 대표적인 사례가 바로 고려 공양왕 1년(1389년) 2월에 경상도 도순문사都巡問使 박위朴葳가 쓰시마섬을 정벌한 일이다. 박위는 병선 100척을 거느리고 쓰시마를 공격하여 왜선 300여 척과 왜인의 관가와 민가를 불태우고 고려의 민간인 포로를 구출했다.

쓰시마는 농사지을 수 있는 땅이 좁고 토양도 척박하여 식량을 외부에서 충당해야 하는 지역이기 때문에, 쓰시마 사람들은 고려 말부터 조공의 형식을 빌려 대가를 지불하고 식량을 받아갔다. 그러나 그들은 자주 해적으로 돌변해 고려 해안을 약탈했다. 공민왕 때 74회, 우왕 때 무려 378회나 침입했고, 그 가운데 대부분이 쓰시마를 거점으로 하여 이루어졌다. 박위의 쓰시마 정벌은 왜구의 근거지를 공격, 크게 무찔렀다는 점에서 의의가 있다.

최무선이 주도하고 고려 조정이 추진한 화약 및 화포 개발의 국방 과

(왼쪽) 함포를 실은 고려 군선의 모습을 복원한 영상.
(오른쪽) 고려 시대 함선의 내부구조를 디지털 영상으로 복원했다. 전통 한선은 평저형 선박이라 안정적이며 함포 사격에 매우 적합한 구조다. 더구나 함선에는 바닥에 돌을 깔아 무게 중심을 잡았다. 함포를 쏘아도 그 반동에 흔들리지 않도록 하기 위함이다.

학 프로젝트는 이렇듯 시급한 왜구 문제를 해결해 주었을 뿐 아니라, 이후 조선으로 이어져 임진왜란 전까지 200년에 걸친 평화를 가능케 했다. 그리고 마침내 임진왜란에서 이순신 장군이 불패의 신화를 쌓는 원동력이 되었다.

우리는 역사를 인간의 드라마로 기억한다. 역사를 움직이는 동력은 탁월한 영웅이든 이름 없는 민중이든 인간이다. 그러나 또다른 중요한 동력으로 과학기술을 빼놓을 수 없다.

새롭고 앞선 과학기술을 보유한 민족이나 국가가 자주성을 지켜내고 나아가 패권을 차지하는 일을 역사에서 자주 볼 수 있다. 새로운 과학기술은 역사의 향방을 완전히 바꾸어 놓기까지 한다. 가까운 예로 19세기 말~20세기 초에 걸친 새로운 물리학의 발달이 아니었으면 핵무기 시대가 열릴 수 없었고, 20세기 중반 이후 현대사는 핵무기 기술과 떼어 생각할 수 없다.

총통에 관하여

임진왜란 당시 왜군이 육지 싸움에서 승승장구할 수 있었던 요인 가운데 하나가 바로 조총鳥銃이다. 16세기 초 스페인에서 개발된 아케버스Arquebus라는 총이 포르투갈 상인에 의해 일본에 전래됐다. 기록에 따르면 1543년 다네가시마의 영주 다네가시마 도키타카種子島時堯가 포르투갈 인에게 조총 두 자루를 구입하여 그것을 모방, 제작하는 데 처음 성공했다. 유성룡은 《서애집西厓集》에서 조총에 관해 이렇게 기록해 놓았다.

> 우리나라 사람은 본래 활을 잘 쏘았다. 예전의 왜구는 장창과 칼만 가지고 도둑질하러 왔으므로, 우리는 수십 보 바깥에서 활을 쏘아 그들을 제어했다. 우리나라가 성을 잘 지킨 것도 모두 이 때문이었다. 임진년에 왜란이 일어나자 서울과 지방이 바람에 초목 쓰러지듯 하여 팔방이 여지없이 무너진 것은, 태평세월이 100년 동안 계속되면서 백성들이 병사兵事를 알지 못했기 때문이기도 하거니와, 왜군이 수백 보 밖까지 미칠 수 있고 맞으면 반드시 관통하고 바람에 우박이 날아오듯 하는 조총을 가져서 궁시弓矢와는 비교가 되지 않았기 때문이기도 하다.

발달된 총통 기술을 보유하고 있던 조선은 조총을 어렵지 않게 모방할 수 있었다. 이순신 장군은 임진왜란 발발 이듬해인 1593년 9월에, 왜군이 쓰던 조총을 노획하여 그것을 모방해 조총을 만드는 데 성공했다. 20여 년 후인 1614년에는 명나라를 지원하기 위해 출정한 강홍립 장군 휘하 1만3000 명의 병력 가운데 절반이 조총으로 무장할 정도였다.

그러나 조선은 조총의 개량에 적극적이지 않아 19세기 중반에도 임진왜란 때의 조총과 비슷한 수준이었다. 그러니 병인양요와 신미양요에서 프랑스군과 미군에 속수무책으로 당할 수밖에 없었다. 조선이 고려의 최무선에서부터 시작된 화포 제작의 전통을 적극적으로 살려, 임진왜란 이후에도 신형 무기 제작에 지속적으로 힘을 쏟았다면 결과가 달라졌을까?

물론 최무선이 있었고 이순신이 있었으며, 이름 모를 고려와 조선의 수많은 수군이 있었다. 그러나 그들이 펼친 드라마는 화약과 화포 기술, 조선 기술의 발달과 맞물려 펼쳐진 드라마다. 한 시대를 제대로 돌이켜 보고자 한다면, 그 시대의 과학기술을 반드시 살펴보아야 한다.

09 조선의 수도 한성은
어떻게 건설됐나?

전체 18킬로미터, 축성 인원 약 55만 명,
철저한 공사실명제와 유교 이념에 따른 설계.
세 임금, 30년 세월에 걸쳐 쌓은 한성 성곽은
새 왕조 조선의 문화와 힘을 보여주는 증거이자
600년 세월을 이어 오늘날 서울의 근간이 되었다.

한성 성곽, 그 사라진 흔적을 찾아서

조선은 수도를 한양으로 옮기면서 공식 명칭을 한성漢城으로 바꾸었다. 한양을 빙 둘러 성곽을 쌓고 성 밖 10리까지 수도 관할 지역으로 정한 사실로 미루어볼 때 수도의 성곽과 수도를 사실상 같은 개념으로 여겼음을 알 수 있다. 조선의 수도에 세워진 성곽은 지금 어디에, 어떤 모습으로 남아 있을까?

2006년 4월 1일. 서울의 유서 깊은 문화재가 시민의 품으로 돌아왔다. 숭례문(崇禮門, 남대문), 흥인지문(興仁之門, 동대문), 돈의문(敦義門, 서대문)과 함께 사대문을 이루었던 한성의 북문, 숙정문肅靖門이 개방되었다. 숙정문과 함께 성문 양옆으로 이어진 성곽도 공개됐다. 북악의 산비탈에 서 있는 숙정문과 그 성곽. 이곳은 높은 지대라 서울이 한눈에 내려다보인다. 청와대 뒷산인 북악은 민간인 출입이 통제돼왔다. 그 가운데서도 숙정문 구역은 1968년 무장간첩이 청와대를 습격했던 일명 1·21 사태로 인해 폐쇄됐다. 그래서일까? 이곳의 성곽은 비교적 온전하게 옛 모습을

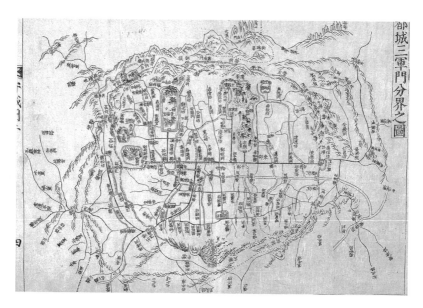

조선의 도읍 한성은 네 줄기 산자락과 빙 둘러 쌓은 성이 조화를 이룬 유서 깊은 성곽 도시다. 영조 연간(1751년)에 제작된 〈도성삼군문분계지도都城三軍門分界地圖〉(목판본)는 도성 방비를 나누어 맡은 훈련도감, 어영청, 금위영 3군의 경비구역을 표시하는 지도로 성곽과 성내 주요 지역이 잘 나타나 있다.

간직하고 있다. 38년 만에 개방된 숙정문 구역을 시작점으로 문화재청은 북악 성곽의 전면적인 개방을 단계적으로 추진하고 있다.

한성 성곽은 해발 300미터가 넘는 인왕산과 북악산, 두 산줄기를 따라 성곽을 쌓았다. 세계 역사상 유례를 찾아보기 힘들 정도로 자연과 어우러진 아름다운 성곽이다. 역사 도시 서울의 면모를 다시 한번 보여주는 유적이 아닐 수 없다.

1396년 완성되었을 당시 한성 성곽의 길이는 총 18킬로미터였다. 오늘날 서울에는 한성 성곽의 흔적이 얼마나 남아 있을까? 조선 시대 한성의 남쪽 정문이었지만 지금은 서울의 한복판이 된 숭례문. 성문만 덩그마니 남아 있을 뿐, 성곽이 있어야 할 자리는 도로가 차지하고 있다. 성곽은

30년 만에 개방된 한성의 북문 숙정문. 숙정문이 있는 북악은 민간인 출입이 오랫동안 금지되었던 지역이라 한성 성벽이 비교적 온전히 남아 있다.

완전히 사라졌을까? 남대문 인근 빌딩 숲 속에 새로 지은 듯한 담벼락이 자리 잡고 있는데 갓 쌓은 회색 돌 사이에, 오래된 성돌이 보인다. 숭례문으로 이어졌던 옛 성곽의 일부가 이렇게 남아 있다.

한성의 서대문인 돈의문과 그 일대 성곽 흔적은 전혀 찾을 수 없다. 다만 사직동 뒤쪽부터는 성곽이 잘 복원돼 있다. 그 성곽은 인왕산 위쪽 산비탈로 길게 이어져 옛 모습을 짐작케 한다. 동쪽의 관문인 흥인지문. 도로가 생기면서 끊어진 성벽은 인근 주택가에서 다시 발견되고 성곽은 낙산으로 거슬러 올라간다. 북악, 인왕, 남산과 함께 서울을 둘러싼 네 개 산 중의 하나인 낙산의 능선을 따라 나지막한 서울 성곽이 흐른다.

성문이 통로라면 성곽은 경계다. 조선 시대에는 성곽이 도성의 안팎을 구분지었다. 한성 성곽은 도심 곳곳에 남아 있다. 예를 들면 신당동에는 태조 때 쌓은 성곽이 잘 남아 있다. 장충동 대로변 축대에서도 옛 성곽과 만날 수 있다. 성곽이 왜 그런 곳에 있을까? 모양이나 크기로 보아 분명히 도성 성곽의 일부였지만 무너진 상태로 방치되어 있다가, 타워호텔과 자유총연맹 건물을 지으면서 축대를 쌓는 데 사용됐다. 그래서 엉뚱한 곳에 와 있는 것이다. 혜화동의 한 중학교 담장도 한성 성곽의 일부였다.

한성 성곽이 훼손된 경우는 이뿐 아니다. 주택가 담장이 되어 버린 옛 성곽은 시멘트로 조잡하게 성돌의 틈을 메워놓아 성벽이라는 걸 짐작하기조차 힘들다. 또 어떤 성곽은 고급 주택가의 축대로 사용되기도 하고, 관공서 관사의 담벼락이 되기도 했다. 이렇게 훼손되고 다른 곳으로 옮겨졌기 때문에 성벽을 보수하고 옛 자리에 돌려놓는 일은 쉽지 않다.

숭례문(위)과 흥인지문(가운데). 성곽은 모두 사라지고 성문만 덩그마니 남았다. 성곽은 어떻게 된 걸까? 새로 쌓은 담벼락 속에 오래된 성돌이 드문드문 섞여 있다(아래). 우리가 무심히 지나치는 곳 어딘가에 한성 성곽이 남아 있다.

옮겨진 성곽의 위치를 확인해도, 그곳에 빌딩이나 도로가 들어섰다면 성곽을 복원하기 힘들다. 도로가 나면서 옆으로 옮겨 놓은 자하문(紫霞門, 창의문彰義門의 다른 이름)은 원상을 복구하는 게 가능하지만, 아예 없어진 돈의문은 성곽이 있던 도로 위에 성벽 그림을 그려 그 흔적을 표시하는 정도가 최선이다. 한성 성곽을 복원하자면 당연히 시민들에게 큰 불편을 끼칠 수 있다. 그러나 성곽의 복원은 역사와 문화를 복원하는 일이자, 유서 깊은 성곽 도시인 서울의 역사성과 자부심을 회복하는 중요한 일이다.

공사 담당 구역과 공사실명제

현재 남아 있는 한성 성곽은 약 12킬로미터. 남아 있는 성곽을 이으면 사라진 성곽의 위치를 추정할 수 있다. 북악, 인왕, 낙산, 남산을 잇는 18킬로미터의 성곽. 태조 연간에만 모두 두 번에 걸쳐 축성 공사를 했다. 태조 5년 1월, "11만 8070여 명을 징발하여 도성을 쌓게 했다." 또 같은 해 8월에 "축성 인부 7만 9400명을 징발했다." 두 번 모두 공사기간은 49일에 불과했지만, 무려 20여 만 명이 동원된 대공사였다.

그런데 한성 성곽에는 특이한 점이 있다. 성벽에서 여러 가지 축성 방식이 나타나는 것. 한쪽은 비교적 돌을 잘 다듬어 큰 돌에서 작은 돌 순서로 정교하게 쌓은 데 비해, 다른 한쪽은 크고 작은 돌을 비교적 거친 상태 그대로 쌓아올렸다. 이렇듯 다양한 축성 방식이 나타나는 것은 여러 시대에 걸쳐 축성과 수리를 거듭했기 때문이다.

1396년(태조 5)에 완공된 한성 성곽은 세종 대에 대대적인 개축공사가 이루어졌고 임진왜란 이후인 숙종 시대에 다시 한번 대규모 개축을 했다. 전쟁으로 성곽 여러 곳이 무너져버렸기 때문이다. 태조 때 축조된 성

'곤자육백척' 성돌(위 왼쪽)과 '강자육백척' 성돌(위 가운데). 한성 성곽은 600척마다 《천자문》의 순서대로 글자를 붙여 구간을 구분했다. 축성 공사에 동원된 장정의 출신지를 표시한 '흥해시면' 성돌(위 오른쪽).
(아래) 한성은 한 번에 쌓은 것이 아니라 태조, 태종, 숙종 등의 왕이 여러 번에 걸쳐 개·보수를 하여 완성했다. 시대에 따라 축성 방식이 달라 쌓은 모양이 다른 성벽들이 섞여 있다.

곽은 규격이 일정하지 않고 다양한 크기의 깬 돌을 사용해 별다른 규칙 없이 쌓은 것처럼 보인다. 그러나 세종 때 축조한 부분은 규격이 비교적 일정하고 아래쪽은 크고 위로 올라가면서 차츰 성돌이 작아진다. 숙종 때는 네모나게 다듬은 돌을 이용했는데 성을 수리하기 위해 규격화된 돌을 제작했다. 재료와 구조가 규격화되면서 돌과 돌 사이에 끼우는 쪽돌도 필요없어졌고, 수직에 가깝게 쌓을 수 있었다. 태조와 세종, 숙종 세 시대에 걸쳐 쌓은 한성 성곽은 후대로 갈수록 축성 방식이 치밀해지면서 점점 더 견고해졌던 것이다.

성벽의 성돌 가운데 글씨가 새겨진 것도 있다. 탁본을 해서 확인하니 '곤자육백척崑字六百尺'이라는 글씨다. 곤崑은 《천자문千字文》의 마흔일곱 번째 글자다. 요컨대 '여기부터 마흔일곱 번째 600척'이라는 표시다. 바로 다음 구간은 '강자육백척岡字六百尺', 마흔여덟 번째 600척으로 표시되어 있다. 강岡은 《천자문》에서 곧 바로 다음 글자, 즉 마흔여덟 번째 글자다.

한성 성곽을 쌓을 때 북악산 정상에서부터 시계 방향으로 600척 단위마다 번호를 매겼다. 그런데 번호를 일, 이, 삼, 사로 매기지 않고 《천자문》에 나오는 글자 순서로 매겼다. 한성 성곽의 전체 길이가 5만 9500척인데, 이것을 6백 척으로 나누어 각 구간마다 《천자문》 글자로 순서를 매겨 처음 천天 자에서 조弔 자까지 모두 아흔일곱 개 구간을 만들었다.

왜 이렇게 구간을 만들어 표시했을까? 그 의문을 풀어줄 단서 역시 성돌에 있다. 서울 남산 일대에 남아 있는 성곽에서 발견된 '흥해시면興海始面'이라는 글자. 이는 '흥해가 시작한 곳'이라는 뜻인데, 근처 성벽에는 경주시면, 경산시면, 하양시면 등도 새겨져 있다. 모두 경상도 지역의 지명으로 흥해를 제외하고는 오늘날에도 사용된다. 흥해는 지금의 영덕 지역이다. 도읍인 한성의 성곽을 축성하는 데는 전국 각지에서 올라온 인력이 이용됐다. 즉 '흥해시면'이란 흥해 지역에서 책임지고 쌓은 구간이 시작되는 곳이라는 뜻이다.

요컨대 동대문에서 남산으로 이어지는 성곽은 경상도가 담당한 공사 구역이었고, 이에 따라 해당 구간의 성벽에 담당 지역명을 새겼던 것이다. 5만 9500척의 성벽은 아흔일곱 개 구간으로 나뉘어 각 구간마다 담당 지역이 배당되었고, 담당 지역의 장정들이 한성에 올라와 성벽을 쌓았다.

600년이 지난 지금까지 한성 성곽이 견고하게 남아 있는 까닭을 알려주는 성돌도 있다. 태조 시대에 쌓은 성벽에 '제삼소수음사정우第三小受音使鄭祐'라는 글자가 보인다. 수음은 조선 초의 이두식 표현으로 숨,

'제삼소수음사정우' 명문 성돌(왼쪽). 또다른 성돌에서는 훈국 패장, 도편수, 석수 등의 글자가 보인다 (오른쪽). 책임자와 기술자의 소속과 직책, 이름까지 새겨놓았다. 이렇듯 책임 소재를 명확히 함으로써 성곽 공사에 더욱 만전을 기했다. 공사 결과가 좋지 못해 처벌을 받은 감독관도 있었다니 한성 축성 이 매우 중요한 사업이었음을 알 수 있다.

즉 구역을 뜻한다. 소수음은 작은 구역이다. 사使는 직책 이름이고, 정우 는 인명이다. 사라는 직책에 있는 정우라는 사람이 관리·감독하는 세 번 째 작은 구역임을 표시해놓은 것이다.

숙종 시대에 쌓은 성벽에서도 직책과 이름을 발견할 수 있다. 이를테 면 훈국訓局은 훈련도감訓練都監을 가리키고 패장牌將은 훈련도감의 직책 이름이다. 공사 감독을 맡았던 사람의 소속과 직책과 이름을 새긴 것이 다. 석수와 도편수처럼 기술 책임자의 이름도 새겨놓았다. 공사 감독자 와 기술 책임자의 직책과 이름을 새겨놓은 것은 요즘으로 말하면 공사실 명제 혹은 책임 시공이었던 셈이다.

조선은 성곽을 더욱 견고하게 쌓기 위해 구간을 나누고 담당 지역 그 리고 공사 책임자를 성벽에 명시하는 공사실명제를 실시했다. 한성 성곽 은 전국 각도에서 동원된 장정이 자신의 이름을 걸고 쌓은 성이었다. 경

조선 도읍지 후보였던 계룡시 계룡대(왼쪽). 100여 개의 거대한 주춧돌들이 남아 있어 왕궁을 건설하던 흔적이 역력하다. 계룡시에는 대궐평, 종로터 등의 지명이 있는데 이 역시 조선의 도읍이 될 뻔한 사실을 알려준다(오른쪽).

기도 평택에서 온 장정, 충청도 결성에서 올라온 장정, 또 경주와 성주에서도 장정이 올라와 커다란 성돌을 하나하나 날라 성을 쌓았다. 세종 시대 개축 공사에서는 성곽을 쌓다가 무려 872명이 목숨을 잃기도 했다. 그야말로 백성들의 피와 땀으로 이루어진 한성 성곽이다.

한양이 수도가 된 까닭

충청남도 계룡시 남선면의 계룡대鷄龍臺로 가보자. 육·해·공 3군 통합기지로, 1989년 7월 육군본부와 공군본부가 입주한 뒤 1993년 6월 해군본부의 이전이 완료되면서 완성되었으며, 총 면적은 900만 평에 달한다. 계룡대가 들어서기 전 이 일대에는 100여 개의 거대한 주춧돌이 사방에 흩어져 있었다.

　현재 계룡대는 그 주춧돌들을 한데 모아 보존 중인데, 그 크기로 보아 짓고자 했던 건물이 결코 평범하지 않음을 짐작할 수 있다. 어떤 공사였을까? 계룡시에는 아직까지 대궐평, 종로터, 서문터, 동문터 등의 지명이 남아 있다. 조선은 이곳에 궁궐을 짓고 있었다. 왕궁 건설지였던 대궐평에 남아 있는 거대한 주춧돌들이 이를 증언한다.

태조 이성계는 즉위한 지 한 달 만에 한양 천도를 명했지만, 개국 공신들의 강력한 반대에 부딪혔다. 대신들은 도시 기반 시설이 제대로 조성되어 있지 않은 한양으로 옮겨 살기 싫었을 것이다. 개경이라는 고도古都에서 오랜 세월 안정된 문화 및 경제생활을 누리던 기득권층은 갑자기 새 도시로 옮겨가 생활 기반을 새로 마련해야 하는 데서 부담감과 불편함을 느꼈을 법하다.

그러나 태조 이성계는 뜻을 굽히지 않았다. 태조는 여러 천도 후보지 가운데 계룡산 신도안〔新都內〕을 도읍지로 낙점하고 수도 조성 공사를 명했다. 그러나 공사는 10개월 만에 중단됐다. 결국 새 나라 조선의 도읍은 한양이 되었다. 임진왜란 이후에 저술된 야사에는 한양이 수도로 결정된 데 무학대사의 영향이 컸다고 전하지만, 과연 그랬을까? 야사와는 달리 《실록》의 천도 관련 부분에서 무학에 대한 언급은 무척 간단하다.

태조 계룡산이 수도로 어떠한가?
무학 잘 모르겠습니다.
태조 그럼 한양은 수도로 어떠한가?
무학 수도로 삼을 만하나, 중신과 잘 상의해 결정하시옵소서.

수도 후보지를 찾아 다니고 수도를 실질적으로 결정한 주체는 태조였다. 무학대사는 그런 역할을 할 위치에 있지 않았고 할 수도 없었다. 그렇다면 계룡산 신도안의 궁궐 공사는 왜 중단됐을까. 그 이유는 하륜河崙의 상소에 잘 나타나 있다. 하륜은 계룡산 일대의 입지가 첫째,

'수파장생 쇠패입지水破長生 衰敗立至'에 해당하는 땅이라 흘러나가는 물이 땅의 기운을 약화시켜 나라를 쇠망하게 하며, 둘째, 계룡산 일대가 국토의 남쪽에 치우쳐 있어 동쪽, 서쪽, 북쪽과 거리가 너무 멀다고 주장했다.

한양이 수도로 결정되기까지 후보지로 거론된 지역은 현재 그 위치가 확인된 곳만 다섯 군데에 이른다. 그 중의 하나가 도라산都羅山이다. 천문과 택지擇地 등을 담당하는 기관으로 천도 작업에서 중요한 구실을 했던 서운관書雲觀이 바로 도라산을 추천했다. 도라산은 현재 경기도 파주시 민통선 안에 있다. 나지막한 산 앞으로 임진강과 습지가 펼쳐져 있는데, 《실록》은 이곳을 둘러본 태조의 반응을 이렇게 전한다. "이렇게 더럽고 습한 곳이 어찌 도읍이 될 수 있단 말인가?" 상식적으로 보아도 수도로서의 입지가 아닌 곳을 추천했음은 서운관 관리들이 수도를 옮기지 않았으면 하는 뜻을 품고 다분히 고의적으로 부적합한 곳을 추천한 게 아닐까? 태조가 역정을 낸 것도 바로 그런 뜻을 간파했기 때문이 아닐지.

또 하나의 후보지인 적성積城 광실원廣實院은 어디인가? 광실원은 오늘날 경기도 연천군 남면 광수원 지역으로, 이곳에는 감악산이 있다. 감악산 일대를 통행하는 관리들이 쉴 수 있는 여각旅閣이 필요했고, 광실원은 바로 그 여각이었다. 광실원 지역을 둘러본 태조는 "조운할 배가 통할 수 없는데 어찌 도읍터가 되겠는가?" 하며 역시 퇴짜를 놓았다. 광실원 앞에 큰 강이 없어 감악산 뒤쪽인 임진강 쪽을 통해서만이 조운이 가능하다. 그렇다면 임진강을 통해 운반한 물자를 다시 산을 넘어 운반해야 하니 그 비용과 불편함이 클 수밖에 없다.

마지막까지 한양과 경합을 벌였던 곳은 무악毋岳이었다. 무악은 인왕산 서쪽 줄기에 자리한 안산鞍山을 가리키는데, 오늘날 서울의 연희동과 신촌 일대다. 무악이 수도가 되지 못한 이유는 무엇일까? 그것은 수도로

무학대사와 태조 이성계

《조선왕조실록》에는 뜻밖에도 무학대사가 그리 신통치 않은 인물로 그려져 있다. 이를테면 승려를 모아 놓고 선禪을 설명하다가 중간에 말문이 막히는 때가 많았다거나, 입적 당시의 모습이 일반 사람과 다를 게 없었다거나, 다비(화장)를 한 뒤에도 사리가 하나도 나오지 않았다고 기록되었다. 조선을 개국한 태조 이성계와 더 없이 친한 사이였던 무학대사가 그렇게 기록된 까닭은 무엇일까?

1402년(태종 2)의 일이다. 태조가 양주 회암사에 머물며 무학대사와 소일하고 있었는데, 태종이 사찰의 땅을 거두어들이라 명했다. 사실상 사찰 재산을 국고로 편입시키려는 조치였다. 그러자 태조가 날로 야위어간다는 보고가 올라왔다. 놀란 태종이 회암사로 가서 태조를 뵈니, 태조가 "무학대사에게 보살계를 받았으며, 술 마시고 고기를 먹으면 벌레로 환생한다 하기에 고기를 먹지 않아 야위어간다"고 말했다. 그리고 "주상(태종)이 나(태조)처럼 부처를 모시면 고기를 먹겠다"고 했다.

결국 태종이 사찰의 땅을 거두어들이라는 명령을 철회하니, 비로소 태조가 고기를 다시 먹기 시작해 기력을 회복했다. 태종으로서는 태조와 친한 무학대사가 눈엣가시였을 것이다. 숭유억불崇儒抑佛 정책을 펼치려 해도 무학대사가 태조를 배경삼아 버티고 있으니 말이다. 무학대사가 세상을 떠나자 태종은 신하들의 뜻을 핑계 삼아 비석을 세워주지 않으려 할 정도였다. 그리고 무학대사가 세상을 떠나자 곧바로 태종은 사찰 소유의 토지를 거두어들이게 했다.

태조 이성계는 왜 그렇게 무학대사와 친했을까? 물론 개인적 친분도 두터웠겠지만, 여전히 불교를 숭상하는 대부분 백성과 많은 신하의 마음을 안정시키는 데 필요했기 때문이다. 무학대사도 태조를 배경 삼아 불교계를 보호할 수 있었으니, 서로 이해관계가 맞아 떨어졌다. 태조 이성계가 조선을 개국한 때는 그의 나이는 57세였다. 즉 그는 57년을 고려인으로 살았다. 신진 사대부 유교 지식인의 추대를 받았지만 그 자신이 유교적 교양을 두텁게 쌓은 것은 아니었다. 그런 태조가 불교에 우호적이었던 것은 당연한 일인지도 모른다.

조선의 도읍으로 한양이 최종 결정되기까지 도라산(경기도 파주시), 광실원(경기도 연천군), 무악(서울특별시 마포구 신촌 일대), 계룡산(충청남도 계룡시) 등 다섯 군데의 후보지가 경합을 벌였다.

삼기엔 터가 너무 좁기 때문이었다. 결국 한양이 수도로 택해졌다. 다만 1420년(세종 2) 당시 상왕이던 태종이 서쪽에 이궁離宮이 없다고 해서, 오늘날 신촌 연세대학교 부근 무악 밑에 이궁을 지었고, 1425년에 연희궁衍禧宮으로 명명했다. 훗날 그 첫 글자가 연延으로 바뀌어 오늘날 연희동延禧洞이라는 이름이 생겼다.

당시의 국정 최고 기관인 도평의사사都評議使司는 태조에게 건의하는 형식을 빌려, 한양이 도읍지가 되어야 하는 까닭을 이렇게 설명했다. 첫째, 한양은 조선 국토 한가운데 자리 잡고 있다. 수도가 어느 한 쪽에 치우쳐 있으면 국가 운영에 많은 어려움이 따른다. 둘째, 수륙 교통이 두루 편리하다. 한양은 한강을 통해 바다로 통하고, 한강 줄기를 통한 내륙 수운도 편리하며, 육로 교통의 요지이기도 하다. 때문에 사람과 물산을 모으는 데 유리하다. 그리고 마지막으로 자연 환경이 아름답고 사람 살기에 편하며 외적 방비에도 유리하다.

당시 한양은 실제로 위와 같은 모든 조건을 갖추고 있었다. 국토의 중앙에 위치해 있을 뿐만 아니라 수륙 교통이 편리했다. 무엇보다 바닷길과 한강을 이용한 세곡 운송이 용이했다. 개경처럼 왜적이 출몰했을 때 예성강이 막혀 조운이 중단될 위험도 적었다. 서거정徐居正의《동문선

東文選》을 통해, 한양이 수도로 선택된 또 다른 이유를 짐작해볼 수 있다. 천도 이전부터 이미 한양은 번화했다는 것이다. 결국 태조는 많은 후보지 중에서 한양을 조선왕조의 새 수도로 결정하여 3년 간 계속된 천도 논의를 마무리 지었다.

> 개경인들 어찌 완벽하겠는가? 이제 이곳 한양을 보니 왕도가 될 만한 곳이다. 더욱이 조운이 편하고 나라 중앙에 위치하니 백성들이 편리할 것이다.

한성은 어떻게 설계되었나?

백악산(북악산), 인왕산, 낙산, 남산까지 한양은 네 개의 산으로 둘러싸인 아늑한 분지다. 천도가 결정되면 가장 먼저 궁궐을 짓는다. 조선 최초의 궁궐이자 가장 권위 있는 궁궐, 즉 법궁法宮인 경복궁. 왕실 조상의 신위를 모시는 종묘宗廟. 그리고 국토의 신과 곡식의 신을 모시는 제단인 사직社稷이 차례로 세워졌다.

터를 매우 중시하는 우리 전통은 도성 설계에서도 마찬가지였다. 태조 3년, 궁궐과 종묘사직을 세울 터를 정하라는 명이 떨어졌다. 수도 설계자가 터를 잡은 기준은 무엇일까? 한성 고지도古地圖에서 지맥만을 부각해보면 흥미로운 사실이 발견된다. 경복궁과 종묘와 사직 모두 산줄기의 끄트머리에 자리 잡고 있다. 종묘는 경복궁 왼쪽 응봉 자락 끝에, 사직은 오른쪽 인왕산 사락 끝에 있다. 한성의 수요 시설물은 모두 중요한 산줄기 지맥의 끝자락에 세워진 셈이다. 지맥의 끝자락이 그 기운을 가장 많이 받는다라고 보았기 때문이다. 우리나라 중·고등학교 교가 대부분에 무슨무슨 산의 정기를 받은 좋은 터전에서 훌륭한 인재들이 많

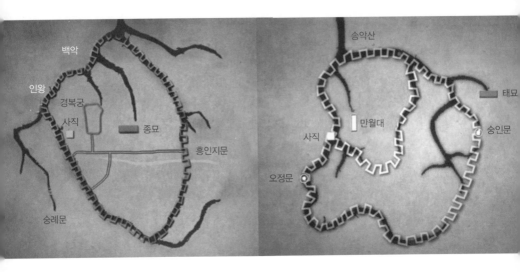

조선 도읍 한성(왼쪽)과 고려 도읍 개경(오른쪽). 두 도읍지 모두 산자락에 감싸 안긴 모양새로 아늑한 분지 지형에 조성됐다. 궁궐과 종묘, 사직 등 도읍의 중요 건축물은 모두 산줄기 끝에 세웠고 성곽은 산세 흐름에 따라 쌓았다. 고려 태묘가 성 밖에 있는 점을 제외하면 놀라우리만큼 꼭 닮은 모습이다.

이 배출되기를 바란다는 식의 노랫말이 등장하는 것도 이와 비슷한 맥락이다.

이렇게 지맥의 끝자락에 건물을 배치한 방식은 고려의 수도 개경에서도 나타난다. 고려 황궁인 만월대와 종묘인 태묘太廟, 사직이 모두 산줄기의 끝에 자리 잡고 있다. 경복궁이 주산인 백악을 등지고 있듯이, 고려의 황궁터인 만월대 뒤로는 송악松嶽이 버티고 서 있다. 건물의 배치 방식뿐 아니라 성곽을 쌓은 모습도 매우 흡사하다. 개경의 외성인 나성羅城은 송악과 용수산(龍岫山 혹은 龍首山)을 따라 이어져 있어 자연 지세를 이용해 쌓은 점이 한성 성곽과 일치한다. 네 개의 산을 이은 성곽과 주요 건물의 배치까지, 마치 옮겨온 것처럼 한성은 개경을 닮았다.

한양에 삼각산(북한산)이 있듯이 개성에는 천마산天磨山, 한양에 백악이 있듯이 개성에는 송악, 인왕산에 해당하는 오공산蜈蚣山, 남산에 해당

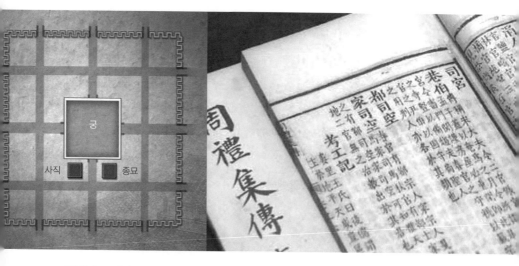

《주례》 '고공기'에는 도성이 갖추어야 할 기본 원리가 제시돼 있다. '고공기'에 따르면 네모반듯한 도성 중심에 궁궐을 짓고 궁궐에서 보았을 때 종묘는 왼쪽에 사직은 오른쪽에 배치해야 한다.

하는 용수산, 이렇게 거의 비슷한 지세다. 서쪽이 높고 동쪽이 낮기 때문에 한양의 청계천이 서쪽에서 동쪽으로 흘러가듯이, 개경의 하천도 서쪽에서 시작해 동쪽으로 흘러간다. 궁궐 배치와 종묘사직의 배치도 사실상 같아, 우리나라 지형지세에 가장 적합한 도시 구조의 기본적인 원형을 개경과 한양에서 찾을 수 있다.

그러나 한 가지 중요한 차이점이 있다. 개경은 고려의 종묘인 태묘가 성 밖에 있는 데 비해 한성에서는 종묘가 성 안으로 들어와 있다. 이 차이는 무엇을 뜻하는가? 조선을 개국하고 나서 반포한 태조의 즉위교서에서 바로 고려의 종묘와 사직 제도를 지은 위치가 방위는 맞지만 종묘가 성 밖에 있어 잘못됐다고 지적했다. 조선왕조는 경복궁을 개경의 만월대에 비해 남쪽의 평탄한 지대에 지어 유교 전통의 도성 모습에 적합한 궁궐을 만들고자 했다.

주나라 시대의 문물 제도를 기록한 《주례周禮》의 '고공기考工記'에 도성의 기본 원리가 제시돼 있다. '고공기'에 따르면 성곽은 평탄한 지형 위에 네모반듯하게 쌓고, 사방에 세 개씩의 문을 내어야 한다. 중심에 황성을 배치하며 황성 왼쪽에 종묘를 오른쪽에 사직을 배치한다. 중국의 베이징은 《주례》'고공기'의 원칙을 가장 충실히 적용시킨 도시다. 베이징의 상징인 자금성紫禁城은 15세기 초 명나라 때 설계됐다. 내성과 외성으로 이루어진 성곽은 정확한 장방형이고 황궁인 자금성은 도성 중앙에 지었으며, 종묘과 사직도 성안에 있다.

유교 이념의 상징적 공간

물론 베이징과 한성의 구조가 같지는 않지만, 한성에서 종묘를 성안에 들이고 궁궐을 평지에 세운 점은 모두 《주례》'고공기'에 따른 것이다. 왜 한성 설계에 《주례》를 적용했을까? 그 까닭은 한성 건설의 총책임자인 정도전의 사상에 있다. 이성계를 도와 조선왕조를 건국한 정도전이 꿈꾸었던 조선은 성리학의 나라였다. 그러니 유교에서 가장 기본적인 예의와 제도를 설명한 경전인 《주례》에 씌인 대로 한성을 설계하고자 했다. 정도전은 유교 경서인 《시경詩經》'대아大雅'에 나오는 '군자만년개이경복君子萬年介爾景福', 즉 임금의 만년토록 큰 복을 빈다는 말에서 따와 조선왕조 정궁의 이름을 짓기도 했다. 바로 경복궁이다.

한성의 관문인 사대문의 이름도 정도전이 직접 지었는데, 철저히 유교 이념을 따르고 있다. 유교에서 사람이 지켜야 할 다섯 가지 기본 도리를 오상五常이라 하며 이는 인의예지신仁義禮智信이다. 또한 세상을 이루는 다섯 가지 근본적인 기운을 오행五行이라 하며 이는 목금화수토木金火水土다. 방위로는 인과 목이 동쪽, 의와 금이 서쪽, 예와 화가 남쪽, 지와 수가 북쪽, 신과 토가 중앙에 해당한다.

이에 따라 남대문은 예를 드
높이는 숭례문이고, 동대문은
인을 흥하게 하는 흥인지문이다
(흥인문이 아니라 흥인지문이 된 데
는 풍수지리적으로 한양의 좌청룡에
해당하는 낙산이 우백호 인왕산보다
짧기 때문에 이를 보완, 균형을 맞추
기 위해 한 글자를 더했다는 설이 있
다). 또한 서대문은 의를 도탑게
하는 돈의문이다. 정도전은 한

오상과 오행은 다섯 방위에 대응시킬 수 있다.
한성 성문 이름을 붙일 때도 이에 따랐다.

성을 통해 조선이 유교 국가임을 상징적으로 표현했던 것이다.

그렇다면 한성의 북문인 숙정문은 어떻게 된 것인가? 숙정문은 본래
그 이름이 숙청문肅淸門이었지만 이름이 바뀌어 중종 이후 《실록》에는 모
두 숙정문으로 기록돼 전한다. 숙정문은 조선 초기부터 사람들이 통행하
지 못할 때가 많았다. 이를테면 태종 13년(1413) 6월에, 숙정문과 창의문彰
義門을 사람들이 드나들면 지맥을 손상시키게 된다는 풍수가의 의견을 받
아들여 숙정문을 폐쇄하고 통행을 금지시켰다. 태종 16년(1416)에는 비가
많이 내리면 숙정문을 닫게 하고 가뭄이 들면 열게 했다. 북쪽은 음양설
에서 음陰에 해당하고 오행에서 물에 해당하기 때문이다. 숙정문을 열어
두면 음기陰氣가 성해져서 한양 여성의 풍기가 문란해진다는 주장도 마찬
가지 이유에서다. 오상 가운데 북쪽에 해당하는 지智는 숙종 41년(1715)에
숙정문 서북쪽(오늘날 상명대학교 앞)에 세운, 지를 넓힌다는 뜻의 홍지문弘
智門에서 찾아볼 수 있다. 그 밖에, 보신각普信閣이 중앙에 해당하는 토土
의 기운을 받는 신信을 상징하고 있다.

조선왕조는 유교 이념을 국가 이데올로기이자 사실상의 국교로 삼아

세워진 나라다. 새로운 수도를 건설하면서 유교 이념을 도시 구조와 주요 명칭에 반영한 일은 당연한 일이다. 지형지세를 중시하는 전통적 도시 설계를 따르는 한편, 새로운 사상에 따라 이념적 상징성을 강하게 부여한 것이 바로 한성 설계의 원리였다.

동전을 던진 태종

> 옛날에는 양주楊州 고을이었다.
> 이 자리에 새 도읍이 좋은 경치로구나.
> 나라를 여신 거룩한 임금께서 태평성대를 이룩하셨도다.
> 도성답구나. 지금의 경치, 도성답구나.
> 임금께서 만년을 누리시어 온 백성이 함께 누리는 즐거움이시도다.
> 아으 다롱디리.
> 앞에는 한강물이여, 뒤에는 삼각산이여,
> 복덕이 많으신 강산 사이에서 영원한 생명을 누리소서.

수도를 찬양하고 국운의 번창을 기원하는 이 노래는 정도전이 지은 악장樂章 〈신도가新都歌〉다. 수도 건설의 총책임자로서 한성에 대한 자

정도전이 지은 〈신도가〉. 한성의 모습을 찬양하고 국운 번창을 기원하며 임금의 덕을 칭송하는 내용이다. 10행으로 되어 있으며, 《악장가사樂章歌詞》에 국문國文으로 가사만 실려 전한다.

부심이 얼마나 대단한지 느끼기에 충분하다. 태조 이성계가 천도를 결정하고 정도전이 수도를 설계했다. 이 밖에 한성 수도 건설에 매우 중요한 구실을 한 인물이 또 한 사람 있다. 바로 태조의 다섯째 아들 태종 이방원이다.

태조 7년인 1398년. 한성에는 권력 투쟁의 회오리가 몰아쳤다. 이방원이 군사를 일으켜 정적인 정도전과 세자 방석을 제거한 이른바 1차 왕자의 난이다. 축성 공사가 마무리된 지 겨우 2년 만에 한성은 피비린내 나는 참극의 현장이 되고 말았다. 1차 왕자의 난이 일어난 직후, 조선의 두 번째 왕으로 즉위한 정종은 개경 천도를 단행했다. 명분은 한성에 수도를 정한 뒤 재이(災異, 재앙이 되는 괴이한 일)가 잦았기 때문에, 재이가 없는 개경으로 피한다는 것이었다. 그러나 실제 이유는 왕자의 난이 일어나면서 민심이 크게 동요하는 상황을 안정시키려는 의도였다.

개경으로 돌아간 이유는 또 있었다. 한양으로 천도한 이후에도 개경의 기득권 세력은 한양으로 이주하지 않고 버텼다. 그 중에서도 개경 상인의 반대가 심했다. 한양 천도를 결정한 다음부터 개경에서 시전市廛 영업을 금지시켰는데도 불구하고 상인들은 근거지를 한양으로 옮기지 않고 한양에 집을 하나 더 지어 왕래하는 쪽을 선택했다. 이는 새로운 수도가 산업과 상업의 중심지 기능을 제대로 하지 못한다는 뜻이니, 보통 심각한 문제가 아니었다.

개경으로 돌아간 다음 한성에서 피비린내 나는 골육상쟁이 또 벌어졌다. 방간과 방원이 시가전을 벌인 2차 왕자의 난이다. 두 차례의 난을 통해 권력을 장악한 방원은 조선의 세 번째 왕으로 등극한다. 바로 태종이다. 태종 즉위 후 다시 천도 논의가 일어났다. 대신들의 의견은 개경, 한양, 무악 등으로 갈라졌다. 태종은 아버지 태조의 뜻에 따라 한양으로 천도하고자 했지만 뜻을 이루기가 쉽지 않았다. 논의가 분분해지다보니 심지어 개경과 한성을 모두 수도로 삼자는 양경제兩京制마저 거론되었다. 그러나 태종의 뜻은 굳건했다. 태종 4년 8월에 내려진 명령이다.

> 한성은 우리 태상왕께서 창건한 땅이요 사직과 종묘가 있는데, 오랫동안 비워두고 거처하지 아니하니 이것은 선대의 뜻을 받들어 온전하게 계승하는 효도가 아니다. 하여 명년 겨울에는 반드시 도읍을 옮길 것이니 궁실을 수리하라.

그런데 다시 한양으로 옮겨가기 직전인 태종 4년 10월 《실록》에 흥미로운 기록이 보인다. 척전擲錢, 즉 동전을 던져 점을 쳤다는 것이다. 내용인즉 이렇다. 새로운 후보지를 결정하기 위해 태종은 다섯 명의 측근 신하만 데리고 종묘에 들어간다. 개경, 한양, 무악을 놓고 동전을 던져 점을 친 결과 개경과 무악은 흉이 두 번, 한양은 길이 두 번 나왔다는 것이다. 태종은 왜 이런 행동을 했을까? 새 수도를 정하는 더 없이 중요한 일을 동전을 던져 결정하다니.

태종이 진심으로 동전을 던져 도읍지를 정하려 했던 건 아니었을 것이다. 개경을 근거지로 삼고 있는 많은 사람의 불안과 반발이 심한 현실을 감안하여, 무조건 밀어붙이기보다는 명분과 정당성을 내세우려 했다. 종묘에 모신 영령의 뜻이 한양에 있으니 한양으로 옮기는 것이 타당하다는 명분을 쌓기 위한 고도의 정치적 행위였던 셈이다. 태종은 종묘의 권위, 일종의 초자연적 권위까지 빌려서 한양 천도를 관철했다. 태종이 정말로 동전을 던졌을지는 독자의 상상에 맡긴다.

한양으로 돌아온 태종은 본격적인 수도 정비 사업에 착수했다. 이궁離宮인 창덕궁昌德宮을 짓고 개천을 정비했으며, 경복궁 앞에 관청을 세우고 운종가에는 행랑을 만들어 시전을 열었다. 비로소 정치, 경제, 문화

조선에도 그린벨트 제도가 있었다?

조선은 개국 초부터 도성 안팎에 일정한 구역을 정해두고 그 안에서 농사 짓기, 나무나 풀을 베고 태우는 일, 돌 캐기, 묘 쓰기, 집 짓기, 나무나 풀뿌리를 캐 먹는 일 등을 금지했다. 한마디로 개발과 이용을 할 수 없는 구역이다. 북쪽으로는 북한산과 도봉산 지역, 서쪽의 무악재, 동쪽으로는 오늘날의 안암동 일대, 남쪽의 이태원, 한남동 일대가 그런 구역에 해당한다. 조선 후기에는 사대문을 기점으로 외곽 10리까지 포함됐다.

이런 구역을 금산禁山이라 한다. 인구 증가와 땅 부족으로 금산 구역에 사람이 거주하거나 경제 및 생산 활동을 하는 일이 늘어나기는 했지만, 공식적으로는 조선 말기까지 금산이 유지됐다.

실용적으로는 도성의 자연 경관을 보호하고 가뭄과 홍수 같은 재해를 줄인다는 목적, 백성들의 접근을 막고 왕실의 사냥과 놀이를 위한 공간을 확보한다는 목적이었다. 그러나 한양의 땅 기운, 즉 지기地氣를 온전하게 보전하여 나라와 왕실의 번영을 꾀한다는 게 가장 큰 이유였다. 도성의 중심인 궁궐로 지기가 모이도록 하기 위해 궁궐로 이어지는 산줄기는 거의 예외 없이 금산으로 지정했고, 비록 궁궐과 가까운 산이라도 궁궐로 이어지지 않는 산줄기라면 금산으로 지정하지 않았다. 이는 금산을 그냥 내버려 두지 않고, 나무를 심어 지기를 살리도록 관리한 데서도 알 수 있다.

그러나 적지 않은 백성들이 주로 채소를 가꾸면서 도성 바깥 10리 구역 안에 거주하고 있었고, 그들을 모두 내쫓는다는 건 현실적으로 어려운 일이었다. 백성들은 동쪽 금산에서는 배추와 무, 남쪽 금산에서는 호박, 서쪽 금산에서는 미나리를 재배하여 도성 사람들에게 공급했던 것으로 알려져 있다.

대한민국에서는 1971년 7월 30일 도시계획법을 제정하여, 도시의 무질서한 확산을 방지하고, 도시 주변 자연 환경을 보전하여 도시민의 생활환경을 확보하며, 보안상 도시 개발을 제한할 필요가 있다고 인정될 때 도시 주변 지역에 대한 개발제한구역, 이른바 그린벨트를 설치할 수 있도록 했다. 이렇게 볼 때 조선의 '금산 제도는 현대와는 목적과 내용은 크게 달랐지만, 그 시대 나름의 개발제한제도였다.

의 중심지 구실을 온전하게 할 수 있는 수도 한성을 완성한 것이다. 1392년 태조 이성계가 조선을 개국한 이후 한성이 새로운 수도로서의 면모를 완전히 갖추는 데는 세종이 성곽 전체를 더욱 완전하게 수축한 1422년까지, 실로 30년 넘는 세월이 걸렸다. 그렇게 완성된 한성은 600년의 세월을 이어 오늘날 대한민국의 수도로서 세계적인 도시의 반열에 오른 서울의 바탕이 되고 있다.

10 세종, 조선을
업그레이드하다

조선의 네 번째 임금 세종은
단지 자신의 시대만 다스린 것이 아니라
왕조의 기틀을 잡고 국가 전반을 업그레이드했다.
한글로 씌인 이 책을 읽고 있는 순간에도,
우리 속에 살아 있는 세종을 만나고 있다.

세종대왕 1397~1450

우리나라에서 경제 활동을 하는 사람 가운데 하루라도 조선 네 번째 임금 세종世宗을 만나지 않고 사는 사람이 있을까? 1만 원 권 지폐에 '세종대왕 1397~1450'이라는 문구와 함께 세종의 얼굴이 인쇄돼 있으니 그를 보지 않는 날이 거의 없다. 혹 화폐 도안의 인물을 바꾸자는 논의가 일어나더라도 세종을 다른 인물로 교체해야 한다고 주장하는 사람은 드물 듯하다. 1418년 왕위에 올라 32년간 조선을 다스린 세종은 600년 세월이 지난 지금까지도 널리 존경받고 있다.

그러나 지나가는 아무나 붙잡고 세종 하면 떠오르는 게 뭐냐 물으면 단편적인 대답만 돌아온다. 측우기, 물시계, 훈민정음, 성군聖君, 태평성대, 집현전, 학문이 깊었던 임금, 백성을 사랑한 군주, 자식을 많이 두었던 왕, 기타 등등. 세종이 위대하고 영명한 군주였다는 것은 모두 인정하면서도 정작 그 위대함의 구체적 내용은 제대로 알지 못한다고 할까.

세종이 왕위에 올랐을 때 조선은 매우 불안정한 상태였다. 왕조를 세

조선 4대 왕 세종(1418~1450년 재위). 이름은 도(裪), 자는 원정元正이다. 집현전을 두어 학문을 장려하였고, 훈민정음을 창제하였으며, 과학 중흥에 힘썼다. 그 밖에 6진을 개척하고 쓰시마 섬을 정벌하는 등 조선왕조의 기틀을 튼튼히 하였다.

운 지 28년밖에 되지 않아 국가의 제도는 제대로 갖춰지지 않았고, 사회는 혼란스러웠으며, 나라의 백성의 살림살이도 아주 힘들었다. 무엇부터 먼저 손대야할지 모를 정도로 어려운 시기에, 세종은 스물두 살의 많지 않은 나이로 왕위에 올랐다. 그렇다면 우리는 묻지 않을 수 없다. 세종이 건국 초기의 불안정한 상황을 극복하고 조선왕조의 기틀을 튼튼히 다진 힘은 무엇이었을까? 역사상 가장 빛나는 시대로 손꼽히는 세종 시대는 어떤 과정을 거쳐 이룩됐을까?

널리 백성의 의견을 수렴하라

세종 12년인 1430년 3월, 상상하기 힘든 사건이 벌어졌다. 새로운 조세제도에 대해 백성들의 여론을 조사하라는 어명이 내려진 것이다.

중앙 정부의 육조는 물론 각 관사, 도성 안의 전·현직 관리, 각 도道의 감사·수령 및 관리로부터 여염집 빈민에 이르기까지 모두 가부를 물어서 아뢰게 하라.

당시 조선은 '손실답험損失踏驗'이라는 조세제도를 따르고 있었다. 손실답험이란 관리가 직접 농지를 방문해 농사가 잘된 정도를 판단해 세금을 매기는 방식이다. 그런데 관리의 주관적인 판단에 따라 세금이 정해지다보니, 부정과 불공정 시비가 끊이질 않았다. 작황이 비슷한데도 향리와 친분이 있는 사람은 세금을 적게 내고 그렇지 못한 사람은 상대적으로 많이 낸다는 식의 불평불만이 나올 수밖에 없다. 이에 세종은 더욱 객관적인 방식의 세금 제도를 만들고자 했고, 1428년에 새로운 조세제도 '공법貢法'에 관한 논의를 시작했다.

공법은 관리의 작황 조사인 답험 없이 항상 정해진 액수를 걷는 방식

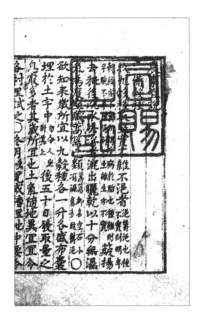

《농사직설》은 1429년(세종 11) 간행된 우리나라 최초의 농서다. 각 도 농부들의 경험담을 토대로 국내 실정에 맞게 만들었다. 먼저 종자와 토양 다루기를 설명하고, 각론에서 각종 작물의 재배법을 간결하게 서술했다.

254

이다. 이 제도가 성공하려면 세금을 걷는 쪽과 내는 쪽에서 모두 동의할 수 있는 적절한 세액을 정하는 게 중요했다. 또한 농업 생산성을 끌어 올려야 했다. 지역 사정이나 토양의 비옥도에 따라 수확량은 다를 수밖에 없는데, 누구나 항상 같은 액수의 세금을 내는 제도에 불만이 생기기 쉽다. 그러므로 전체적인 작황이 좋아지고 절대 생산량이 늘어야 했다.

이런 배경에서 1429년 《농사직설農事直說》이 편찬됐다. 발달된 농법을 보급해 생산량을 늘리고 민생과 조세 안정을 꾀하려는 목적이었다. 우리나라 최초의 농서인 《농사직설》은 우리 풍토와 작물에 따른 농사법을 다루고 있어 농민들에게 실질적인 도움을 주었다. 이전에는 중국의 농서에 많이 의존했기 때문에 내용이 주로 중국 화베이華北 지방의 농법, 즉 밭농사 위주였다. 이에 비해 《농사직설》은 논농사 중심의 농업 기술을 우리 실정에 맞게 정리한 책이었고, 이런 노력의 결과 세종 때 농업 생산성이 크게 높아졌다.

토지를 조사하고 정비하는 사업을 벌여 고려 말에 70만 결이던 농지 면적이 170만 결까지 늘어났고, 토지 1결 당 수확량도 300두에서 최고 1200두로 무려 네 배나 증가했다. 세종은 이렇게 농업 생산성을 높이려 노력하는 한편, 조세제도 개혁을 위해 백성들의 의견을 묻는 대규모 여론 조사를 시행했다. 세법에 직접 영향을 받는 백성의 의견을 직접 수렴하겠다는 발상은 당시로서는 파격적이기까지 하다.

모든 농지에 대하여 1결마다 10두씩 거두는 완전한 정액 조세제도에 대한 여론 조사에는 다섯 달 동안 17만 명이 넘는 백성이 참여했다. 1430년 3월에 시작한 여론조사기 미무리된 깃은 8월. 집계 결과는 반내가 / 만 4000여 명, 찬성이 9만 8000여 명으로 57퍼센트가 새로운 세법인 공법에 긍정적인 반응을 보였다. 그러나 조정의 의견은 조금 달랐다. 반대 의견이 찬성보다 우세하게 나타났는데, 특히 고위 관리일수록 반대하는

전분육등법

토지 등급	1등전	2등전	3등전	4등전	5등전	6등전
1결의 넓이(묘)	38	44.7	54.2	69	95	152

연분구등법

연분	상상	상중	상하	중상	중중	중하	하상	하중	하하
1결당 세액(두)	20	18	16	14	12	10	8	6	4

전분육등법은 토지를 비옥도에 따라 구분하는 법이다. 논밭을 세는 단위 결結은 넓이가 아닌 생산고를 기준으로 하는데, 1결은 1년에 400두를 생산할 수 있는 땅이다. 토지가 비옥할수록 400두가 생산되는 땅의 면적은 줄어든다(표의 수치는 《경국대전》을 따랐다).
연분구등법은 한 해의 농사 실적을 살펴 풍흉의 정도를 나눈 법이다. 전분은 땅의 넓이 차이로 이미 차등을 두었으므로, 한 해의 세액을 결정하는 데 실제 영향을 미치는 것은 연분이다.

사람이 많았다. 고위 관리는 상대적으로 많은 토지를 소유하고 있었고, 그 가운데 상당 부분을 숨겨두었기 때문이다. 새로운 제도를 시행하면 숨겨놓은 토지가 노출되고 세원稅源이 드러나 많은 세금을 내야 한다.

대신의 반대 속에서도 세종은 조세 개혁을 포기하지 않았다. 1436년에 공법상정소貢法詳定所를 설치하고 오랜 논의 과정을 거쳐 1444년 6월에 토지 품질과 풍흉의 정도를 모두 고려하는 내용의 세법을 완성했다. 이렇게 만들어진 세법은 1444년 충청도, 전라도, 경상도의 여섯 개 현에서 시범적으로 시행됐고, 1450년 전라도, 1461년(세조 7) 경기도, 1462년 충청도, 1463년 경상도, 1471년(성종 2) 황해도, 1475년 강원도, 1486년 평안도, 1489년 영안도(함경도)의 순서로 시행했다.

최종적으로 정비된 공법은 작황에 따라 9등급으로 나누는 연분구등법年分九等法, 토지의 비옥도에 따라 6등급을 나누는 전분육등법田分六等法으로 나누어 세금을 차등 부과하는 제도였다. 토지세의 기본 단위인 1결당 수확량을 400두로 보고 그 20분의 1에 해당하는 20두를 1결의 세액으로 정하되, 읍마다 그 해의 농사 형편을 따져 상상上上 20두에서 하하下下 4두까지 아홉 단계로 차등을 두어 징수했다. 경작지 1결당 생산고를 400

두로 높이 책정하고 1결의 단위 실면적이 줄었으므로 실질적인 조세 총액은 이전보다 많아졌다. 이는 농업 생산력의 발달로 인한 성과였다.

공법은 《경국대전經國大典》에 그대로 반영되어 조선이 멸망할 때까지 유지됐다. 백성의 의견까지 광범위하게 수렴하여 제도를 만들었고 전국적으로 시행하기까지 40여 년이 걸렸다. 이런 과정을 거쳤기에 이후 수백 년 동안 시행해도 큰 무리가 없는 제도를 마련할 수 있었던 것이다. 조세제도 외에도 세종은 조선의 법과 제도 대부분을 새롭게 정비했다.

무엇보다 중요한 것은 고려 말의 혼란 속에 흐트러진 통치 체계를 바로 세우고 강력한 중앙 집권 체제를 갖추는 일이었다. 이를 위해 세종이 실시한 제도 가운데 하나가 '육기법六期法'이다. 본래 30개월인 지방 수령의 임기를 60개월로 연장하여, 지방에 대한 중앙 정부의 통제력을 강화하고 민생을 안정시키기 위한 법이다. 30개월은 지방 수령이 백성을 위해 안정적으로 행정을 펼치기에 부족하다는 게 세종의 판단이었다. 그러나 관리 입장에서 60개월이면 무척 긴 기간이다. 중앙 관리로 일하는 게 모든 관리의 소망인데, 지방관으로 60개월을 보내야 한다는 것을 받아들이기 힘들었을 것이다. 《세종실록》에 전하는 세종 22년(1440) 3월 18일 세종과 신하가 나눈 대화를 살펴보자.

신하 지방 수령의 임기가 60개월로 늘어난 후로 나라의 재물을 훔치는 자가 많아졌습니다. 또 5년이나 밖에 있어 조정의 일에 참여하지 않는다면, 신하들의 마음이 어찌 억울하지 않겠습니까? 부디 육기법을 피하소서.

세종 지방 수령을 열두어 고을째 지내는 사람도 있소. 경은 겨우 한 고을의 수령을 지냈다고 알고 있는데, 혹 다시 지방에 부임하는 것이 싫어 이러는 것이오?

신하 참으로 실망이 크옵니다, 전하! 제 뜻을 몰라주시는 것도 모자라 이제는 신더러 그르다 하십니까? 이러시면 신이 어찌 조정에서 벼슬을 하겠습니까?

세종 시대에 만들어진 수많은 제도가 모두 순조롭게 추진된 것은 결코 아니다. 지방 수령의 임기를 60개월로 연장하는 육기법은 많은 관리의 반발을 샀고, 조세 개혁 역시 반대가 적지 않았다. 그러나 세종은 반대 의견을 무시하고 무조건 자신의 뜻을 밀어붙인 게 아니라, 다양한 생각을 받아들이고 토론하는 과정을 통해 가장 좋은 정책을 만들어갔다. 그리고 정책을 시행하면서도 항상 폭넓게 의견을 수렴하고 수정을 거듭했다.

인재를 키우고 필요한 자리에 보내다

세종은 조선이라는 국가를 경영하는 탁월한 최고경영자CEO였다. 현대인은 경영자로서 세종의 능력을 어떻게 평가할까? 한 민간 경제연구소가 우리나라 최고경영자 500여 명을 대상으로 실시한 설문 조사 결과를 보자. "세종의 장점 가운데 가장 닮고 싶은 것은 무엇인가?" 이 질문에 대해 한글 창제 등 지식 창조 경영을 닮고 싶다는 대답이 41.7퍼센트로 가장 많았다. 신분이 아닌 능력 위주의 인재 경영을 꼽은 응답자도 38.9퍼센트에 달했다. 쓰시마 정벌 등 새로운 영역 개척, 아악雅樂 정리와 음악 장려 등 감성 경영, 측우기와 해시계 등으로 대표되는 과학기술 경영 등도 눈길을 끄는 답변이었다.

꼽아보니 세종의 업적이 참 많은데, 이 많은 업적을 가능케 한 필요조건이 바로 2위를 차지한 인재 경영 전략 아닐까? 인재를 키우고 이들이 능력을 발휘할 수 있도록 적재적소에 기용하는 일이야말로 지도자의 중요한 덕목이다. 파격적이고 효과적이었던 세종의 인재 경영 전략은 무엇이었을까?

세종 시대는 조선의 과학이 가장 눈부시게 발전한 시기였다. 별자리의 위치를 표시한 천체 모형인 혼상渾象을 비롯한 각종 천문기구와 다양한 시계에 이르기까지 수많은 과학기구가 만들어졌다. 그 중에서도 특히 물시계의 일종인 자격루自擊漏가 돋보인다. 세종 16년(1434) 장영실蔣英實이 만든 자격루는 경복궁에 설치돼 있었지만 오래 전에 사라졌고, 지금은 기록만 남아 있다.

기록을 바탕으로 자격루를 복원해보면, 맨 위에 있는 물그릇에 물을 부으면 이 물은 다음 그릇을 거쳐 물받이 통으로 흘러든다. 일정 시간이 지나 물받이 통에 물이 고이면 그 위에 떠 있는 잣대가 올라가면서 지렛대 장치를 건드리게 되고, 이로 인해 쇠구슬이

혼상(위)은 별을 육안에 보이는 위치대로 둥근 구면에 표시한 천문기기로, 경상북도 안동시 도산서원에 소장돼 있다.
혼천의(渾天儀, 가운데)는 천체의 운행과 그 위치를 측정하여 시간을 알려주는 천문시계다.
앙부일구(仰釜日晷, 오른쪽)는 해시계로 시계판이 가마솥같이 오목하고, 하늘을 우러르고 있다고 해서 이런 이름을 붙였다. 글을 모르는 백성들을 위해 12지신 그림을 그려서 시간을 알 수 있게 했다.

자격루는 조선 세종 16년(1434) 장영실이 만든 물시계로 정해진 시간에 종과 징·북이 저절로 울리도록 했다. 장영실은 세종 때의 과학자로, 동래현의 관노 출신이었다. 무기·농기구 제작, 축성 등 방면에서 활약했고, 각종 천문기구, 한국 최초의 물시계인 자격루, 해시계인 앙부일구 등을 만들었다. 1441년에는 세계 최초의 우량계인 측우기測雨器와 수표水標를 발명하는 등 조선 전기 최고의 과학자로 이름을 남겼다.

움직이면서 징과 북을 울려 자동으로 시간을 알린다. 혹은 나무 인형이 나타나 시각을 알려주는 팻말을 들어보이기도 했다.

이 자격루를 만든 조선 최고의 과학기술자 장영실은 세종이 발탁한 수많은 인재 가운데서도 빼놓을 수 없는 인물이다. 장영실은 원나라 사람인 아버지와 기생 출신 어머니 사이에서 태어난 관노官奴로, 관직에 진출할 수 없는 신분이었다. 그러나 장영실의 재주를 알아본 세종은 그에게 수많은 연구를 맡겼고, 정4품 호군護軍 벼슬까지 내렸다. 그야말로 파격적인 인사다.

장영실처럼 세종 시대에 노비 출신으로 정5품이나 정4품까지 오른 인물이 몇 있는데, 세종은 그들에게 벼슬을 내리며 "사람의 출신은 문제가 아니다. 재주가 있다면 일을 맡겨야 한다"는 입장을 강하게 내세웠다.

그뿐 아니다. 세종 시대에 정승을 지낸 황희는 세종이 왕자였을 때 그의 세자 책봉을 반대한 사람이었다. 그러나 세종은 임금을 보좌하고 관리를 통솔하는 황희의 능력을 높이 사 서슴없이 기용했다. 오늘날 황희는 청백리淸白吏의 표상으로 손꼽히는 인물이지만 정승을 지내는 동안에는 여러 차례 비리를 저질렀다는 스캔들에 휘말렸다. 그러나 황희의 비리에 대한 상소가 잇따르는 상황에서도 세종은 그에 대한 신뢰를 버리지 않고 오랫동안 곁에 두면서 정사政事를 의논했다. 허물보다는 능력을 중히 여기는 임금 덕분에 황희는 명정승으로 이름을 남길 수 있었던 것이다.

그 외에도 세종 시대에 활약한 인재는 헤아릴 수 없이 많다. 4군 6진을 개척한 최윤덕崔潤德과 김종서金宗瑞를 비롯해 음악가 박연朴堧, 집현전集賢殿의 여러 학자들까지. 세종이 발탁한 인물은 모두 우리 역사에 큰 자취를 남겼다. 적재적소에 인재를 등용하여 능력을 최대한 발휘하게 하고, 맡긴 일에 대해서는 믿어주고, 또 확실히 책임지게 하는 것이야말로 세종의 인재 경영 전략이다.

세종은 단순히 재능 있는 사람을 가려서 등용하는 데 머물지 않고 인재를 키우는 일을 더 중요하게 여겼다. 조선 시대 문과 급제자 명단이 기록돼 있는 《국조방목國朝榜目》에서 집현전에 근무했던 아흔여섯 명 학사의 이름이 거의 전원 확인된다. 장원으로 급제한 사람도 정인지鄭麟趾를 비롯해 열 여섯 명에 이른다. 집현전에는 신숙주申叔舟와 성삼문成三問 등 당대 최고의 두뇌가 모여 있었다. 세종은 이들에게 다양한 과제를 주고 공부에만 전념하노록 했다.

집현전의 첫 번째 구실은 어질고 유능한 인재를 모으는 것이고, 두 번째 구실은 임금에 대한 정책 자문이었다. 임금이 어떤 정책을 도입하여 시행하려 할 때, 과거의 유사한 정책 시행 사례를 조사하고 기대 효과

집현전은 고려부터 조선 초기 궁중에 설치한 학문 연구 기관이다. 이를 세종 1420년 실제적 연구 기관으로 확대·개편하였다. 사진은 경복궁 수정전으로 세종 때 집현전으로 쓰이던 건물로서 임진왜란으로 소실되었다가 고종 때 재건되었다.

를 예측하는 일을 했다. 그리고 세 번째가 인재를 기르는 일이었다. 세종은 젊은 인재가 당장 국정에 참여하기보다는 수준 높은 학문을 연마하기를 바랐기에 집현전 학사의 타 부서 전출도 금지시켰다. 임금에게 올리는 진상품이었던 귤을 비롯 귀한 음식을 집현전에 하사하는가 하면, 자주 잔치를 베풀거나 상을 내렸다. 긍지를 갖고 연구에 정진할 수 있도록 각별한 관심을 기울인 것이다.

그런 세종의 관심을 잘 보여주는 일화가 있다. 세종이 밤늦게 내시한 명만을 데리고 집현전을 방문했는데, 추운 겨울 집현전 학사 신숙주가 겉옷을 입지 않은 채 잠든 모습을 보고 자신이 입고 있던 털옷을 벗어 덮어주었다. 신숙주가 자신이 자고 일어나 보니 임금의 옷을 걸치고 있는 게 아닌가. 신숙주를 비롯한 집현전 학사들이 그런 세종에 대해 어떤 마음을 갖고 있었을지는 쉽게 짐작할 수 있다.

또한 세종은 인재를 양성하고자 사뭇 파격적인 제도를 마련하기도 했다. 집현전 학사들이 몇 달 동안 출근하지 않고 독서와 연구에 전념할 수 있도록 하는 사가독서제賜暇讀書制다. 이를 통해 많은 젊은 인재들이 휴식과 재충전의 기회를 가질 수 있었다. 뛰어난 연구 성과는 자동판매기에서 물건이 뽑히듯 나오는 게 아니다. 시간을 두고 연구가 축적되어야 나올 수 있다. 사가독서제를 시행한 세종은 그 점을 충분히 이해하고 있었다.

세종의 아낌없는 지원과 관심으로 집현전에서는 많은 책을 펴냈다. 《향약집성방鄉藥集成方》같은 의학 서적을 비롯해 풍속, 군사, 정치, 유교 등 다양한 분야의 서적이 50여 종에 이른다. 뿐만 아니라 세종 이후 집현전 학사는 대거 정계로 진출, 집현전에서 쌓은 연구 경험을 바탕으로 조선의 전성기를 이끈 주역으로 활약했다.

태종이 충녕대군을 택한 까닭은?

그런데 정작 세종 그 자신은 능력 발휘의 기회를 가질 수 없는 인물이었다. 아버지 태종은 왕비인 원경왕후 민 씨에게서 네 아들과 네 딸을 얻었다. 이 가운데 맏아들이 양녕讓寧, 둘째가 효령孝寧, 셋째 충녕忠寧이 바로 세종이다. 장자를 후계자로 삼는 전통에 따라 태종은 즉위 초기에 이미 맏아들 양녕대군을 세자로 책봉했다. 그런데 태종 18년 세자 양녕을 폐위하고는 셋째 아들 충녕을 그 자리에 올렸다. 오늘날 정계나 기업에서 정해진 후계 구도가 변하면 그 파장이 대단하다. 더구나 조선 시대임에야 말할 나위도 없다. 그런데도 태종이 세자 교체라는 엄청난 결단을 내린 까닭은 무엇이었을까?

태종이 왕위에 올랐을 때 가장 시급한 과제는 왕권의 안정이었다. 고려 말에 국가 체제가 붕괴하면서 세력가들이 사병私兵을 거느리기 시작했고, 국가의 군대는 사실상 존재하지 않았다고 해도 지나치지 않을 정도였다. 권력과 무력을 쥐고 언제라도 정변을 일으킬 수 있는 권신을 어떻게 처리하느냐가 태종의 가장 큰 고민이었다.

그래서 재위 기간 태종은 왕권을 강화하기 위해 수많은 개국공신과 외척 세력을 숙청했다. 태종의 처남이자 그가 왕위에 오르는 데 큰 역할을 한 민무구閔無咎와 민무질閔無疾도 불충했다는 명목으로 목숨을 잃었다. 잔인한 숙청을 통해 왕권을 강화한 태종은 후대에는 정치가 안정되기를 바랐다.

그러나 세자 양녕은 태종의 기대를 채워주지 못했다. 《태종실록》에는 세자가 학문에 힘쓰지 않는다는 내용이 자주 등장한다. 양녕대군은 자유분방하고 호탕한 성품으로 무인 기질이 강했다. 글을 읽기보다는 말타기와 사냥을 즐기는 양녕을 태종은 탐탁지 않게 여겼다. 또한 여자를 좋아하고 술과 내기를 즐기는 양녕의 행실은 자주 태종의 노여움을 샀다. 여러 번 꾸중을 해도 양녕의 태도는 달라지지 않았고 태종의 실망은 커졌다. 태종은 차분하고 학문적인 군주가 나라를 발전시켜야 한다고 생각했다. 애써 만들어놓은 왕조의 기반을 과연 양녕이 지키고 더욱 발전시킬수 있을까? 태종의 고민은 깊어만 갔다.

그러나 아무리 흠이 많다 해도 세자를 쉽게 버릴 수는 없다. 양녕은 13년 동안 세자로 역할을 다했고 아버지 태종 대신 정사를 돌본 적도 있었다. 양녕이 왕위를 이었을 때 정말 문제를 일으킬지 어찌 미리 알 수 있겠는가? 양녕을 버리고 충녕을 택하기까지 얼마나 많이 고민했을까?

태종 선조의 피땀 어린 노력으로 세운 이 나라를 반석 위에 올려놓기 위한 최선의 길이었소.

기자 그렇게 판단하신 까닭이 있으신지요?

태종 당시 조선은 창업기의 혼란에서 벗어나지 못하고 있었소. 하지만 나는 창업의 시대를 내 대에서 끝내고, 나의 후계자는 모든 개혁을

세종의 일대기를 묘사한 그림 가운데 〈독서도〉다. 책을 가까이하는 세종과 사냥을 즐기는 양녕대군의 모습이 확연히 대비된다.

마무리하고 나라를 안정시켜 수성守成의 시대를 열기를 원했소. 수성의 시대에는 임금의 자질이 매우 뛰어나야 하오. 무력이 아닌 실력과 덕으로 신하들을 따르게 하고, 조선이라는 신생 왕조를 튼튼하고 안정된 국가로 만들 수 있는 사람 말이오. 나는 충녕이 바로 그런 재목이라고 판단했소.

기자 독서와 학문을 좋아하는 충녕의 성품과 자질을 높이 사셨군요?

태종 바로 그렇소. 충녕은 총명하고 학문을 게을리 하지 않으며, 정치에 대한 소견도 뛰어나 분명히 뛰어난 임금이 될 수 있는 성품과 자질을 갖추고 있었소. 유달리 책읽기를 좋아했던 충녕의 모습이 지금도 눈에 선합니다. 그대는 한나라의 육가陸賈가 고조 유방에게 한 말을 기억하시오? 육가는 유방에게 이렇게 말했지요. "말 위에서 천하를 얻을 수는 있지만, 천하를 다스릴 수는 없습니다." 태조대 왕부터 나까지는 말 위에서 천하를 얻는 단계요. 내 다음 대부터는 말 위에서 내려와야지요.

기자 결과론이기는 하지만 대왕의 판단이 정말 옳았습니다. 새로운 리더 십이 필요한 걸 꿰뚫어 보신 대왕의 혜안이 새삼 존경스럽습니다.

태종 허허! 그리 보아주니 내 고맙구려. 충녕은 무력이 아니라 대화와 학문적 권위로 신하와 백성을 설득할 수 있는 자질을 가졌소. 책만 열심히 파고든 게 아니라 뭇 사람을 설득하고 감화시키는 능력도 뛰어났지. 더구나 사안을 어떻게 풀어나갈지 생각하는 능력도 탁 월했다오. 문제 해결 능력이라고 할까.

기자 그런데 대왕께서는 참 못할 일을 하셨습니다. 충녕의 장인 심온沈溫 을 숙청해서 충녕의 처가를 결단내버리셨으니 말입니다. 아우 심정 沈泟이 대왕에 대한 불만을 말했다 하여 심온을 반역의 수괴로 지목 해 죽이지 않았습니까?

태종 나는 심온 세력, 충녕의 처가 세력이 커지는 것을 걱정했고, 상왕 으로서 할 일을 했을 뿐이오. 심온으로서는 억울하기 짝이 없겠지 만, 왕권을 튼튼한 기반 위에 올려놓아야 한다는 내 신념은 지금도 변함이 없소. 마음의 고통이 무척 컸겠지만, 충녕은 내 뜻을 이해 해주었다고 생각하오. 심온이 죽은 다음날 내가 베푼 연회에 참석 해 새벽까지 자리를 지켰으니 말이오. 왕조의 기틀을 다지자면 가 족도 희생시킬 수 있다는 내 뜻을 충녕이 알아들었으리라 믿고 싶 소. 아버지가 맏아들까지 밀어내고 자신을 택한 뜻을 충녕은 충분 히 잘 알고 있었을 거요.

세종은 조선과 중국의 서적에서 삼강三綱의 모범이 될 만한 충신·효자·열녀를 각각 서른다섯 명씩 뽑아 그 행적을 칭송한 책을 편찬케 했다. 바로 《삼강행실도三綱行實圖》다. 그림을 그리고 한글로 글을 써서 백성을 교화하는 도덕서로 사용되었다. 구체적인 규범의 내용은 오늘날 모두 동의하기 어렵다해도, 문화와 덕으로 다스리는 치세를 펼친 군주 세종의 신념이 느껴진다.

기자 임금 노릇한다는 게 도대체 뭐길래, 저로서는 이해가 갈 듯 말 듯……. 여하튼 대왕의 뜻을 이렇게 자세히 설명해주셔서 감사합니다.

나라를 위해 근심하느라 쉴 틈이 없네

세종이 죽은 뒤 사관이 《실록》에 적은 바에 따르면 세종은 '미상소해未嘗少懈', 즉 잠시도 게으름 부리지 않은 임금이었다. 왕위에 오른 순간부터 숨을 거두는 날까지 역대 어느 임금과도 비교할 수 없을 정도로 열심히 일한 세종의 하루를 따라가 보자.

지금 시각이 새벽 다섯 시. 장소는 경복궁이다. 주변이 캄캄할 정도로 이른 시간, 그러나 세종은 벌써 하루 일과를 시작했다. 세종은 새벽다섯 시면 어김없이 일어나 아침을 먹었는데, 죽 같은 간단한 음식이 주요 메뉴다. 다섯 시 30분에는 근정전에서 조회朝會를 주관할 예정이다. 닷새에 한 번 열리는 조회에는 육품 이상 중앙 관리가 참석한다. 이들에게 업무 보고를 받는 데만 두 시간이 넘게 걸린다. 조회가 끝나면 왕실어르신을 일일이 찾아뵙고 문안 인사를 드려야 한다. 문안이 끝나면 보통 아홉 시쯤 된다.

이제부터는 사정전思政殿에서 윤대輪對가 있다. 세종 7년에 만든 윤대는 중견 실무 관료가 직접 임금과 이야기할 수 있는 자리다. 고위 관료가 아닌 행정 실무자를 직접 만남으로써, 실무 현장에서 나타나는 문제를 직접 들을 수 있었다.

오후 일과도 빈틈이 없다. 첫 번째 일정은 경연經筵이다. 여러 관료와 사관, 집현전 학사들이 참여하는 경연은 원래 임금이 유교 경전을 공부하기 위해 만든 교육 제도였다. 세종은 거의 매일 경연을 열고 학문을 쌓는 한편 각종 정치 현안을 협의했다. 조선 시대 경연은 신하들이 정책에 대해 비판하고 토론하는 자리로써 임금의 독단을 막는 구실을 했다.

조정에서 벼슬을 하면서 직접 정치에 참여하지 않더라도 자신의 의견을 밝힐 수 있는 상소 제도도 있었다. 매일 전국 각지에서 올라오는 상소문은 그 양이 만만치 않았다. 이를 검토해 적절한 지시를 내리는 것도 임금의 중요한 업무였다. 상소문 검토가 끝나면 도승지에게 정책을 지시하거나 회의를 주관하는 일과가 이어진다. 새로 관직을 받은 관리를 만나 업무를 의논하기도 한다. 어느새 밤 10시가 넘었지만 아직 일과는 끝나지 않았다.

중요한 정책에 대해 대소 신료에서부터 일반 백성에 이르는 이들에

조선의 왕세자는 어떻게 교육 받았나?

유교 국가였던 조선의 왕세자는 유교 경서를 철저하게 공부해야 했다. 임금은 내성외왕內聖外王, 즉 안으로 덕성을 닦아 밖으로 어진 정치를 펴야 한다. 덕을 쌓으려면 옛 성현의 언행을 기록한 경서를 익혀 그에 최대한 가까워져야 했다. 더구나 신하가 모두 유교 경서에 밝은 유학자이니, 장차 그들을 상대할 왕세자는 반드시 유교 경서를 배울 필요가 있었다.

왕세자는 아침 공부인 조강朝講, 낮 공부인 주강晝講, 저녁 공부인 석강夕講을 하고, 틈틈이 공부하는 소대召對와 늦은 밤에 하는 보충 수업인 야대夜對도 해야 했다. 요즘처럼 방학도 없이 공부에 시달렸다. 왕세자 교육은 학문이 깊은 학자 스무 명으로 이뤄진 세자시강원世子侍講院에서 맡았다.

세자의 학업 성취도는 낱낱이 임금에게 보고되었다. 유교 경서를 평가받는 구술시험이 수시로 있었고, 닷새에 한 번씩 정기 시험도 있었다. 특히 한 달에 두세 번 치르는 고강考講은 경서의 구절을 써넣은 여러 대나무쪽 가운데 하나를 뽑아 글을 외고 뜻을 풀이해야 하는 시험으로 어떤 글귀가 나올지 모르기 때문에 통째로 다 외우는 수밖에 없었다.

유교 경서 공부만 해야 했던 건 아니다. 건강을 위한 체조도 하고 청소년기가 되면 활쏘기와 말 타기도 익혀야 했다. 국가 질서의 근간을 이루는 예禮도 빠질 수 없다. 다양한 궁중 의례에 참여하여 그 절차와 의미를 습득했다. 여기에 서예, 그림, 음악, 시문詩文 등도 두루 익혀야 했으니, 조선의 왕세자 교육은 당대 최고의 지식인을 길러내기 위한 엘리트 교육, 전인全人 교육이었다.

응석받이 어린아이 시절부터 이렇게 꽉 짜인 교육 과정을 소화해야 했으니, 그 스트레스가 매우 컸을 것이다. 더구나 친구들과 어울려 놀 기회도 없지 않은가. 그래서 관리의 자제 가운데 영특하고 행실이 좋은 또래 아이를 선발하여 왕세자와 함께 지내며 공부하게 하기도 했다. 조선 시대에 학문을 크게 진작시킨 세종이나 정조 같은 임금은 이 빡빡한 교육 과정을 훌륭히 마친 우등생이었다.

게 폭넓게 의견을 구하는 '구언求言'은 세종이 빠짐없이 챙기는 업무다. 구언에는 가차 없는 이야기도 많이 올라온다. 왕이 잘못하고 있다, 나라가 잘못 가고 있다는 등 심한 이야기도 많다. 하지만 관대하게 받아들여야 사람들이 다음 구언 때도 허심탄회하게 얘기할 수 있다. 구언에서는 어떤 의견을 내놓아도 처벌받지 않았다. 밤이 깊었지만 세종은 아직 잠자리에 들지 않았다. 역대 어느 임금보다 정열적으로 국정을 돌보았던 그에게는 하루가 스물네 시간으로도 모자랐던 것 같다.

수면 시간은 평균 다섯 시간이지만 이에 미치지 못한 날이 훨씬 많았다. 식사 시간을 제외하고는 공부와 업무 처리로 쉴 틈 없다. 아침 조회며 윤대, 회의 등 업무 시간을 합하면 무려 열 시간이며 여기에 공부 시간도 다섯 시간이다. 웬만한 사람은 며칠도 버티기 힘들 것 같다.

성군 세종, 감춰진 아픔은 더욱 커

타고난 성품이 워낙 성실하고 학문을 좋아했기 때문이기도 하지만, 재위 32년간 세종이 그처럼 일에 매달린 데는 또 다른 이유가 있었다. 한 인간으로서 세종의 삶은 고통과 번민의 연속이었다. 무엇보다 세종을 괴롭힌 문제는 폐세자가 된 형님, 양녕대군이었다. 적장자嫡長子, 정통성 있는 왕위계승권자가 살아 있다는 사실 자체를 왕권에 대한 위험 요인이라 여긴 신료들이 세종의 재위 기간 내내 양녕대군을 죽여야 한다는 상소를 올렸다. 이를 막아내는 일이 쉽지 않았다. 왕위에 오르지 못할 정도로 자질이 모자라는 사람이 아닌 형님을 밀어내고 왕이 됐다는 미안함에다, 태종이 양녕에게 "네 동생이 왕위에 오르면 결코 죽는 일은 없을 것"이라 약속하기도 했다. 세종 스스로도 형을 죽이는 일은 있을 수 없는 일이었다.

세종에게 또 다른 마음의 짐이 된 것은 왕권을 위해 뿌려진 피였다.

아버지 태종은 자신에게 안정된 왕위를 물려주기 위해 수많은 사람을 희생시켰고, 세종은 이 모든 비극을 지켜봐야 했다. 충녕은 세자 때 자신의 외삼촌들이 아버지에 의해 죽는 걸 목격했다. 즉위 직후에는 장인이 희생됐다. 왕권 때문에 숙청된 친척도 안타까웠지만, 즉위하고 얼마 지나지 않아 큰아버지 정종이 세상을 떠났고, 아버지 태종과 어머니 원경왕후도 곧 세상을 떠났다. 세종이 겪었을 상실감과 고통이 적지 않았을 것이다.

세종을 괴롭힌 또 다른 불행은 자식들의 잇따른 죽음이었다. 아들 두 명이 어린 나이로 연달아 세상을 떠났고, 재위 6년째인 1424년에는 맏딸 정소공주貞昭公主를 잃었다. 착하고 총명해 각별한 정을 쏟았던 딸이 열세 살 나이로 숨을 거두자 세종의 상심은 말할 수 없이 컸다. 점점 식어가는 딸아이의 시신을 안고 구슬프게 울었다. 바깥에서는 염을 해야 하니 시신을 내가야 한다고 아뢰는데 세종이 딸의 시신을 좀처럼 내주지 않았다고 한다. 직접 지은 제문祭文에는 안타까운 심정이 절절하게 배어 있다.

> 너의 고운 목소리와 아름다운 모습은 눈에 완연하거늘, 곱고 맑은 너의 넋은 어디로 갔단 말이냐. 가슴을 치며 통곡하고 아무리 참고 참으려 해도 가슴 아픔을 참을 길이 없구나.

성품이 너그럽고 총명하며 용모가 빼어난 데다가 학문·서예·격구·음악 등에 두루 능했던 아들 광평대군廣平大君도 잃었다. 1444년 광평대군의 나이 스무 살 때였다. 그리고 바로 이듬해에는 역시 학문이 뛰어나고 효행과 우애가 깊었던 아들 평원대군平原大君도 잃고 만다. 평원대군의 나이 열아홉 살이었다. 또한 그 이듬해인 1446년에는 아내인 소헌왕후昭憲王后 심 씨를 잃었다. 아버지 심온이 죽임 당하고 노비로 지내는 어머니를 평생 지켜봐야 했던 비운의 왕비다. 이렇게 계속되는 가족의 죽음을 두고 세종이 감당해야 했을 괴로움이 얼마나 컸을까. 그가 불교에 대해 우호적이었던 까닭을 이러한 개인적 고통에서 찾기도 한다.

세종은 맏아들 문종의 빈 문제로도 괴로움을 겪었다. 문종은 세종 9년(1427) 열여덟 나이로 혼인했다. 세자빈은 휘빈徽嬪 김 씨로 문종보다 네 살 연상이었다. 휘빈은 문종이 자신을 가까이 하지 않자 갖가지 민간 비방을 사용했다. 심지어 뱀이 교접할 때 분비하는 체액을 손수건에 묻혀 차고 다니는 일까지 서슴지 않았다. 이런 행실을 알게 된 세종은 휘빈을 친정으로 쫓아버렸다.

문종은 순빈純嬪 봉 씨를 새로운 세자빈으로 맞아들였지만, 순빈도 세자의 사랑을 받지 못했다. 성품이 괄괄하고 기가 드센 순빈을 문종이 멀리했고, 순빈은 궁에서 술 마시고 취하여 행패를 부리기도 하고 심지어 궁녀를 가까이 하기까지 했다. 결국 순빈도 내쫓기고 말았다. 문종은 후궁 권 씨에게서 자식을 얻으니 바로 훗날의 단종이다. 문종은 이후 정실부인 없이 살았다. 자식이 좋은 배필을 만나 금슬 좋게 사는 모습을 지켜보는 건 부모의 큰 복이다. 세종은 그런 복을 누리지 못했다.

이러한 인간적 불행 속에서 세종은 더욱 일에 매달렸다. 그러나 극심한 스트레스, 과로는 수많은 질병의 원인이 된다. 부종과 소갈증, 요통과 안질 등 각종 질환에 시달렸다는 세종. 《실록》에 남아 있는 질병 기록만 해도 100여 건이 넘는다. 건강은 갈수록 악화돼, 마흔네 살 무렵에는 도승지에게 이런 말까지 했다고 한다.

내가 등창을 오랫동안 앓았는데 간밤에는 마음대로 돌아눕지 못할 정도로 고통을 참을 수 없었소. 소갈증이 생긴 지 10여 년이 지났고 지난 여름에는 임질 때문에 오랫동안 정사를 돌보지 못했소. 지난 봄에는

예악禮樂을 중시한 까닭

조선 사회는 예와 함께 악樂을 매우 중시했다. 예와 악은 보통 예악으로 붙여서 말하는데, 불가분의 관계이면서 다소 다른 의미를 지닌다. 예는 사람 사이 위계질서를 분명히 하고 신분과 지위에 맞는 행동거지를 정해준다. 즉 사람을 나누어 구분 짓는다. 이에 비해 악은 사람을 화합하게 한다.

쉽게 설명하자면 가정이나 학교나 직장에서 사람은 각자 구실과 지위를 맡고 있다. 가정에는 부모와 자식, 아내와 남편, 누나, 언니, 형과 동생의 구분이 있다. 학교에서는 스승과 제자의 구분이 있다. 직장에서는 사장, 부장, 차장, 과장 등의 직급 구분이 있다. 예는 그런 구분에 합당한 각자의 행동 규범이다. 부모는 부모답게, 제자는 제자답게, 사장은 사장답게 행동해야 한다.

그러나 구실과 지위에만 철저하다면 얼마나 삭막하겠는가? 직장에는 회식이 있다. 음식과 술을 함께 나누며 노래를 부르기도 하고 춤을 출 때도 있다. 가족이라면 조부모의 회갑이나 아이의 돌잔치 때 온 가족이 모여 흥겹게 보낸다. 학교 소풍이나 수학여행에서 스승과 제자가 어울려 여흥을 즐기기도 한다. 이것이 악이다. 함께 어울려 화합하게 하는 것.

그렇다고 해서 예를 저버리고 악만 내세울 수는 없다. 함께 즐길 때도 근본에는 예가 깔려 있어야 한다. 구분 지으면서도 화합하고, 화합하면서도 구분 짓는, 즉 분分과 합合 또는 화和가 적절하게 갈마들어야 한다. 국가 차원에서 말하면, 질서를 분명히 하면서도 마음을 한데 모아 국가적 통합을 이루는 일이라 하겠다. 조선이 예악을 중시한 까닭이 여기에 있다.

더구나 예악은 백성을 교화하는 구실을 한다. 공자는 "예악이 흥하지 않으면 형벌이 적절해지지 않으며, 형벌이 적절해지지 않으면 백성이 손발을 둘 곳이 없어진다"고 말했다(《논어》 자로편). 형벌로 백성을 다스리는 게 아니라, 먼저 예악을 바로 세워 다스리면 형벌은 그에 따라 적절하게 시행될 수 있다는 생각이다. 그래서 세종이 예악을 진작시키기 위해 애쓴 것이다. 예악은 문화이기 전에 정치였다.

눈이 어두워져서 걸을 때 사람들이 있는 것은 알지만 누구인지는 모르겠더이다. 겨우 한 가지 병이 나으려 하면 또 한 가지 병이 생기고 이렇게 날로 쇠약해져가니 정사를 돌보는 데 점점 자신이 없어집니다.

세종이 차츰 건강이 나빠져서 바깥에서는 관을 준비할 정도였다. 명나라 사신을 따라온 하향이란 의관이 있었는데, 그가 세종을 진찰한 기록이 《실록》에 자세하게 나와 있다. 세종은 "근심과 과로가 매우 심해 병을 얻었다." 또 40대 초반에 안질을 얻었는데 사관의 기록에 따르면 "모든 일에 부지런하고 밤과 낮에 책읽기를 계속했기 때문에 드디어 이런 눈병을 얻게 되었다"고 한다.

우리 안에 살아 있는 세종

고통 속에서도 세종은 일을 멈추지 않았다. 서적의 편찬과 과학기구의 발명을 지휘했고, 국토 개척과 확장 사업에도 힘을 쏟았다. 재위 15년 무

편경(왼쪽)과 편종(오른쪽)은 중국 고대 악기로, 우리나라에는 고려 예종 때 처음 들여왔다. 조선 세종 때 직접 제작하기 시작했으며, 추위와 더위, 습기와 건조함에 강해 어떤 경우에도 음색과 음정이 달라지지 않아 모든 국악기 조율의 표준이 된다.

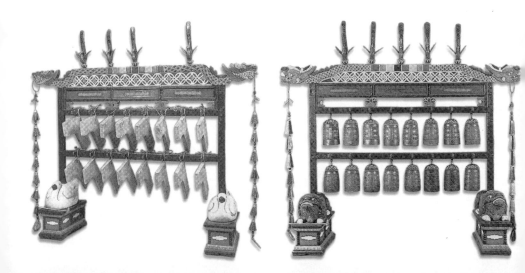

렵에는 북방의 여진족을 토벌하고 4군과 6진을 설치해, 두만강과 압록강을 경계로 하는 현재의 국경선을 확정했다. 또한 재위 25년째인 1443년에는 마침내 훈민정음訓民正音 창제라는 대업을 완성해냈다.

무엇보다 세종은 조선의 문화와 정신을 높이는 데 역점을 두었다. 즉위 초부터 각종 의례에 사용되는 음악을 정비하는 데 많은 노력을 기울인 것도 그런 이유에서였다. 조선은 유교를 정치의 근본으로 삼은 나라였고, 세종은 유교 질서를 바탕으로 한 문화정치를 펴고자 했다. 이를 위해서는 예와 함께 음악의 역할도 중요하다는 것이 세종의 생각이었다. 때문에 박연을 등용해 아악의 정리를 맡겼고, 음악 연주의 기본이 되는 편경編磬과 편종編鐘을 제작하게 했다. 자신이 음악에 조예가 깊었던 세종은, 직접 악보를 창안해 작곡도 했다. 각종 국가 행사에 중국의 음악을 연주하던 관행을 벗어나, 우리 정서와 문화에 맞는 독자적인 음악을 만들고자 했던 것이다.

세종의 음악 정책에는 정치적 목적도 있었다. 조선 건국의 정당성을 확보하고 왕조의 기반을 굳건하게 다지려는 것이다. 훈민정음으로 만든 최초의 작품인 《용비어천가龍飛御天歌》를 비롯해 세종은 선대 임금들의 업적을 찬양하는 노래들을 다양하게 만들고 연주하도록 했다. 왕조의 안정과 국민의 화합을 이루는 것. 세종이 만든 음악에는 그런 큰 뜻이 담겨 있었다.

조선의 네 번째 임금 세종은 재위 32

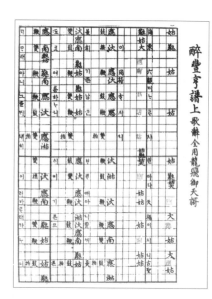

《용비어천가》의 정간보. 정간보는 세종이 창안한 우물 정 井 자 모양의 칸에 율명을 적어넣는 방식의 악보다. 《용비어천가》는 조선 왕조 창업을 찬양한 시로 한글로 쓴 최초의 문학 작품으로 유명하다.

재위 32년, 조선왕조를 반석 위에 올려놓고 국가 전반에 걸쳐 놀라운 발전을 이룩한 왕 세종. 오늘날 대한민국 문화적 전통의 기틀을 다진 군주로 지금 우리 곁에 살아 있다. 사진은 세종과 그 비 소헌왕후가 안장된 영릉英陵.

년간 단순히 자신의 시대만을 다스린 것이 아니었다. 세종을 통해 조선은 왕조의 기틀을 세웠고, 국가 전반을 '업그레이드'했다. 오늘날의 대한민국이 전통으로 계승하고자 하는 문화적 자산의 상당 부분이 바로 조선에 있다고 한다면, 세종은 그 전통의 기틀을 다진 군주였다. 그렇다면 세종은 어떤 의미에서는 오늘날 우리 안에 면면히 살아 있는 인물이라 해도 지나친 말이 아니다. 한글로 씌인 이 책을 읽고 있는 바로 이 순간에도.

11 사형수는 왕에게 보고하라, 《경국대전》

사형수는 왕에게 보고하여 세 번 심리하고,
남편에게도 출산 휴가를 주며, 부패한 관리는 엄히 다스린다.
30여 년이나 걸려 완성한 조선 최고의 법전《경국대전》.
시대의 한계 속에서도 법에 따라 합리적으로
백성을 다스리고자 했던 조선의 법치정신을 살펴보자.

왕도 어길 수 없는 법

#24. 궁 어전—낮

머리를 조아린 중신들 일제히 복창한다.

중신들 (일제히) 아니 되옵니다!

연산, 얼굴이 일그러진다.

연산 (짜증스럽게) 또 왜?

성준(영의정) 전하, 신 영의정 성준 아뢰오.

연산 당신 영의정인 거 아니까 그냥 말해.

성준 본디 연회에 광대패를 부를 때는….

연산 (말을 끊으며) 설마 법도 얘긴 아니겠지?

성준 그 규모를 대, 중, 소로 나누어 연회의 성격과 의의에 따라 법도
를 지켜 하도록 정해져 있거늘….

연산 (또 말을 끊으며) 그런 법도까지 있어? 도대체 나라를 세워 법도를

만든 거야, 법도를 만들려고 나라를 세운 거야.

성준 어찌 천한 광대들을 궁에 들이십니까. 통촉하여 주시옵소서.

이극균(좌의정) 그러하옵니다.

(……)

영화 〈왕의 남자〉의 한 장면이다. 연산군이 광대패를 불러 연회를 베풀고 궁에 거처까지 마련해주자 대신들이 거세게 반대한다. 서슬이 시퍼런 연산군에게 대신들이 내세운 반대의 이유는 조선의 '법도'였다. 법도란 바로 조선의 법전인 《경국대전經國大典》을 뜻한다. 과연 《경국대전》에는 왕이 마음대로 연회를 베풀고 광대들을 궁에 머무르게 하는 일을 금지하는 조항이 있을까?

《경국대전》〈예전禮典〉에 '연향宴享'이라는 조항이 있다. 임금이 행차를 하거나, 임금이 참석한 가운데 사냥을 통해 군사를 훈련시키는 행사를 열거나, 단오와 추석과 설 같은 명절, 신하의 노고를 위로할 때, 외국에 사신으로 나가는 신하를 위로할 때, 60세 이상의 노인을 위한 잔치를 열 때 등, 국가적인 잔치를 여는 시기와 이유를 법으로 정해놓았다. 법에 분명히 명시돼 있으니, 왕이라 해도 아무 때나 아무 이유로 연회를 열 수는 없었다. 《경국대전》에서 연회 관련 조항을 좀 더 살펴보자.

남녀구별이 분명했던 전통에 따라

조선 시대 기본 법전으로 짧게는 세조, 때부터 길게는 고려 말부터 약 100년간의 법률 제정 사업을 바탕으로 완성됐다. 《경국대전》의 반포는 국왕을 정점으로 하는 중앙집권적 관료제가 확립되었음을 의미했다.

크게 왕이 왕세자, 문무백관을 초대하는 잔치인 외연外宴과 왕비, 왕대비, 대왕대비 등 왕실 여성이 왕세자빈과 내외명부內外命婦 여인을 잔치에 초대하는 내연內宴으로 나뉜다. 외연에서는 춤과 노래도 주로 남성이 담당하는 등 남성이 행사를 이끌었다. 반면 내연에서는 여성이 행사를 이끌면서 음악은 맹인 악사가 연주하고, 춤과 노래는 여성이 맡았다.

광대의 거처를 궁에 마련해주는 일도 《경국대전》에 의하면 불가능하다. 《경국대전》에는 궁에서 근무하는 기술직이 일일이 열거돼 있는데, 그중 연회 때 공연을 담당하는 관청이 장악원掌樂院이다. 장악원에는 궁중 음악을 연주하는 악사만 소속되어 있을 뿐 광대는 없다. 그러니 연산군이 광대패를 궁에 거처하게 한 것은 확실히 불법이었던 셈이다. 이처럼 법전에서 연회를 세세히 다룬 이유는 연회를 절도 있게 열고 사치와 낭비를 막고자 함이었다. 연회에 대한 조항조차 이토록 자세하고 구체적인 법전 《경국대전》은 또 무슨 내용을 담고 있을까?

《경국대전》은 모두 319개 조항으로, 이호예병형공吏戶禮兵刑工의 6전典으로 나뉘어 있다. 그 시작은 〈이전吏典〉이다. 〈이전〉은 중앙과 지방 관제, 관직의 종류와 임명에 관한 규정으로, 국가 행정 조직을 정한 법이다. 〈호전戶典〉은 조세제도와 토지, 가옥, 노비 매매 등 즉 경제에 대한 법이고, 〈예전〉은 과거제도, 제례, 상복, 혼인 등에 관한 규정을 담고 있다. 오늘날의 민법에 해당한다. 〈병전兵典〉은 말 그대로 군사제도에 관한 것이고, 〈형전刑典〉은 각종 범죄에 대한 재판과 형벌을 다룬 법으로, 형법에 해당한다. 마지막으로 〈공전工典〉은 도로, 건축 등 산업에 관한 법이다. 중앙행정제도나 지방 행정 조직이 모두 6조 체제였기 때문에, 법률 체제도 6전으로 맞췄다. 6전에 담겨 있는 각 조항은 아주 상세하고 구체적이어서 조선 시대 풍속과 생활상을 엿볼 수 있다.

《경국대전》에는 백성들이 일상적으로 사용하던 자와 저울, 그리고 추의 규격과 용도가 하나하나 명시돼 있다. 이렇듯 조항이 구체적이어서 당시의 풍속을 알려주는 좋은 사료가 된다.

조선 시대를 들여다보는 창

요즘 빗대면 《경국대전》은 헌법, 행정법, 형법, 민법, 가족법, 재산법 등을 총 망라한 하나의 통일된 종합 법전으로, 《경국대전》만 잘 분석하면 조선의 통치 체제에서부터 왕실 여인네의 삶과 백성의 사소한 일상까지 조선 시대를 자세하게 들여다 볼 수 있다.

《경국대전》을 통해 알 수 있는 조선 풍속도는 또 무엇이 있을까? 《춘향전》을 보면 이몽룡과 춘향이가 열여섯 살 때 만나 백년가약을 맺는다. 결혼하기엔 너무 어린 나이가 아닐까? 오늘날 민법에 따르면 두 사람은 혼인할 수 없는 미성년자다. 그러나 《경국대전》 〈예전〉이 정한 혼인 가능 연령은 남자는 열다섯 살, 여자는 열네 살이니, 조선 시대 이몽룡과 성춘향의 혼인은 '합법'이었디. 혼인 규정에는 이런 내용도 있다. 관리 집안의 딸로 집안이 가난해 서른 살이 넘도록 시집을 못가면 나라가 혼인 비용을 대주었다.

《경국대전》에는 이외에도 시대 상황을 알 수 있는 규정이 많다. 계절

별로 사용해야 하는 땔감의 종류를 정해놓아 봄엔 느릅나무, 여름엔 대추나무, 가을엔 떡갈나무, 겨울엔 느티나무를 쓰도록 했다. 왜 이런 일상사까지 법전에 명시했을까? 이 조항에는 '새롭게 한다'는 의미가 들어 있다. 새 나무로 새 불씨를 피움으로써 모든 것을 새롭게 출발시킨다는 의미를 부여했던 것이다.

왕실 후궁의 서열도 법전을 보면 자세하게 알 수 있다. 《경국대전》 〈이전〉의 첫 머리에 나오는 '내명부內命婦'는 후궁을 비롯한 궁중 봉직 여관女官에 관한 규정이다. 우리에게 낯익은 이름인 빈嬪이 후궁 중 가장 높은 서열로, 정1품에 해당하여 영의정과 맞먹는 지위다. 숙종의 총애를 받았던 장희빈이 바로 이 품계였다. 그 아래로 귀인(貴人, 종1품), 소의(昭儀, 정2품), 숙의(淑儀, 종2품), 소용(昭容, 정3품), 숙용(淑容, 종3품), 소원(昭媛, 정4품), 숙원(淑媛, 종4품) 등이 있다. 연산군의 여인이던 장녹수는 종3품에 해당하는 숙용이었다. 이렇게 정1품에서 종4품까지가 왕의 후궁으로, 이들을 내명부의 내관內官이라 한다.

그리고 그 아래에 정5품 상궁尙宮에서부터 종9품 주변관奏變官에 이르는 궁녀들을 내명부의 궁관宮官이라고 했다. 이들은 종4품 이상의 품계에는 오르지 못했고, 국가에서 녹봉을 받으며 궁중의 살림살이를 도맡았으며, 궁중의 잡역에 종사하는 품계 없는 하층 궁녀를 지배했다.

얼음 사용처에 대한 법조항도 있다. 서빙고西氷庫에 보관한 얼음은 음력 2월부터 10월 사이 궁중의 각 전각에 공급하여 부엌에서 쓰게 했으며, 여름에는 왕실 가족과 일흔이 넘은 당상관에게 배급해주었다. 국립 의료기관인 활인서活人署의 환자와 의금부義禁府 옥에 갇혀 있는 죄인도 지급 대상이었다는 점이 이채롭다.

국립고궁박물관에는 조선 시대의 자가 전시돼 있는데, 규격과 이름이 저마다 다르다. 왜 이렇게 자마다 각기 다른 이름을 붙여 다른 규격으로 만들었을까? 답은 《경국대전》에 나와 있다. "황종척黃鍾尺은 기준척으로 하여 악기 제작에 쓰고, 포백척布帛尺은 한 자 세 치로 옷감 제작에 쓰이며, 영조척營造尺은 여덟 치 아홉 푼으로 목수용으로 쓴다"고 법으로 정해놓았다. 저울도 큰 저울은 100근, 보통 저울은 서른 근, 작은 저울은 세 근으로 한다고 정해져 있다. 이 같은 내용은 《경국대전》〈공전〉 도량형조度量衡條에 하나하나 자세히 나와 있다.

조선의 관리, 즉 조선 시대 공무원의 삶도 《경국대전》을 통해 가늠할 수 있다. 그들의 하루 일과는 어땠을까? 조선 시대로 가서 경복궁 문 앞에서 출근을 서두르는 관리 한 사람을 인터뷰해보자.

기자 실례합니다. 아직 이른 시간인데 벌써 출근하시나 봐요?

관리 묘시卯時까지 가야하니 이렇게 서두르지 않을 수 없지요.

기자 묘시라면 아침 다섯 시에서 일곱 시인데, 그렇게 일찍 출근 하시나요?

관리 그렇소이다. 이미 날이 훤히 밝을 때가 아니오? 그러니 부지런히 일을 시작해야지요. 그래도 해가 짧은 겨울엔 진시(아침 일곱 시~아홉 시)까지만 나가면 되니 조금은 여유가 있습니다. 그런데 솔직히 말해서 일주일에 하루는 좀 힘들다 싶습니다. 전하를 알현하는 조회가 일주일에 한 번씩 있는데, 그날은 인시(새벽 세 시~다섯 시)까지 궁에 도착해야 해서 새벽잠을 설치기가 일쑤지요.

기자 정말 부지런들 하시네요.

관리 그게 다 《경국대전》에 명시되어 있는 법 아니오. 그러니 나라의 녹을 먹는 관리로서 잘 지켜야지요. 《경국대전》에는 결근 일수가 많은 관리의 처벌 규정도 자세히 나와 있소이다.

기자 어떻게 돼 있습니까?

관리 30일 이상 결근 하면 그대로 파직이라오.

기자 그렇다면 29일을 결근하면 괜찮습니까?

관리 어허! 이 사람이 큰일 날 소리를 하시네. 속죄금이라고 해서 벌금을 내야 합니다.

기자 그렇군요. 이렇게 이른 아침부터 서둘러 출근해서 열심히 일하시는 데 월급, 그러니까 녹봉祿俸은 어떻게…….

관리 그것도 물론 《경국대전》에 나와 있소이다. 이게 뭔지 아시오? 녹패祿牌라는 겁니다. 녹봉 증명서라고 할 수 있는데, 이걸 갖고 있는 사람은 넉 달에 한 번씩 녹봉을 받습니다. 1월, 4월, 7월, 10월, 이렇게 1년에 네 번 받는 거지요.

기자 녹봉은 돈으로 지급받습니까? 아니면…….

관리 돈으로 받는 게 아니라 백미, 현미, 조, 콩, 명주, 이런 물건들을 받습니다. 물론 관직에 따라 차이가 납니다. 《경국대전》에는 관직의 높고 낮음에 따른 녹봉의 양까지 정확하게 정해져 있어 한 치의 오차도 없이 법대로 받습니다. 녹봉으로 지급되는 게 아닌 물건 가운데 의자와 지팡이가 있는데 나이 일흔이 넘은 1품 관리가 국가의 큰 일로 인해 은퇴를 못했을 때, 그 노고에 감사한다는 의미로 주는 겁니다. 저는 이제 그만 바빠서…….

기자 아! 그렇군요. 바쁘신데 이것저것 물어보아 송구스럽습니다. 어서 서두르시지요.

600년 앞선 복심 제도와 출산 휴가

정조 14년(1790), 전남 강진에서 끔찍한 사건이 벌어졌다. 김은애金銀愛라는 젊은 여인이 같은 마을에 사는 노파 안조이를 흉기로 찔러 죽여 관아

녹패는 조선 시대 이조와 병조에서 왕명을 받아 종친, 문무관원에게 녹과 祿科를 내려주는 증서, 즉 급여의 수령장이다. 녹과는 1과에서 18과까지 구분되는데 이에 따라 녹봉에 차이가 있다. 녹패에는 녹봉을 지급한 날짜와 내역이 기록되는데, 입회한 감찰관監察官과 지급 기관을 기록하는 경우도 있었다.

에 끌려왔다.

현감 박재순 바른대로 대거라. 정녕 네가 저지른 일이더냐?

김은애 (흐느껴 울기만 하고 대답이 없다.)

현감 박재순 왜 대답이 없느냐? 네가 안조이를 죽였냐고 물었다.

김은애 네.

현감 박재순 안조이는 너의 이웃이 아니더냐? 그런데 어찌 그리 끔찍한 일을 저질렀느냐? 어서 말해 보거라.

김은애 실은 제가 혼인하기 전에 안조이로부터 최정련이라는 남정네를 소개받았습니다. 안조이는 마을에서 중매를 잘 서기로 유명했지요. 그런데 그 최정련은 전에도 이미 여러 차례 저에게 접근했던 자로, 저는 그의 마음을 받아주지 않았습니다. 안조이는 최정련의 부탁을 받고 찾아왔지만, 저는 안조이의 중매도 거절했습니다. 그리고 다른 사람에게 시집 갔습니다.

현감 박재순 그렇다면 안조이는 정말 억울하게 죽은 게 아니냐? 그것만으로는 네가 안조이를 찔러 죽인 일이 설령뇌지 않는다.

김은애 소인의 말을 더 들어주십시오. 최정련과 안조이는 서로 짜고 저에 대한 좋지 않은 소문을 마을에 퍼뜨렸습니다. 제가 최정련과 간통을 했다는 헛소문을 퍼뜨렸고, 막 시집가 살고 있던 저는 헛

소문 때문에 곤경에 처했습니다. 마을 사람들은 저와 상대하려 하지 않았고, 미심쩍은 눈으로 바라보며 손가락질하는 이마저 있었습니다. 시집 식구들의 눈초리가 곱지 않아진 건 물론이고, 남편도 저를 의심하기 시작하는 눈치였습니다. 그래서 분을 참지 못하고 안조이를 찾아가 그만……

현감 박재순 됐다. 그 뒤는 말하지 않아도 된다. 사연을 들어보니 네 분한 마음이야 이해 못할 것도 아니다만, 그렇다고 사람을 죽여서야 되겠느냐. 이 여인을 옥에 가두라!

순순히 자신의 죄를 자백한 김은애에게는 이제 처벌만이 남아 있다. 증거도 충분하고 혐의자가 자백까지 한 이 사건은 어떻게 처리됐을까? 복잡한 조사 과정이나 판결 과정 없이 그대로 사형에 처했을까? 사건 처리 과정을 보면 그리 단순하지가 않다. 《정조실록》 14년 8월 10일 기록을 보면, 지방에서 일어난 살인 사건인데도 길고 자세하게 사건 처리 과정이 기록돼 있다. 《실록》에 따르면, 이 사건을 조사한 관찰사 윤시동은 한양의 형조에 보고하고, 형조는 또 한 번의 심의 과정을 거쳐 정조에게 보고했다. 그러자 왕은 죄를 추가할 사항이 있는지 혹은 정상을 참작할 만한 자료가 있는지 더 조사하라 명했다. 왜 이렇게 복잡한 과정을 거쳐 조사하고 더욱이 왕에게까지 보고했을까?

《경국대전》의 〈형전〉에는 사건 심리審理 및 심문 과정에 관한 규정인 추단조推斷條가 있다. 그에 따르면 "사형에 해당하는 죄는 세 차례 복심覆審하여 왕에게 아뢴다"고 되어 있다. 지방 장관인 관찰사가 1차로 사건을 조사한 뒤 형조에 보고하면 형조가 다시 조사하고 왕에게 보고한다. 그리고 왕은 대신과 논의해 최종 판결을 내린다. 그만큼 중죄인에 대한 심리에는 신중에 신중을 기할 필요가 있음을 인정했던 탓이다. 사형수에

《경국대전》 추단조에 실린 '삼복三覆' 규정. "사형수는 왕에게 보고하라!" 철저한 신분제 사회였던 조선이지만, 죄인이라 하여 함부로 처벌하지 않았다. 사형을 언도하기 전에 세 차례 거듭하여 심리하도록 하였으며, 반드시 왕에게 알려 최종 판결했다.

대해서는 한번 죽으면 살릴 수 없기 때문에, 되도록 살릴 방법을 강구하려 했던 것이다. 이러한 조선의 삼복三覆 제도는 오늘날의 3심제도와 매우 비슷하다.

정조는 어떤 판결을 내렸을까? 오랜 논의 끝에 정조가 내린 판결은 이랬다. "목숨을 걸고 자신의 결백을 알리려 했던 은애의 절개와 지조를 참작해 석방하라." 뿐만 아니라 정조는 이덕무李德懋에게 명을 내려 김은애 사건과 신여척申汝倜 사건의 전傳을 지어 규장각의 일기인 《내각일력內閣日曆》에 싣게 한 것. 모욕을 씻고 명예를 지키려 한 김은애의 가상한 결단을 기리고 사건 내막과 판결을 기록한 〈은애전銀愛傳〉을 써서 후세에 본보기로 삼고자 했다. 신여척 사건은 진님 장흥에서 발생한 실인 사건인데, 김은애 사건과 성격이 비슷하여 함께 실렸다.

《형정도첩刑政圖帖》은 《경국대전》〈형전〉에 기록된 조선의 형벌을 묘사해놓은 그림이다. 오늘날도 그렇지만 조선 시대에도 혐의자를 구속 상

19세기 말의 풍속화가 일재—齋 김윤보金允輔가 그린 《형정도첩》. 조선 시대의 형벌은 크게 태형과 도형, 유형, 사형으로 나뉜다. 그 중 매를 때리는 태형이 가장 대표적이다. 감옥에 가두는 도형을 받으면 몸을 구속하는 '칼'을 목에 쓰는 경우도 있었다. 목숨을 끊는 사형 가운데는 젖은 창호지를 얼굴에 붙여 물기가 마르면서 서서히 질식하여 죽이는 '도모지' 형벌도 있었다.

태에서 조사하는 경우가 대부분이었다. 그런데 아무리 중죄를 저질렀다고 지목된 자라도 구속하지 않는 경우가 있었으니, 바로 나이가 70세 이상이거나 15세 이하일 때다. 오늘날 소년소녀 범죄자를 보호하는 것과 비슷하다.

조선 시대에는 죄인을 심문할 때 고문을 할 수 있었다. 그런데 고문은 사흘 이내에 두 차례 이상 하지 못하도록 법전에 명시해놓았다. 아무리 죄인이라 해도 조사관 마음대로 가혹하게 고문할 수는 없었던 것이다. 공식적인 고문에서는 신장(訊杖, 죄인을 신문할 때 쓰는 몽둥이)으로 때리더라도 살이 많은 종아리 부분만 때리고 정강이 부분을 때리지 못하도록 했다. 정강이를 때리면 뼈를 다쳐 치명적인 부상을 입을 수 있기 때문이다.

곤장을 때릴 때도 한 번에 서른 대 이상은 때리지 못했다. 이를테면 장형杖刑 중에 가장 무거운 100대형에 처해졌어도, 한꺼번에 모두 때리지 않고 여러 번 나눠서 때리도록 정해 태형을 받다 죽음에 이르는 일이 없도록 배려 했다. 처벌 도구도 각양각색이어서 똑같은 장형일지라도 죄의 가볍고 무거움에 따라 달리 사용했다. 《경국대전》는 처벌 도구의 규격마저도 하나하나 정해놓았다.

《경국대전》에는 지금 봐도 놀랄만한 일종의 사회복지법도 있었다. 바로 출산 휴가 조항이다. 관노비에게는 출산을 앞두고 한 달, 출산을 하고 난 뒤 50일간 휴가를 줬다. 그러니까 총 80일의 법정 휴가가 있었던 셈이다. 뿐만 아니라 임산부의 남편에게도 산후 15일의 휴가를 주어 아내의 산후조리를 돕게 했다. 우리나라도 2008년부디는 사흘의 '아버지 출산 휴가제'를 실시한다고 하니 출산 휴가 제도에서는 조선이 600여 년이나 앞서 있었다.

만세토록 변치 않는 완전한 법

《경국대전》이 완성되어 반포된 건 성종 9년인 1485년, 조선이 건국된 지 93여 년 만이었다. 그러나 건국 초기 이미 법전의 필요성이 대두되었다. 태조 이성계는 즉위교서에서 법에 따라 통치할 것을 천명하기도 했다.

> 의장과 법제는 고려의 것을 따르되 율문律文에 따라 죄를 판정한다.

태조가 이렇게 법의 중요성을 강조한 데는 이유가 있다. '고려공사삼일高麗公事三日', 즉 나랏일이 사흘이 지나면 바뀌고 만다는 말이 나올 정도로 고려 말의 국정은 혼란했다. 정책에 일관성과 안정성이 없는데 국가가 제대로 운영될 리가 없다. 이런 폐단을 누구보다도 잘 알고 있었던 이성계와 건국 공신들은 새로운 국가의 기틀을 마련하는 데 법령을 정하는 일이 무엇보다 중요하다고 생각했다.

조선 법전의 기초를 다진 사람은 정도전이다. 정도전은 이성계와 함께 조선 건국을 도모한 뛰어난 정치가이자 사상가다. 법전의 바탕이 된 《조선경국전朝鮮經國典》이 바로 그의 저술이다. 《조선경국전》은 고려 때부터 내려온 관습법을 정리하고 당시 법률적 효력을 가졌던 왕의 명령인 수교受敎를 모아 성문화하여, 나라 이름 '조선'의 의미부터 관료 제도, 인사 제도 등 조선의 여러 제도가 정리돼 있다. 통치 이념과 체제를 담고 있는 법전이니 오늘날의 헌법이라 할 만하다.

태조 3년에 《조선경국전》의 내용을 토대로 《경제육전經濟六典》이 만들어지고, 이어 태종 때는 《속육전續六典》, 세종 때는 《신찬경제속육전新撰經濟續六典》이 편찬되었다. 기존의 법전에다 새로 나온 왕의 수교를 덧붙이다 보니 왕이 바뀔 때마다 법전을 새로 편찬했다. 이 때문에 구체적인 조항 사이에 통일성이 없어 안정적인 법 집행이 어려웠다. 결국 시간

조선 시대의 형벌 제도

매로 볼기를 때리는 태형笞刑은 비교적 가벼운 형벌로, 10대에서 50대까지 다섯 등급으로 구분했다. 죄수를 형틀에 묶고 하의를 내린 뒤 엉덩이를 때리는데, 간음죄가 아니면 여인의 하의는 벗기지 않았다. 태형보다 중한 벌인 장형杖刑은 60대에서 100대까지 다섯 등급으로 나누어 시행했고, 태형과 장형에 사용되는 매와 곤장은 주로 물푸레나무로 만들었다. 곤장에는 중곤重棍, 대곤大棍, 중곤中棍, 소곤小棍, 치도곤治盜棍 등 다섯 가지가 있었는데, 치도곤은 주로 도둑을 벌할 때 썼으며, 맞는 사람이 느끼는 고통의 강도가 매우 컸다.

도형徒刑은 일정 기간 동안 감옥에 가두어 두고 노역을 시키는 형벌로, 오늘날의 징역형에 해당한다. 도형 기간은 1년, 1년 반, 2년, 2년 반, 3년 등 다섯 가지였고, 각각 장형 60, 70, 80, 90, 100대가 함께 부과되었다. 도형 중인 죄수가 상을 당하면 역모의 혐의를 제외하곤 집에 다녀올 수 있게 했고, 도형 중에 큰 병이 들면 병가를 주기도 했다.

유형流刑은 중한 죄를 범한 자를 먼 지방으로 귀양 보내 죽을 때까지 살게 하는 형벌로, 도형과 달리 노역을 부과도 기간을 정해놓지도 않았으며, 임금의 특별 명령에 의해서만 석방될 수 있었다. 유형은 거리에 따라 2000리, 2500리, 3000리 등의 세 등급이 있었고, 일반적으로 장 100대형을 함께 부과했다. 유형은 사형을 줄여주는 의미였으며, 주로 당쟁이 낳은 정치범이 유형에 처해졌다.

목숨을 빼앗는 극형인 사형死刑에는 목을 졸라 죽이는 교형絞刑, 머리를 잘라 죽이는 참형斬刑이 있다. 대역죄나 패륜을 저지른 죄인에게는 능지처사陵遲處死 또는 능지처참陵遲處斬형을 내리기도 했다. 그대로 풀이하면 언덕을 천천히 오르내리듯(陵遲) 고통을 서서히 최대한으로 느끼면서 죽어가도록 하는 잔혹한 형벌로 팔다리를 잘라내고 마지막에 심장을 찌르고 목을 베어 죽인다. 팔과 다리를 네 방향으로 말과 소에 묶은 뒤 동시에 몰아서 사지를 찢어 죽이는 거열車裂도 능지처참에 속한다.

그 밖에 왕명으로 독약을 마시게 하여 죽이는 사사賜死가 있었고, 이미 죽은 자의 무덤을 파헤쳐 시신을 꺼내 참형 혹은 능지처참을 하는 부관참시剖棺斬

屍도 있었다. 사형을 집행한 다음에 죄수의 머리를 매달아 놓거나 시신을 길거리에 두어 사람들이 볼 수 있게 하는 효수梟首와 기시棄市도 행해졌다.

양다리를 함께 묶고 그 중간에 두 개의 긴 막대기를 넣어 가위처럼 좌우로 벌리는 주리형, 매로 등을 난타하는 태배형, 죄인을 사금파리 등을 깐 위에 무릎을 꿇게 하고 그 무릎에 무거운 돌을 얹어 고통을 주는 압슬壓膝, 여러 명이 몽둥이로 계속 때리는 난타亂打, 죄수를 가운데 두고 여러 명이 돌아가며 마구 때리는 주장당문형朱杖撞問刑 등도 있었다.

또한 쇠를 불에 달구어 몸을 지지는 낙형烙刑, 코를 베어버리는 의비형劓鼻刑, 힘줄을 끊어버리는 단근형斷筋刑, 발뒤꿈치를 베어버리는 월족형刖足刑, 거꾸로 매달아 놓고 코에 잿물을 붓는 비공입회수鼻孔入灰水, 발을 쪼개버리는 고족형刳足刑 등도 있었다. 이처럼 끔찍한 형벌은 죄인을 심문할 때 쓰던 고문인 경우가 많다. 대부분 공식적으로는 금지했지만 관청이 아닌 민간에서 시행되기도 했다.

이 지나면서 그때그때 사안에 따라 임금이 수교를 내리고 그에 맞춰 법을 집행하는 방식이 되어버렸다. 또한 매번 새로 법전을 펴내야 하니 경제적·시간적 낭비도 컸다.

'법치'가 실효를 거두려면 통일성 있고 완결된 법전이 필요했다. 처음 통일된 법전을 만들고자 한 임금은 세조世祖였다. 세조 원년(1455) 7월 5일, 집현전 직제학 양성지梁誠之가 "선대의 법들은 일정한 법제를 이루지 못했으니 이제 자손만대의 법을 정해야 한다"고 상소를 올렸고, 세조는 이를 적극적으로 받아들인다. 그리고 왕위에 오른 지 3년째인 1457년, 육전상정소六典詳定所를 설치하고 최항崔恒, 김국광金國光, 한계희韓繼禧, 노사신盧思愼, 강희맹姜希孟, 임원준任元濬, 홍응洪應, 성임成任, 서거정徐居正 등에게 《경국대전》 편찬을 명했다.

정도전(1337~1398)은 고려 말, 조선 초의 문신이자 학자로, 이성계를 보좌하여 조선을 개국하는 데 큰 역할을 했다. 철저한 유교 사상가이며, 조선왕조 개국 이후에는 정치적, 제도적 기틀을 잡는 데 많은 영향을 미쳤다. 태종 이방원과 대립하다 왕자의 난 때 죽임을 당했다.

이들은 그동안 나온 법전과 왕의 수교를 통일성 있게 정리해 법전을 편찬했다. 그 밖에 오랫동안 지켜져 오던 관습법과 관례법도 수록했다. 〈형전〉의 조항을 만드는 데는 주로 명나라의 기본 법전인 《대명률大明律》 가운데 합리적인 조항과 체제를 뽑아 참고했다. 《경국대전》의 내용을 보완해 줄 하위법전도 만들었다. 이를테면 조선의 예법을 정리해놓은 《국조오례의國朝五禮儀》는 《경국대전》 가운데 〈예전〉의 내용을 보충하는 하위법이다. 《국조오례의》는 세조 때 완성을 보지 못하고 성종 5년(1474)에 간행됐다.

이렇게 하여 《경국대전》은 체계적이고 통일된 법전의 모양새를 갖추

(위) 《경국대전》은 새로운 법의 일방적인 창조가 아니었다. 정도전의 《조선경국전》과 그를 발전시킨 《경제육전》, 《속육전》, 《신찬경제속육전》 등 이전 법전을 모으고 정리하는 과정을 통해 고유한 법전을 성문화하여 만들어졌다.

(왼쪽) 조선의 7대 왕 세조(재위 1455~1468)는 세종의 둘째 아들로, 어린 조카 단종에게서 왕위를 빼앗은 비정한 인물로 알려져 있다. 그러나 왕권 강화, 직전법의 시행, 둔전제의 확립 등 세조의 치적은 놀랄 만하다. 특히 조선의 기본 법전인 《경국대전》을 편찬한 일에 직접 참여하는 등 열의를 보였다.

었다. 세조는 법전 편찬 작업에 직접 참여하는 열의를 보여, 육전에 들어갈 항목을 정할 때에는 학자들과 함께 논의했으며, 만든 조항을 일일이 검토하고 필삭筆削하기도 했다. 그뿐 아니라 법전 편찬에 참여한 학자들이 상喪을 당해 일을 못하게 되면 특별히 어명을 내려 삼년상을 지키지 않고 법전 편찬을 계속할 수 있도록 했다. 세조가 이렇게 《경국대전》 편찬 작업에 심혈을 기울인 데는 당시 정치적 상황이 중요한 요인으로 작용했다.

세종의 둘째 아들 세조는 적장자가 아니므로 본래 왕이 될 수 없었다. 세종의 뒤를 이어 왕위에 오른 문종이 죽고, 열두 살의 어린 단종이 왕이 되자 왕권 강화를 명분으로 조카인 단종으로부터 사실상 왕위를 빼앗았다. 이렇게 비정상적인 방법으로 왕위에 오른 세조는 자신의 정치적 입지를 강화하고 정통성을 확보할 필요가 있었다. 《경국대전》 편찬 사업은 그런 정치적 필요와 목적에 부합하는 일이었다.

정치적 입지를 굳히기 위한 세조의 뜻은 즉위 이후 시행한 여러 제도를 통해서도 알 수 있는데, 그 중 하나가 과전법科田法을 고쳐 제정한 직전법職田法이다. 현직은 물론, 전직 관리에게도 과전을 지급하고 자손에게 물려줄 수도 있었던 법령을 현직 관리에게만 지급하고, 세습을 금지하여 나라에 다시 돌려주도록 바꿨다. 관리의 경제력을 약화시켜 그 권력을 축소하고 국가 재정을 강화하려는 목적이었다. 또한 세조의 집권을 인정하고 그 아래에서 관리로 봉사하는 사람에게만 경제 기반을 보장해 준다는 정치적 의미도 짙었다.

1460년(세조 6)에 가장 먼저 〈호전〉이 완성됐고, 1466년에 편찬이 일단락되었다. 그러나 수정 보완하느라 시행이 계속 미루어졌다. 결국 세조는 1468년, 《경국대전》의 최종 완성과 시행을 보지 못하고 세상을 떠났다. 세조의 뒤를 이은 예종 시대에도 수정 보완이 이어져 2차 작업이 끝났지만 예종은 재위 13개월 만에 세상을 떠나고, 다음 왕인 성종 때에 수정 보완 작업이 계속됐다.

가장 오랜 시간 논란이 된 법은 직전법이다. 대신들은 직전법을 과전법으로 다시 바꾸고자 했다. 오랜 줄다리기 끝에 결국 직전법을 시행하기로 했는데, 이는 왕과 대신들이 충분히 논의한 결과였다. 세조 때에는 왕의 일방적인 주도로 법전을 편찬했지만, 성종 때에는 되도록 많은 의견을 수렴하여 모든 사람이 인정하고 받아들일 수 있는 법을 만드는 데 주안점을 두었다. 그러니 시간이 많이 걸릴 수밖에 없었다. 직전법 외에도 논란의 대상이 되거나 문제의 소지가 있는 조항을 하나도 빠짐없이

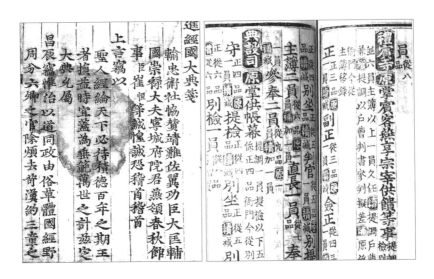

(왼쪽) "신 최항 등은 황공스런 마음으로 머리를 조아리며 이 글을 올립니다. (중략) 임금께서 법을 시대와 상황에 알맞게 하고자 법조문을 빼거나 덧붙이시니, 이는 법을 만세萬歲동안 오래오래 모범이 되도록 하려는 뜻입니다. 이에 《경국대전》을 완성하고 공포하시는 일이 진실로 좋은 때입니다."《경국대전》의 첫 페이지의 내용이다.

(오른쪽) 《경국대전》이 500년 조선 왕조를 다스리는 기본 법전으로 그 역할을 다했음은 이후에 편찬된 법전에 《경국대전》 조문을 그대로 수록하고 있는 데서도 알 수 있다. 고종 때 편찬한 《대전회통》은 조선의 마지막 법전인데, 《경국대전》 법 조항을 그대로 수록한 뒤 수정 보완된 내용을 덧붙였다.

충분히 논의를 거쳐 시행됐다.

이렇게 수정 보완에 오랜 기간 심혈을 기울인 건, 《경국대전》 서문에 나와 있듯 "만세토록 변치 않는 통일되고 완전한 법"을 만들기 위해서였다. 조문 하나하나가 다른 조문과 모순되지 않는 법, 시대가 변하더라도 크게 바꿀 필요 없는 안정성이 높은 법을 만들고자 했던 것이다. 1471년에 3차, 1474년에 4차 《경국대전》이 만들어졌지만, 1481년에 감교청勘校廳을 설치하여 다시 수정 보완한 뒤 5차 《경국대전》을 완성했고, 드디어 1485년부터 시행했다. 세 임금, 30여 년간 진행된 길고도 방대한 사업이었다.

편찬 의도대로 《경국대전》은 500년 동안 조선을 다스리는 기본 법전

구실을 했다. 이를 수정 보완해 영조 때 《속대전續大典》, 정조 때 《대전통편大典通編》 그리고 고종 때 조선의 마지막 법전 《대전회통大典會通》 등이 나오지만 《경국대전》 원문은 전혀 고치지 않고 수록했다. 《대전회통》을 보면 《경국대전》 원문을 그대로 두고, 수정 보완한 조항을 덧붙였음을 알 수 있다. 《경국대전》에 수록된 내용은 '원原'으로 표기하고, 《속대전》에 처음 나온 조항은 '속續', 《대전통편》에서 바뀐 조항은 '증增', 《대전회통》에 처음 나오거나 기존의 법전 내용이 바뀐 것은 '보補'로 표기했다. 시대의 변화에 따라 새로운 법을 만들더라도, 《경국대전》의 기본 틀과 법 정신을 계승하고 옛 법과 조화를 이루려는 뜻이다.

덕으로 깨우치고 법으로 다스린다

《경국대전》의 전체 조항을 살펴보면 한 가지 의아한 점을 찾을 수 있다. 전체 처벌 규정 가운데 45퍼센트, 그러니까 절반 가까이 관리 처벌 규정이다. 까닭이 뭘까? 《경국대전》 편찬이 한창인 육전상정소에서 편찬에 참여한 학자 최항을 만나 직접 들어보자.

기자 《경국대전》 조항들을 보면 유난히 관리 처벌 규정이 많습니다. 무슨 특별한 이유가 있는 겁니까?

최항 물론 있습니다. 나라가 바로 서려면 가장 중요한 게 누구겠습니까? 바로 관리입니다. 관리가 맡은 바 소임에 충실하지 않고 비리를 저지른다면 어찌 나라기 제대로 돌아가겠소? 그리고 무엇보나노 백성이 살기 힘들어지지요. 그러니 관리들을 엄중히 다스리는 것입니다. 비리를 저지른 자는 물론이거니와 백성을 괴롭거나 근무가 태만한 관리에게도 아주 무거운 벌을 내려야 합니다.

기자 그건 조선 시대나 우리 시대나 마찬가지라고 할 수 있겠네요. 공무원의 부정부패가 많은 나라는 선진국이 될 수 없지요.

최항 내 말을 이해해주니 고맙습니다. 물론 처벌만 엄하게 한 게 아닙니다. 관리를 뽑을 때부터 아주 신중히 선발합니다. 비리에 연루돼 파면당한 관리의 자손은 관직을 맡을 수 없습니다. 그리고 과거 시험에서는 지역별 과거 급제자 수를 법으로 정해놓았소. 각 지역의 인구를 감안하여 급제자 수를 정해 놓은 건데, 우수한 인재를 전국에서 골고루 뽑기 위한 규정입니다. 어느 한 지역에 편중되면 반드시 문제가 생기기 마련이지요.

기자 관리들이 비리를 저지르지 못하도록 이중 삼중의 법적 장치를 만들어 놓았군요.

최항 그렇소. 이게 다 우리 조선의 통치 이념과 관련이 있소이다. 조선은 출발할 때부터 유교적인 이상 국가를 실현하고자 했지요. 그러자면 관리부터 유교적인 이념에 맞게 청렴결백해야 합니다. 관리가 부패하는 순간 유교적 이상 국가의 꿈이 물거품이 되어버리는 건 물론이고, 조선의 기틀이 흔들리게 됩니다.

기자 그런데 한 가지 궁금한 건, 조선이 유교적 이상 국가를 지향했다면 관리와 관리가 되고자 하는 이가 스스로 덕을 닦아 수양하는 게 마땅하지 않겠습니까?

최항 당연한 말씀을 하시는군요. 옛 성현의 언행을 담은 경서를 읽고 그것을 내면화하여 철저하게 수양하는 게 필요하지요. 뭐가 궁금하단 말씀이신지?

기자 유교는 덕치德治 아닙니까? 그런데 《경국대전》의 구체적이고 자세한 법조항을 보면 법치法治가 떠오릅니다.

최항 아! 그게 궁금한 거였군요. 물론 우리 조선은, 아니 유교는 법치가 아닌 덕치를 이상으로 삼습니다. 모름지기 사람이라면 태어나면서부터 순선純善한 바탕을 지니고 있지만, 사물에 접하여 욕망이 싹트면서 그 순선한 바탕이 흐려지지요. 옛 성현의 언행을 배우고 스스로의 마음을 닦아 그 바탕을 되찾아야 합니다. 모든 이가 그렇게 해서 진정한 군자君子가 될 수 있다면 얼마나 좋겠습니까. 그러나 현실이 어디 그런가요? 인간의 마음처럼 잘못되기 쉬운 게 또 어디 있을까요? 그러니 법이 필요한 겁니다. 법은 법 그 자체가 목적이 아닙니다. 덕치라는 이상을 위해 봉사하는 도구지요.

기자 그렇다면 옛날 중국의 상앙商鞅이나 한비자韓非子가 펼치고자 했던 법치와는 기본 정신과 맥락이 다르다고 봐도 되는 겁니까?

최항 바로 보셨소. 유교의 이상은 각자 스스로 깨우치는 것입니다. 그 깨우침을 위해 성현의 언행을 공부해야 하고요. 덕으로 교화한다는 말이 바로 그런 겁니다. 이상은 덕으로 교화하는 데 두되, 현실에서는 그런 이상을 이루기 위해 법을 수단으로 삼지 않을 수 없습니다. 당신이 말한 상앙이나 한비자는 법으로 사람들을 옴치고 뛸 수 없게 옥죄고자 했던 게 아닙니까? 사람을 그렇게 법으로 옥죄어 오로지 상벌로만 다스리는 일은 유교의 이상에 크게 어긋납니다.

기자 《경국대전》 편찬 작업으로 바쁘실 텐데, 이렇게 친절하게 설명해주시니 정말 감사합니다.

관리가 깨끗해야 나라기 비로 선디

성종 14년 8월 26일. 사헌부 장령인 송영宋瑛의 처 신 씨가 분경죄奔競罪 저질렀다는 기록이 《성종실록》에 나온다. 분경이란 '분추경리奔趨競利'를 줄인 말로, 글자 그대로 풀이하면 '분주하게 다니면서 이권을 경쟁한다'는 뜻이다. 그렇다면 분경죄란 무엇인가? 《경국대전》〈형전〉에 명시된 분경죄는 '권세 있는 자의 집안에 드나드는 것'이라고 되어 있다. 즉 지금으로 치면 로비나 청탁을 하는 것이다.

송영은 본래 작은 아버지 송현수가 역모 사건에 연루되어 관직에 나갈 수 없는 사람이다. 그런데 성종이 송영을 총애해 사헌부 장령으로 임명했다. 사헌부 장령은 정4품 벼슬로 관리의 부정과 비리를 감독하는 막중한 권한을 가진 자리다. 이에 송영의 사헌부 장령 임명에 반대하는 대신들의 상소가 잇달아 사간원과 사헌부의 업무가 마비될 지경이었다.

그러자 송영의 처 신 씨가 자신의 팔촌 오빠인 사헌부 집의(종3품) 홍석보를 찾아가 탄핵을 무마시키고 남편이 벼슬에 나가게 해달라고 부탁했다. 엄연한 분경죄다. 분경죄에 대한 처벌은 엄중했다. 《경국대전》에 의하면 분경을 한 자는 파직은 물론이고 장형 100대와 유형 3000리에 처한다고 되어 있다. 사형 바로 다음으로 무거운 형벌이다. 분경죄로 유형을 가게 되면 설사 훗날 용서를 받고 풀려나온다고 하더라도 요직에 기용되기 어려웠다.

신 씨 사건은 관리의 처가 인사 청탁에 개입된 첫 사건이었다. 관리의 처에 대한 판례가 없던 터라 고심을 하던 성종은 《경국대전》에 명시된 대로 장 100대형을 명했다. 그러자 송영은 부인으로 인해 물의를 일으킨 것에 대한 사죄의 의미로 사직을 청했으나 성종은 받아들이지 않았다. 송영 사건 외에도 분경죄로 처벌받은 예는 어렵지 않게 찾아볼 수 있다. 실제 인사가 이뤄지지 않았다 하더라도 분경을 한 자는 무조건 파직되었으며 이후에도 관직에 나갈 수 없었다. 왜 이렇게 엄하게 다스렸던 것일까?

고려 말, 과거 제도는 극도로 부패해 있었다. 시험관은 이름과 필체를 보고 미리 약속된 응시자에게 후한 점수를 주고, 응시자가 과거에 급

유가와 법가의 관계

유가儒家는 예로 다스리는 예치 혹은 덕치를 주장한다. 유가에서 말하는 예란 다름 아닌 주나라의 예법이다. 이미 주나라가 쇠퇴하고 시대 상황이 크게 바뀌었는데도 주나라의 예를 절대시하는 점은 보수적이다. 그러나 출신 성분을 따지지 않고 능력과 자질에 바탕을 두어 교육을 시행하고 인재를 등용해야 한다는 주장은 진보적이다. 유가에서 말하는 군자와 소인은 출신 성분이 아니라 능력과 덕성에 따라 나뉜다.

한편 법가法家는 주나라의 옛 제도가 아니라 새로운 법을 시행해야 한다고 주장했다는 점에서 유가에 비해 진보적이다. 법가는 예와 덕으로 백성을 교화시키는 게 아니라 엄정한 상벌 제도, 즉 법을 통해 백성을 다스려야 한다고 주장했다. 특히 법 앞에서 지위 고하를 막론하고 누구나 평등하다 주장했다. 법 앞에서는 인정사정 볼 것 없다. 다만 법에 따라 상이나 벌을 줄 뿐이다.

유가의 예치와 덕치가 이상주의라면 법가의 법치는 지극한 현실주의다. 예와 덕으로 다스린다는 게 어디 말처럼 쉬운 일인가? 인간은 그 얼마나 잘못되기 쉬운 존재인가? 결국 법으로 다스리지 않으면 안 된다. 공산화 이후 중국의 역사학계는 중국 사상사를 유가와 법가가 엎치락뒤치락 싸워온 유법儒法 투쟁의 역사로 해석했다. 사회주의 국가 중국은 유가를 보수반동으로 간주하고 법가를 진보적인 사상으로 평가했다. 유교로 대표되는 낡은 질서를 타파하고 공산주의 이념을 중국 사회에 뿌리내리게 하려는 의도 때문이었다.

그런데 법가 사상의 대표적 인물인 한비자는 유가에 속하는 순자荀子의 제자였다. 순자는 예를 매우 강조했지만, 그가 말하는 예는 주나라의 예가 아니라 바뀐 시대 상황에 맞는 당대의 예를 뜻했으며, 그것은 사실상 법에 가까웠다. 순자는 유가와 법가를 매개한 셈이며, 현실주의 유가 사상가라 할 수 있다. 조선은 분명 유교 이념을 근간으로 하여 덕치와 예치를 이상으로 삼았지만, 실제로 나라를 다스릴 때는 법을 엄정하게 시행하는 데 바탕을 두었다.

제해 관직에 나간 뒤에도 시험관과 계속 친밀한 관계를 유지하며 세력을 만들었다. 시험관을 아버지나 스승처럼 섬기고, 또 시험관을 맡았던 자는 자기가 뽑은 합격자를 아들이나 제자처럼 끝까지 챙겨주었다. 그렇게 합격한 사람이 나중에 과거 시험관이 되면 또 다시 같은 일을 하고, 이렇게 여러 차례 계속 되면 피라미드 구조의 세력이 형성된다. 과거 시험을 매개로 형성된 인맥에 의해 국가가 운영되는 꼴이다.

이런 폐단을 없애기 위해 조선은 분경죄에 대한 규정을 점점 더 강화해나갔다. 정종은 1399년 8월 3일, 관리가 서로 사사로이 청탁하는 것을 금지하는 교지를 내렸다. 그러나 분경 금지 대상을 분명하게 확정하지는 않았고, 공신의 집에 찾아가 청탁하는 것을 금하는 데 주안점을 두었다. 세조 때는 정3품까지 대상이 확대됐고, 성종 때는 말단 관리까지 확대되었다.

그런가하면 팽형烹刑이라는 독특한 처벌 규정이 있다. 팽형이란 탐관오리에게 내려지는 형벌로 자형煮刑이라고도 하며, 말 그대로 삶아 죽이는 것이다. 《실록》을 보면 실제로 탐관오리를 팽형에 처한 사례가 나온다. 그렇다면 과연 팽형과 같은 끔직한 형벌이 실제로 집행되었을까?

팽형 집행 과정을 보면, 처벌 현장에 가마솥과 땔감을 준비하고 팽형에 처할 탐관오리를 눈을 가린 채 끌고 온다. 이제 형을 집행하기만 하면 된다. 그런데 이상하게도 가마솥 안에 물이 없다. 뿐만 아니라 불을 지피는 시늉만 할뿐 실제 불을 때지 않는다. 실제로 삶아 죽이는 게 아니라, 비리를 저지른 관리를 관료 사회에서 영구 추방하는 일종의 통과의례였다.

형 집행은 형식적이었지만 팽형은 관리에게 치명적이었다. 팽형은 지금의 광화문 네거리인 포도청 뒤뜰에서 치러졌는데 이곳은 조선 시대에도 번화가였다. 사람이 많이 모인 곳에서 공개적으로 형이 집행될 뿐 아니라 끝난 뒤엔 실제 사람이 죽은 것과 똑같은 절차를 밟아 가족이 와서 곡을 하고 집으로 운구해갔다. 팽형을 받으면 바깥 출입을 전혀 할 수 없었으며 손님을 맞을 수도 없었다. 마치 죽은 사람처럼 은둔한 채 평생을 살아야했다.

부정부패를 저지른 정도가 심하여 감정적으로는 극형으로 다스리는 게 마땅해 보이지만, 결정적인 증거가 없거나 실제로 극형에 처하기는 어렵다고 판단될 때 팽형을 내렸다. 목숨만 부지할 뿐이지 사회적으로나 정치적으로는 사망한 것이나 마찬가지 형편이 되기 때문에, 극형 못지않은 일벌백계의 효과가 있었다.

세무 비리에 대한 규정도 지금보다 훨씬 엄했다. 세무 비리를 저지른 관리는 사형에 처하고 남겨진 재산을 모두 몰수했는데, 실제로 성종 24년 세금으로 거둔 면포와 종이를 빼돌린 하양현감 김지金漬는 사형에 처해졌다. 효종 1년에는 위원군수 권영이 세금으로 거둔 인삼 수백 근을 착복했다. 당시 대신들은 권영權榮의 나이가 일흔이 넘었으니 유배형 정도로 사건을 마무리 짓자고 했고, 사간원과 사헌부에서는 법대로 사형에 처해야 한다고 했다. 효종은 고심 끝에 《경국대전》 처벌 규정대로 사형을 명하고 재산을 몰수했다.

조선은 《경국대전》을 통해 고려 시대보다 훨씬 더 높은 도덕성을 지배층에 요구했다. 고려 말의 혼란을 겪으며 관리가 바로 서야 나라가 바로 선다는 교훈을 뼈저리게 배웠기 때문이다. 그 근간이 바로 《경국대전》이다. 물론 《경국대전》은 조선의 시대적 한계도 그대로 반영하고 있다. 여인의 재가를 금지하고 노비를 사고파는 모습은 분명한 시대적 한계다. 그러나 한계 속에서도 합리적으로 국가와 백성의 삶을 규율하고자 했던 정신을 보여준다. 오늘날 우리 삶을 규율하는 법은 서양에서 들어온 근대적 법 체계지만, 우리의 법 유산이 지닌 정신과 장점을 무시해서는 안 된다.

연도	한국사	세계사
13세기		
1225년	몽골 사신 저고여, 압록강 변에서 피살당함.	1206년, 칭기즈칸, 몽골 제
1231년	몽골군 고려 침략.	국의 칸에 등극함.
1232년	고려 조정, 강화도로 천도.	1215년, 영국 귀족들, 마그나
1234년	《상정고금예문》 인쇄. 세계 최초의 금속활자 기록이나 전	카르타(대헌장)로 왕권의 제
	해지지 않음.	한과 귀족의 권리를 확인함.
1254년	몽골의 6차 고려 침략.	1219년, 칭기즈칸의 서방 원
1258년	최의를 마지막으로 최씨 정권 붕괴.	정.
1259년	고려, 원나라와 강화함(원 간섭기 시작).	1234년, 금나라 멸망.
1270년	배중손 등이 삼별초의 난을 일으킴(1273년 끝남).	1258년, 몽골, 바그다드를
1274년	여몽 연합군 일본 정벌(고려 장군 김방경).	점령하고 압바스 왕조를 멸
1285년	일연, 《삼국유사》를 완성함.	망시킴.
14세기		
1314년	상왕인 충선왕, 원나라 수도 대도에 만권당 설치.	1309년, 아비뇽 유수. 로마
1356년	공민왕, 몽골 연호와 관제를 폐지하고 쌍성총관부를 탈환	교황청이 남프랑스의 아비뇽
	하고, 기철 일당을 죽임.	으로 이전(1377년까지).
1359년	홍건적이 침입하여 서경을 함락시킴(이듬해 수복).	1337년, 영국과 프랑스. 백
1361년	홍건석이 침입하여 개경을 힘락시킴(이듬해 수복).	년전쟁을 시작(1453년까지).
1363년	문익점이 원나라에서 목화씨를 가져 옴.	1347년, 유럽에서 페스트(흑
1366년	신돈, 전민변정도감의 판사가 되어 정치 개혁을 행함.	사병)가 대유행(1352년까지).
1377년	화통도감을 설치, 최무선이 화약과 화기를 제조.	1368년, 주원장(태조), 명나
1388년	이성계가 위화도에서 회군하여 실권 장악.	라를 건국.
1392년	정몽주가 피살되고, 이성계가 조선을 건국(이듬해 조선으	1381년, 영국 사상 최대의
	로 국호를 정함).	농민 반란인 와트 타일러의
1398년	제1차 왕자의 난. 이방원이 정도전과 방석 등을 죽임.	난 일어남.
15세기		
1400년	제2차 왕자의 난. 이방원이 세자가 됨(태종).	1405년, 명나라 환관 정화의
1419년	이종무, 왜구의 근거지 쓰시마 섬 정벌.	1차 남해 원정(1407년까지).
1429년	《농사직설》 간행.	1453년, 동로마 제국 멸망.
1443년	세종, 훈민정음을 창제(1446년에 반포).	터키가 콘스탄티노플을 점령.
1451년	《고려사》 완성(이듬해 《고려사절요》 완성).	1467년, 일본 전국戰國 시대
1453년	수양대군, 김종서 등을 죽이고 실권 장악(1455년 즉위,	시작(1573년까지).
	세조).	1479년, 에스파냐 왕국 성립.
1456년	단종 복위를 꾀한 성삼문 등 사육신 처형당함.	1492년, 콜럼버스의 1차 항
1467년	함경도 일대에서 이시애의 난이 일어남.	해. 바하마 제도 산살바도르
1485년	《경국대전》을 완성하여 반포.	섬에 도착.
1498년	유자광 중심의 훈구파가 사림파에게 화를 입힌 무오사화	1498년, 바스코 다 가마, 인
	일어남.	도 항로 개척.

찾아보기

HD역사스페셜 4
동아시아 문명의 클라이맥스, 고려와 조선

원작 KBS HD역사스페셜
해저 표정훈

2007년 1월 20일 초판 1쇄 발행
2010년 8월 31일 초판 4쇄 발행

펴낸곳 효형출판
펴낸이 송영만

등록 제406-2003-031호 | 1994년 9월 16일
주소 413-756 경기도 파주시 교하읍 문발리 파주출판도시 532-2 | **전화** 031-955-7600
팩스 031-955-7610 | **웹사이트** www.hyohyung.co.kr | **이메일** info@hyohyung.co.kr

ISBN 978-89-5872-037-9 04910
ISBN 978-89-5872-019-5 (세트)

값 8,800원